小さい家で楽しむ

わたしのバラ庭づくり

わが家にあった品種
わが家にあわせるせん定

後藤みどり

農文協

目次

Part 1
あなたにもできる素敵なローズガーデン

Part 2
場所別ローズガーデンのつくり方

植え付けと四季のお手入れ

Part3

もっと知りたいバラのこと

Part4

本文イラスト　福永由美子／熊谷真弓
本文写真　(有)コマツガーデン／赤松富仁／長井雄治
撮影協力　(株)一条工務店／クレアーレ ナカヤマ
国際バラとガーデニングショウ事務局
ハイジの村／花フェスタ記念公園／ベルスーズ馨る庭
みさかの湯／天野邦夫／小林宅／塚原美智子

Part 1 あなたにもできる素敵なローズガーデン

ローズガーデンの魅力

ふと、ふり返るといつもそこにバラがいてくれる。


大好きな花の仕事をはじめてから、さまざまな花に出会い、ふれて育ててきました。花の庭をつくるとき、全体の景色を華やかにしてくれるのが、バラでした。

バラは四季折々に多彩な姿に変化し、まわりの雰囲気をみごとに演出します。

春は妖精のような愛らしさ、夏は可憐な姿、秋はマダムのような美しさ、冬は木肌やトゲの美しいラインと生命力を私たちに見せてくれます。


バラのある庭からはじまり、庭で終わる一日をすごすだけで、気分は変わります。

朝は新鮮な空気のなかにバラの香りが漂い、元気とうるおいを与えてくれます。夕闇に浮かび上がるバラは、一日の疲れをそっとクールダウンし

Spring
Summer
Autumn
Winter

春：早咲きの黄《キ》木香《モッコウ》バラが、バラのシーズンのはじまりを告げる
夏：初夏のカモミール畑に咲くフレンチ レース
秋：鮮やかに色づくロサ ニティダの葉
冬：雪景色に映える枝のラインと赤い花

5月、コマツガーデンの白州農場は1000に近い品種のバラの花で埋め尽くされる

てくれます。

バラが私たちにもたらす優しさは多大です。

日本の暑さにはバラは向いていないと思っている方は少なくないでしょう。

でもバラのことを理解してあげようという気持ちと、ほんの少しの努力があれば、元気で美しいバラと一緒に暮らすことができるのです。

これからは、四季折々の美しさを持ったバラを生かしてガーデンづくりをしてほしいと、私は願っています。

本書では、日本の住宅のちょっとしたスペースを利用してバラのある庭を楽しむ方法を、はじめての方にもわかりやすいように解説しました。

あなたの心に描かれた素敵なローズガーデンをつくるために、この本を役立てていただけたらうれしいです。

さあ、肩の力を抜いてローズガーデンづくりをはじめましょう！

こんな場所に
ローズガーデンはつくれます

土地の狭い日本の住宅は、庭のスペースが限られているところがほとんどです。でも、工夫しだいで素敵なバラの景色をつくることができます。

この本では、一般的な日本の住宅によくあるスペースごとに、バラの効果的な生かし方を紹介します（詳しくは34ページ以降をご覧ください）。

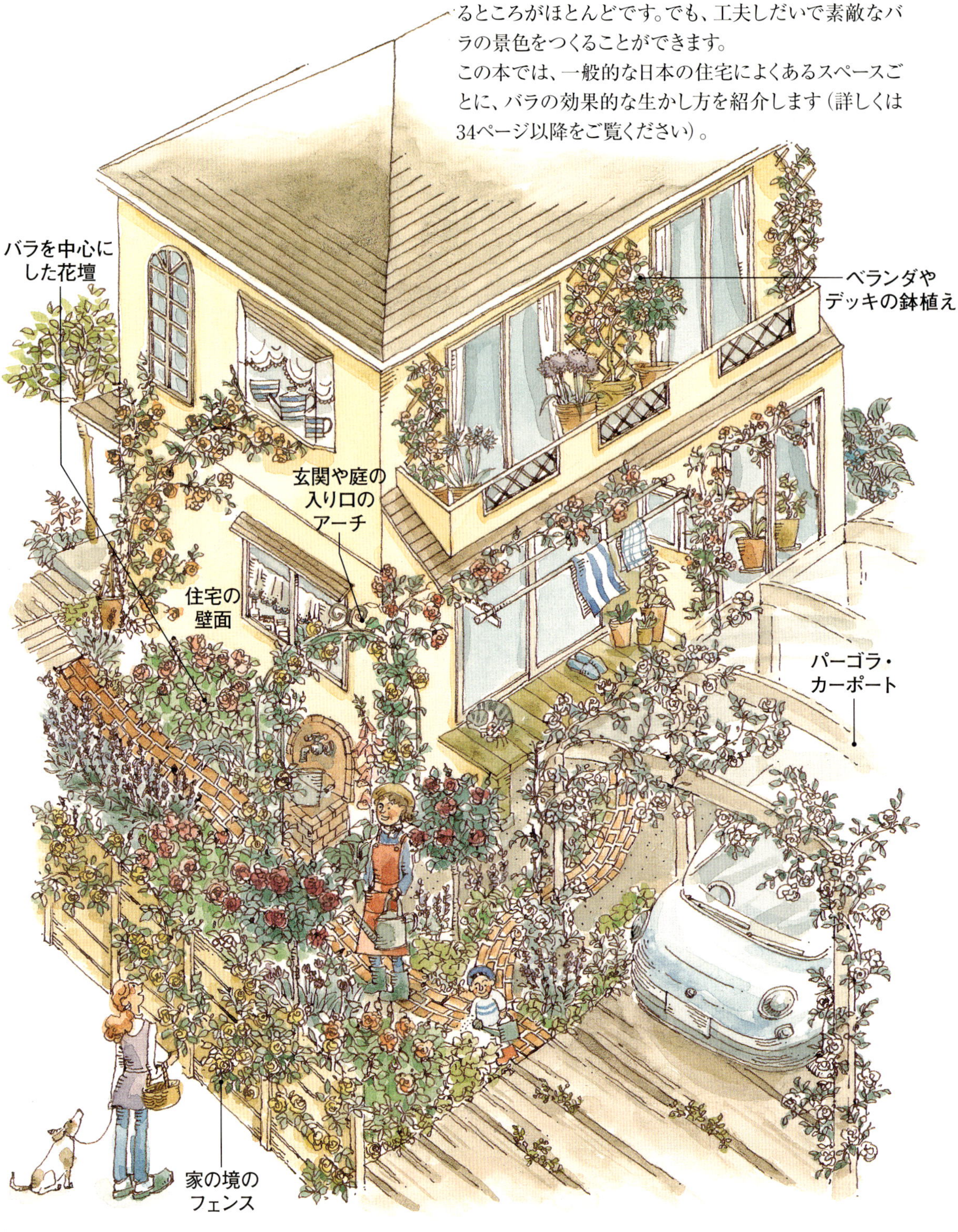

バラを中心にした花壇
玄関や庭の入り口のアーチ
住宅の壁面
ベランダやデッキの鉢植え
パーゴラ・カーポート
家の境のフェンス

小柄な四季咲き性品種が中心ですが、さらにつるバラをトレリスや手すりに絡ませて、立体的に空間を使うのがポイントです

ベランダやデッキの鉢植え

せまい空間で鉢数に限りがあるからこそ、
バラ1鉢を愛し、ていねいに観察し、せん定、
管理していく楽しさを味わえます。
コンパクトな品種を生かせば、
ちょっとしたスペースも立派なローズガーデンに。

くつろぎのスペースがほしいデッキは、鉢数を少なくして寄せ植えに

バラを中心にした花壇

草花や樹木の中にバラを加えると、
とたんに優美な空間が生まれます。
草や木が持つナチュラルな雰囲気と
優雅なバラは、最高のコンビネーション。
バラの香りと緑の薫りに包まれる、
とっておきの場所です。

コマツガーデンのエントランス。春は通る人が見下ろせる高さに花が咲くよう、低めに揃えてせん定します

レンガの壁をバックに、草花やハーブを組み合わせてイングリッシュガーデン風に

玄関や庭の入り口のアーチ

子供の頃、木の下を歩くと
すがすがしい気分になったことを覚えていませんか。
くぐるという行動は、人をワクワクさせてくれます。
お客様をバラのアーチで迎えたら、
それだけで会話がはずむことでしょう。
庭の中で主役となる重要な存在です。

アーチを連ねて、バラのトンネルをつくるのも素敵です

大きめのコンテナに植えたバラのアーチ（つる サマースノー）。地植えする場所がなくてもアーチはつくれます

パーゴラ・カーポート

どうしても冷たい感じになってしまうカーポートも、緑のベールをまとうとこんなにもやわらかい雰囲気になります。
パーゴラのバラの間から見える空はとても高く、気分がいいものです。

カーポート全面を覆ったつるバラ（キフツゲート）。
上から眺める景色も壮観です

パーゴラからこぼれるように咲くバラ（フェリシテ エ ペルペチュ）。下にベンチやテーブルセットを置いて、ティータイムを楽しんで

オールドローズ「レーヌ ヴィクトリア」のフェンス。かわいらしい花と優しい香りが、通りがかる人の心も和ませてくれます

家の境のフェンス

フェンスは外部と家との境だから、
向こう側が見えない分閉鎖的になりがち。
バラを這わせてみるとどうでしょう。
隣の方や通りがかりの人との
コミュニケーションがはじまり、会話がはずみます。

一面にバラをはわせたフェンスは圧巻です（ピンクの花はブルボン クイーン）。手前に同系色で背の低いバラ（粉粧楼）を植えて、景色全体にボリュームを出しました

住宅の壁面

「壁に穴をあけるのはちょっと……」という方、
樋の止め金具やアルミサッシの枠を使えば、
穴をあけずにバラ固定用の針金を張れます。
葉は夏の暑さをさえぎり、壁を守ってくれます。
シンプルな壁面だからこそ、つるバラの魅力が
十分に引き出されるのです。

ベージュの壁に、淡いピンクから白に花色が変化する「マダム アルフレッド キャリエール」を這わせて、ナチュラルで清楚な雰囲気に

落ち着いた色合いの壁面が、赤いつるバラ「ダブリン ベイ」を這わせることでモダンになりました。咲いたときの赤の面積を壁面の半分ほどに抑えると、くどくなりません

ビギナーにおすすめ

繰り返し咲き、丈夫で病気にも強く、どこでせん定しても咲いてくれる、とても育てやすい品種たちです。それでも、秋まで咲かせ続けるために予防消毒だけは欠かせません。

エリナ *Elina*

上品な色合いで花壇やボーダーなど広い用途に使えます。花弁は美しく絹のような質感を持っています。病気や暑さ寒さに強く、花つきもよいので初心者の方におすすめのひとつです。

◆1983年◆イギリス◆HT◆四季咲き◆大輪◆木立性◆1.2m◆微香

おすすめ品種図鑑

Rose Gallery

バラの品種は膨大で、
今では3万を超えると言われています。
色や形が多彩なのはもちろん、枝の伸び方や高さも、
品種によってまったく異なります。
思い描くバラの庭を実現するには、育てたい場所や
仕立て方に合った品種を選ぶことが大切です。

記号の見方

◆樹種 ◆開花時期 ◆花径 ◆樹形 ◆樹高 ◆香り

（例）◆ER◆返り咲き◆中輪◆木立性◆1.2m◆芳香

◆樹形（＊詳しい解説は28ページをご覧ください）
木立性＝背が高くならず直立して咲く
半つる性＝枝が比較的長く伸び、こんもりと広がる
つる性＝つるバラ。枝が長く伸びるので、誘引してバラの景色をつくれる

◆香り
芳香＝強い香り。風に乗って遠くまで香りが漂う
中香＝強くはないが、存在感のある香り
微香＝花に近づくとほのかに香る程度

◆開花時期
四季咲き＝暖かければ何度でも花を咲かせる
返り咲き＝春の開花後、1〜2度繰り返し咲く
一季咲き＝春の1回のみ咲く

◆樹種
HT＝ハイブリッド ティー。大輪・四季咲きの木立性モダンローズ
F＝フロリバンダ。中輪・四季咲きの木立性モダンローズ
S＝シュラブ。半つる性のモダンローズ
CL＝クライミング。つる性のモダンローズ
ER＝イングリッシュローズ。イギリスの育種家、デービッド オースチン作出の品種。オールドローズの花形と香りとモダンローズの四季咲き性・耐病性などの性質を併せ持つ。シュラブに属するものが多い
HMsk＝ハイブリッド ムスク。四季咲き性で半つる性、横張のものが多い。ムスク香がある
HWich＝ハイブリッド ウィクラーナ。伸長力が強く、黒点病にも強い
Old＝オールドローズ。モダンローズができる前の比較的古い品種（＊オールドローズの各分類の詳しい内容は、140ページを参照してください）
MiniCL＝つる性のミニバラ

◆その他
半日陰でも丈夫に育つ　アーチに向く
フェンスに向く　パーゴラ・カーポートに向く
壁面に向く

＊「カップ咲き」など花形の詳しい説明は139ページを参照

バレリーナ *Ballerina*

葉が浅緑色なので房のように咲く花も爽やかに感じられます。次から次へと花をつけ、秋には実で楽しめるのもうれしいです。葉ダニがつきやすいのでシャワーをかけて防除するといいでしょう。
◆1937年◆イギリス◆HMsk◆四季咲き◆小輪◆半つる性◆2.0m◆微香

アイスバーグ *Iceberg*

人気NO.1の白バラ。透きとおる花びらはまるでベールのよう。浅緑の葉も魅力。枝伸びがよいのでつるバラのようにも仕立てられます。同品種のつるタイプもあり、混植すると花期が長く楽しめ、立体感も出ます。半日陰でも丈夫に育ち、たくさん花を咲かせます。
◆1958年◆ドイツ◆F◆四季咲き◆中輪◆木立性◆1.5m◆中香

グラハム トーマス *Graham Thomas*

誰もがかわいい!と、うなずく黄色のオープンカップ。丈夫で香りも素晴らしく、どこで切っても咲き、枝伸びがいいのでつるバラとしてトレリスなどに誘引もできます。どのお庭にもぴったり、陽気で楽しくなるバラです。◆1983年◆イギリス◆ER◆返り咲き◆中輪◆半つる性◆2.0m◆芳香

ウィリアム シェイクスピア 2000
William Shakespeare 2000

クリムゾン(深紅色)ローズを代表する品種で、作出以来変わらぬ人気があります。深紅の色と特徴的な花形は目を引き、香りもあります。庭の中でポイントになるところ、モダン・シックに引き締めたいところに配置すると効果的。◆2000年◆イギリス◆ER◆返り咲き◆中輪◆木立性◆1.2m◆芳香

アリスター ステラ グレイ *Alister Stella Gray*

シンプルななかにもエレガントな雰囲気があり、アプリコット色から白へと変化しながら咲きます。日陰に強く、木立でもつるとしてでも使えます。花がら切りをこまめにすると、ロングランで庭に咲き続けてくれます。◆1894年◆イギリス◆Old (N) ◆四季咲き◆中輪◆半つる◆1.5m◆芳香

ジャスト ジョイ *Just Joey*

バラ界の数々の賞を受賞しバラの殿堂入りも果たした名花。アプリコットカラーとエレガントな咲き方、そして香りにも心惹かれます。丈夫でつくりやすく、ひと鉢だけでも存在感があります。
◆1972年◆イギリス◆HT◆四季咲き◆大輪◆木立性◆1.5m◆芳香

夢乙女 *Yumeotome*

愛らしい感じが乙女を思わせます。フェンス、アーチ、オベリスク、自作のアイアンなどに自由に絡ませてください。いろんな演出ができ、見事に咲きます。丈夫で育てやすいのも魅力です。
◆1989年◆日本◆MiniCL◆一季咲き◆小輪◆つる性◆2.0m◆無香

ベランダ向き

鉢数に限りがあるので、
繰り返し花が楽しめる品種がおすすめ。
やや低めの樹形でまとまる品種、
多少日光が少なくても
咲きやすい品種が、ベランダなどでの
コンテナ栽培には向いています。

エンジェル フェイス *Angel Face*

ラベンダー色の丸弁が波打つ様は天使の羽のよう。枝がそれほど伸びず、コンパクトに楽しめる早咲き種です。次々と花をつけてくれます。つる性品種もあります。◆1968年◆アメリカ◆F◆四季咲き◆中輪◆木立性◆0.8m◆芳香

クロンプリンセシン ヴィクトリア *Kronprinzessin Viktoria*

ブルボンローズの「スーヴニール ド ラ マルメゾン」の変異品種でとても爽やかな雰囲気を持っています。半つる性ですが樹形が素直で小ぶりで花つきがよく、房咲きの木バラのようにできます。◆1887年◆ドイツ◆Old (B) ◆四季咲き◆中輪◆半つる性◆1.2m◆芳香

アンブリッジ ローズ *Ambridge Rose*

コロンとしたカップ咲きはやがてロゼット咲きに。しなやかで扱いやすい枝ぶりは鉢にも適しています。半日陰のベランダでも十分に咲くタイプ。いつも身近に置いて楽しめるバラです。◆1990年◆イギリス◆ER◆四季咲き◆中輪◆木立性◆1.0m◆芳香

フランシス デュブリュイ *Francis Dubreuil*

上品な雰囲気が庭をシックな感じに引き締めます。芳純な香りが幸せな気分にさせてくれます。育てやすく、この色で四季咲き性のバラが欲しい人におすすめ。半日陰のベランダでも大丈夫。◆1894年◆フランス◆Old (T) ◆四季咲き◆中輪◆木立性◆0.8m◆芳香

グラミス キャッスル *Glamis Castle*

白いイングリッシュローズといったらこれ！ 花つきがよく連続して咲いてくれます。樹高が低めなのでせまい場所でも扱いやすく、ミルラの香りも素敵。10号鉢に2本植えすると切花には困らないくらい咲いてくれます。半日陰のベランダでも大丈夫。◆1992年◆イギリス◆ER◆四季咲き◆中輪◆半つる性◆1.0m◆中香

サマー ソング *Summer Song*

イングリッシュローズの中では無かった濃いオレンジの花色。今までと違った雰囲気のお庭にしたいならぜひおすすめです。ほとんど退色せずに咲き続けるので長く楽しめるのもいいですね。さわやかな香りもあります。◆2005年◆イギリス◆ER◆四季咲き◆大輪◆半つる性◆1.0m◆芳香

クィーン オブ スウェーデン *Queen of Sweden*

花束のように放射状に枝が広がる素直な樹形とシンプルな色、魅力的な花形を持ちます。ピュアな可愛らしさに満ちたこの花は日常生活の煩雑さに疲れてしまった時に、私達を優しく癒してくれます。◆2004年◆イギリス◆ER◆四季咲き◆中輪◆木立性◆1.5m◆中香

シャリファ アスマ *Sharifa Asma*

愛らしいやわらかなピンク。無数の花びらはカップ咲きからロゼット咲きへ変化します。耐病性もあり育てやすいうえに、フルーツのような香りがとってもいいんです。◆1889年◆イギリス◆ER◆四季咲き◆大輪◆木立性◆1.0m◆芳香

ラプソディ イン ブルー *Rhapsody in Blue*

赤紫で開花し、次第に灰色へ…。「新しいタイプの紫バラ」として注目を集めた半つる性品種です。うつりゆく紫色の微妙な変化を、ゆっくりと楽しめます。◆2003年◆イギリス◆S◆四季咲き◆中輪◆つる性◆2.0m◆中香

マチルダ *Matilda*

微妙なグラデーションの花色、レースを重ねたような花形がとてもかわいい人気のバラ。自然に分枝して樹形ができ、コンパクトにおさまります。秋までよく咲き、雨にも病気にも強いなど、余りある魅力を兼ね備えています。◆1988年◆フランス◆F◆四季咲き◆中輪◆木立性◆1.0m◆微香

ジュリア *Julia*

優雅でシックな色合いは大人の雰囲気。繰り返しよく咲き、秋には花形もキリっとしまって色も一層深くなります。一度は育ててみたいバラのひとつではないでしょうか。◆1976年◆イギリス◆HT◆四季咲き◆大輪◆木立性◆1.2m◆微香

アーチに

アーチはドーム型の美しさが重要。
アーチに自然に沿って花を咲かせるには、
枝元から花までの長さが短い品種、
枝がやわらかい品種を選びます。
花が咲き終わったら葉だけになるので、
葉や枝の美しさにも気をかけましょう。

ブルボン クィーン
Bourbon Queen

別名「クィーン オブ ブルボン」の通り、満開時の姿はまさに女王様の気高さと華やかさを感じさせます。花つきがとてもいい品種なので、アーチにするとすばらしい一面の花景色をつくることができます。香りも濃厚。◆1834年◆フランス◆Old（B）◆一季咲き◆中輪◆つる性◆3.0m◆芳香

つる サマー スノー *Summer Snow, Climbimg*

ライトグリーンの葉に白く舞う雪のように、美しい花をたくさんつけます。トゲが少ないので扱いやすいのもいいですね。◆1936年◆アメリカ◆CL◆一季咲き◆中輪◆つる性◆3.0m◆中香

ローブリッター *Raubritter*

コロンとした丸い花がうつむき加減に咲く様は鈴のような可愛らしさ。花もちがよいのも特長です。◆1936年◆ドイツ◆S◆一季咲き◆中輪◆つる性◆2.0m◆中香

ピエール ドゥ ロンサール *Pierre de Ronsard*

いつまでも人気が衰えないつるバラ。クラシックな花形はカップ咲きからロゼッタ咲きへと変化します。花もちは抜群で耐病性もあります。花首が長いのでうつむき加減に咲くため、見上げるような場所に誘引するといいですね。◆1987年◆フランス◆CL◆返り咲き◆大輪◆つる性◆3.0m◆微香

ダブリン ベイ *Dublin Bay*

ひときわ人目を惹く鮮やかな濃赤の花は花もちがよく、次から次へと花をつけます。耐病性にも優れ、四季咲きなのもうれしいです。

◆1975年◆フランス◆CL◆四季咲き◆大輪◆つる性◆3.0m◆中香

つる ゴールド バニー *Gold Bunny, Climbing*

やや早咲きの鮮やかな黄色い花は、ほとんど退色せずに咲き続けます。房咲きで花首が短いのでコンパクトにまとまります。◆1991年◆フランス◆CL◆返り咲き◆中輪◆つる性◆3.0m◆微香

パーゴラ・カーポートに

**背が高く幅もあるパーゴラ・カーポートには、
伸長力のあるバラを選びます。
つるが一気に伸びる一季咲きのつるバラがおすすめ。
四季咲き品種を足元に植えれば、花景色を
長く楽しめます。見上げる所に枝がくるので、
うつむき加減に咲く品種もいいですね。**

◀ フォーチュンズ ダブル イエロー
Fortune's Double Yellow

別名「フォーチュンズ ファイブ カラー」と呼ばれる特有の複雑な色合いの花が枝一杯に開花するとき、辺りはアジアンチックな清楚な華やかさで包まれます。ヒラヒラとはかなげな花ですが、花もちはいいです。下向きに咲くのでパーゴラ仕立てにし、下から見上げるのがおすすめ。早咲き性。◆中国◆Old（T）◆一季咲き◆中輪◆つる性◆5.0m◆中香

ボビー ジェイムス *Bobbie James*

ぐんぐん伸びるランブラーローズなので、カーポートや2階のベランダまで這わせるのに最適。花、枝、葉のコンビネーションがすばらしく洗練された空間を約束してくれます。◆1961年◆イギリス◆HWich◆一季咲き◆小輪◆つる性◆5.0m◆無香

白木香《シロモッコウ》バラ *Rosa Banksiae Alba*
黄木香《キモッコウ》バラ *Rosa Banksiae Lutea*

黄木香のカナリヤの羽毛の様な花が咲きはじめると春の訪れと共にバラの季節の幕開けを感じます。白木香は黄色種に比べると花期が幾分遅めで香りがあります。トゲがないのでお子さんのいる家庭でも大丈夫。葉が落ちないので庭の背景にも最適。
◆中国原生◆Old（Sp）◆一季咲き◆小輪◆つる性◆5.0m◆微香

ポールズ ヒマラヤン ムスク
Paul's Himalayan Musk

伸長力旺盛で、普通サイズのアーチやトレリスには収まりません。せっかくだからその特徴を生かして木に絡ませたり、家の壁面を覆ったり、見せたくない物を隠したりして活用しましょう。遠景はもちろん、顔を近づけて見てもいろいろな表情があって感動します。◆1916年◆イギリス◆HMsk◆一季咲き◆小輪◆つる性◆5.0m◆中香

フェンスに

横張り性で多花性の品種がフェンス向きです。1mほどの低めのフェンスなら、四季咲き・返り咲きの半つる性品種や木立性品種もおすすめ。よく返り咲いて長く楽しめます。

◀紫玉 *Shigyoku*

個性派揃いのガリカローズの中でも素性が不明で謎めいたオリエンタルな魅力があります。印象深い赤紫～紫の花色を生かし、壁面やボーダーガーデンのバック、オベリスク等にも這わせるとよいでしょう。◆不明◆Old (G) ◆一季咲き◆中輪◆半つる性◆2.0m◆芳香

マダム イザーク ペレール *Mme. Isaac Pereire*

オールドローズの中でもひときわ、豪華で華やかな花です。丸く大きな蕾が房咲きになり、甘く濃厚な香りを持つ花とモダンローズのような力強い葉は周囲の楚々とした花達を圧倒してしまうくらいの存在感に満ちています。◆1881年◆フランス◆Old (B) ◆返り咲き◆大輪◆つる性◆3.0m◆芳香

ガートルード ジェキル *Gertrude Jekyll*

オールドローズのような花形としなやかに伸びる枝を持っていて、つるバラとしても扱えます。濃厚なオールドローズ香が魅力。香りは散り際まで長持ちします。◆1986年◆イギリス◆ER◆返り咲き◆中輪◆木立性◆2.0m◆芳香

ブルー フォー ユー *Blue For You*

薄く灰色がかったシックな紫色から、鮮明な青色に変化します。一枝に10～15輪もの花をつける時がある多花性。今までにない美しいバラです。◆2005年◆オーストラリア◆F◆四季咲き◆中輪◆半つる性◆1.5m◆微香

ハイ ヌーン *High Noon*

鮮明なレモンイエローの花色と、ゆったり波打つ花形のコントラストが美しいつるバラです。花びらが少なめでステムも長めなので、風に揺らぐ様子がヒラヒラと蝶のようで美しい。爽やかな香り。◆1946年◆アメリカ◆CL◆四季咲き◆大輪◆つる性◆3.0m◆中香

壁面に

よく伸びる品種が基本ですが、どれくらいの距離から見るかで、品種の選び方は変わります。遠くから見る場合は花形より花色を、近くで見るときは香りや花姿を重視。二階まで伸ばしたいなら、より伸長力のある「ランブラー系」を使うといいでしょ

◀フランソワ ジュランビル *Francois Juranville*

細い枝はやわらかく、トゲも少ないので誘引しやすく扱いやすい。葉も小さめなので枝葉の間から見える光がとても涼しげです。◆1906年◆フランス◆HWich◆一季咲き◆中輪◆つる性◆5.0m◆中香

アブラハム ダービー *Abraham Darby*

何といってもこの香りは最高！ 強いラズベリーまじりのフルーツ香。甘くフレッシュな香りとともに過ごす一日は至福の時。カップ咲きで花つきのよい品種です。◆1985年◆イギリス◆ER◆四季咲き◆中輪◆つる性◆3.0m◆芳香

ロイヤル サンセット *Royal Sunset*

つるバラとしては大輪なのでインパクトがありますが、ふんわりとした感じに咲くので優美な印象を与えます。枝の上部に花をつけるため、アーチや高めのフェンスにも向いています。◆1960年◆アメリカ◆CL◆四季咲き◆大輪◆つる性◆3.0m◆中香

ファイルヘンブラウ *Veilchenblau*

花名はドイツ語で「すみれ色の」の意味。「ブルーランブラー」「バイオレットブルー」とも呼ばれます。北向きの壁や日照時間の比較的短い場所でも育てやすく、個性を発揮します。◆1909年◆ドイツ◆Old（HSp）◆一季咲き◆小輪◆つる性◆5.0m◆微香

香りを楽しむ

**幼い頃かいだバラの香りを、
私はまだ覚えています。香りは私たちの
深いところへとどまる、神秘的なものです。
とくにバラの香りは人をリラックスさせたり、
やる気を出してくれたりする、
プラスの効用があります。**

エブリン *Evelyn*
とてもやわらかな香りです。アプリコットの花色が微妙にピンクがかって変化してゆくので、とってもかわいい感じになります。香水メーカーのクラブトリー＆エブリン社にちなんで名づけられました。
◆1991年◆イギリス◆ER◆四季咲き◆大輪◆つる性◆3.0m◆芳香

▲ニュー ウェーブ *New Wave*
やや紫がかったピンク色が、ウェーブした花びらに美しいグラデーションを描きます。切花にも使えます。うどんこ病にかかりやすいので注意が必要です。◆2000年◆日本◆HT◆四季咲き◆大輪◆木立性◆1.2m◆中香

ラ フランス *La France*
甘い香り、きれいなピンクの花、ちょっとクラシックな面影を見せてくれるハイブリッド・ティーローズの1号。1867年生まれの歴史あるバラですが、今も、そしてこれからもずっと愛され続けてゆくでしょう。
◆1867年◆フランス◆HT◆四季咲き◆大輪◆木立性◆1.2m◆芳香

◀レーヌ ヴィクトリア *La Reine Victoria*
人々が求める"かわいい"要素がすべて結集された品種です。球形に近いカップ状の花形、青みを帯びた品のあるピンクの花びら、それに加えて香りもすばらしい。しかもトゲが少ないので枝の誘引も楽にできます。◆1872年◆フランス◆Old（B）◆返り咲き◆中輪◆半つる性◆3.0m◆芳香

サ ジェネラス ガーデナー
The Generous Gardener

強健で繁殖力は旺盛。すぐに大きく育つので、アーチやフェンスなどさまざまに使える優秀なガーデンローズです。◆2002年◆イギリス◆ER◆返り咲き◆大輪◆半つる性◆2.0m◆芳香

ロサ ダマスケナ *Rosa Damascena*

バラの香りとして最もポピュラーなダマスク香をもつダマスクローズの基本種です。花がらを切らずにおくときれいなローズヒップが楽しめます。心も身体も元気にしてくれる品種です。◆16世紀頃◆Old (D)◆一季咲き◆中輪◆半つる性◆2.0m◆芳香

レディ オブ メギンチ *Lady of Megginch*

ディープピンクでリッチな花です。オールドローズ香にフルーツ香を加えた、素敵な雰囲気を持っています。フェンス仕立てにもできます。◆2006年◆イギリス◆ER◆四季咲き◆大輪◆半つる性◆2.0m◆芳香

ザ マッカートニー ローズ *The McCartney Rose*

すばらしい芳香種。うっとりとするような甘い香りは、バスエッセンスとして使えます。ポプリやジャムにしてもいいですね。枝ぶりが素直なので、扱いに困ることはないでしょう。◆1991年◆フランス◆HT◆四季咲き◆大輪◆木立性◆1.2m◆芳香

マダム ハーディ *Mme. Hardy*

ホワイトオールドローズのクィーンです。花つきがよく、トレリスなどに誘引するとホワイトガーデンの主役になります。花のみならずその枝や葉さえもエレガント。お茶目なグリーンアイ（花の中心の緑色の芯）も魅力。◆1832年◆フランス◆Old (D) ◆一季咲き◆中輪◆半つる性◆2.0m◆芳香

ファンタン ラトゥール *Fantin-Latour*

柔らかな花びらに春の光を集めながら、カップ咲きからクォーターロゼットの開放的な花形へと移り変わる姿が印象的。枝がたくさん伸びるのでトレリスやオベリスク向きです。枝先を少し遊ばせておくとナチュラルな仕上がりに。トゲが少なく誘引しやすい品種。◆不明◆Old (C) ◆一季咲き◆中輪◆木立性◆2.0m◆芳香

ジュード ジ オブスキュア *Jude the Obscure*

とにかくディープカップの花がかわいい。甘いクリームイエローの花色も素敵です。低めのトレリスに誘引してもいいでしょう。強くフルーティな香りはきっとあなたのお気に入りとなることでしょう。
◆1995年◆イギリス◆ER◆四季咲き◆大輪◆木立性◆1.5m◆芳香

▲コント ドゥ シャンボード *Comte de Chambord*

「ガートルード ジェキル」の交配親になった品種。小ぶりの枝、細いシュートを多く出し秋まで花が楽しめます。濃厚なダマスクの香りいっぱいの庭に出ると、気持ちが落ち着いてなぜかやる気が出てきます。◆1863年◆フランス◆Old（P）◆四季咲き◆中輪◆半つる性◆2.0m◆芳香

ジェントル ハーマイオニー *Gentle Hermione* ▶

シェイクスピアの「冬物語」の登場人物ハーマイオニーが名の由来で、とってもチャーミングな強健種。ダマスク香とミルラ香の絶妙なコンビネーション、いつもこの香りで癒されます。◆2005年◆イギリス◆ER◆四季咲き◆中輪◆半つる性◆2.0m◆芳香

▼スーヴニール ドュ ドクトール ジャマン
Souvenir du Docteur Jamain

深いワインレッドの花が連なるように咲きます。丸く短めの花弁は波打ってカップ咲きになります。トゲが少なくオベリスクも仕立てやすい品種です。◆1865年◆フランス◆Old（HP）◆返り咲き◆中輪◆半つる性◆3.0m◆芳香

ロサ ケンティフォーリア *Rosa centifolia*

中世に栽培された品種で「プロバンスローズ」「キャベッジローズ」等の別名もあります。「花弁が百枚あるバラ」の代表的品種で、何世紀もの間すたれずに現代に至っています。うつむきかげんに咲くので、2mくらいのところにつるを這わせて、花を見上げるように演出すると素敵。◆17世紀頃◆Old（C）◆一季咲き◆中輪◆半つる性◆2.0m◆芳香

病害虫に強い

原種系、オールドローズ、イングリッシュローズのなかには、比較的病害虫に強いものが多いです。日当たり、水はけ、風通しのよいところを選ぶと、さらに美しく育てることができます。

◀ペネロペ *Penelope*

マットな質感のセミダブルの花は花芯が黄色でとても愛らしいバラ。横張り性で枝は全体的に硬く、日陰にも強い。房咲きなので咲くとボリューム感があります。
◆1924年◆イギリス◆HMsk◆返り咲き◆中輪◆木立性◆1.5m◆芳香

ロサ レヴィガータ(ナニワイバラ) *Rosa Laevigata*

20年ほど前、ブータン国からやってきました。中国原生種より2cm以上も花径が大きく見ごたえがあります。大きくなるので、植える場所に注意をはらう必要があります。◆ブータン原生◆Old (Sp) ◆一季咲き◆大輪◆つる性◆5.0m◆中香

グラニー *Granny's Rose*

オールドローズの花形に優しいソフトピンクがグラデーションします。花つき、花もちがとてもよく晩秋まで咲いてくれます。◆1991年◆デンマーク◆S◆四季咲き◆中輪◆半つる性◆1.0m◆微香

芽衣 *Mei*

夢乙女の枝変わり種。耐病性・耐候性に優れたすばらしいつるバラ。ピンクから白へと変化するグラデーションも素敵で花もちもいい。1番花の後軽くせん定、追肥すると2番花が楽しめます。◆2005年◆日本◆CL◆返り咲き◆小輪◆つる性◆2.0m◆微香

フェリシア *Felicia*

優しい色合いはどんな花色とも合わせやすいので、様々なシーンに使えます。強健でトゲが少ないのでとても扱いやすく、芳香があるのもうれしいところ。◆1928年◆イギリス◆HMsk◆返り咲き◆中輪◆つる性◆2.0m◆芳香

ロサ キネンシス アルバ *Rosa Chinensis Alba*

優しくしなやかに咲き、楚々とした感じのチャイナローズ。トゲが少なく枝の伸びもよいので扱いやすいのもうれしい。早咲き種です。◆中国原生◆Old（Ch）◆一季咲き◆中輪◆つる性◆3.0m◆微香

マサコ *Eglantyne*

その名のとおりエレガントで優しげな雰囲気の中にも豪華さがあります。繰り返しよく咲き、耐病性もあります。香りもしあわせな気分にさせてくれます。◆1994年◆イギリス◆ER◆四季咲き◆中輪◆木立性◆2.0m◆芳香

雪あかり *Yuki Akari*

夢乙女の色変わり種。小さく真っ白な花は清らかでベールのイメージ。丈夫で返り咲きします。夢乙女とセットで植えるのもいい感じ。◆2003年◆日本◆MiniCL◆返り咲き◆小輪◆つる性◆2.0m◆無香

ウィリアム モーリス *William Morris*

鮮明なアプリコットの美しい花がうつむき加減に咲き、耐病性にも優れる強健種です。ほどよく伸びるので比較的低めのトレリスなどに仕立ててもいいでしょう。◆1998年◆イギリス◆ER◆四季咲き◆中輪◆木立性◆1.5m◆中香

レオナルド ダ ヴィンチ *Leonardo de Vinci*

オールドローズのようなロゼット咲きなのでクラシカルな雰囲気に使えます。直立性ですが日本では伸びがよく低めのつるバラとして扱えます。花もちがよく最後まで美しい姿のまま咲き続けます。◆1994年◆フランス◆F◆返り咲き◆中輪◆半つる性◆2.0m◆中香

アンジェラ *Angela*

丈夫で花つきがとてもよいので初心者の方に向いています。目が覚めるほどのピンクは人目を惹きます。◆1984年◆ドイツ◆CL◆四季咲き◆小輪◆つる性◆3.0m◆微香

茜富士 *Rosa Nipponensis 'AKANEFUJI'*

1864年富士山で発見され、今でも5合目付近に7月ごろ開花します。寒さに強いタカネイバラの一種ですが、接ぎ木によって暖地でも栽培可能になりました。日陰に強く、香りもあります。◆日本原生◆Old (Sp)◆一季咲き◆小輪◆半つる性◆1.5m◆微香

茜富士の紅葉

紅葉を楽しむ

原種系のなかには、秋に紅葉を楽しませてくれるバラもたくさんあります。オレンジ、レッド、ダークローズなど美しい色合いは、リーフプランツとして扱ってもおもしろいでしょう。

▼ロサ ガリカ オフィキナリス *Rosa gallica Officinalis*

シュートが出やすく、せん定もしやすい元気でコンパクトな品種です。ガリカローズの基本となりました。「オフィキナリス」は「薬用の」を意味し、ハーブティーなどに使われてきました。
◆13世紀◆Old (Sp)◆一季咲き◆中輪◆半つる性◆1.5m◆芳香

▲レッド ネリー *Red Nelly*

小さく細長い特徴的な花を持ち、紅赤色の花色はとても古典的な雰囲気。秋の紅葉や黒っぽい実も美しく、「和」の庭にもよく似合います。◆不明◆Old (Sp)◆一季咲き◆中輪◆半つる性◆1.0m◆微香

ロサ ニティダ *Rosa Nitida* ▶

和風の空間づくりに役立ちます。茎が短く、全体がコンパクトに収まります。「ニティダ」(=光沢のある)の名前通りのつややかな濃緑色の葉と、濃ピンクの一重の花が風にそよぐ姿が印象的。秋には紅葉と球状の実も楽しめます。◆北アメリカ原生◆Old (Sp)◆一季咲き◆中輪◆半つる性◆1.0m◆中香

実を楽しむ

バラのヒップ（実）は秋の庭で日本ならではの風情を楽しむのにとても魅力的。お酒に漬け込んだりジャムやお茶にしたりして、生活にも活用できます（一二三ページ参照）。

アルティシモ *Altissimo*

飽きのこないビロードのような赤バラ。ふわっと咲く感じがとても美しい。雨にも強くよく咲き続けます。実を楽しみたいときは、夏から秋にかけて花がら切りをしないようにすればいいでしょう。
◆1966年◆フランス◆CL◆四季咲き◆大輪◆つる性◆3.0m◆微香

ロサ ルゴサ（チャイナ）
Rosa rugosa (Chinna)

「ロサ ルゴサ」を親とする品種。セミダブルで大輪の花からはダマスクの香りがあふれます。大きなローズヒップは実用性があります。
◆不明◆Old (Sp) ◆四季咲き◆中輪◆半つる性◆1.0m◆芳香

◀ イングリッシュ ブライヤー *English Briars*

「ロサ カニナ」を親とする品種。ローズヒップが結実してから赤くたわわに色づくまでの景色を、冬までじっくりと楽しめます。薬害が出やすいので、消毒はあまりしないほうがいいでしょう。◆不明◆Old◆一季咲き◆小輪◆半つる性◆3.0m◆微香

キフツゲート
Rosa fhilipes 'Kiftsgate'

古木に這わせたり見苦しい物を隠したりするのに向く伸長力旺盛の品種です。「ロサ フィリプス」の枝変わり品種で、花首がやや長めなのでうつむき加減に咲いて優しげです。
◆1954年◆イギリス◆Old (Sp) ◆一季咲き◆小輪◆つる性◆5.0m◆微香

キュー ランブラー
Kew Rambler

一つひとつの花は小さいですが、とても大きな房咲きになります。長く伸びた枝一杯に花が咲き、そのボリュームに圧倒されます。秋にはオレンジ色のムルティフローラ系の実がお庭を彩ります。
◆1913年◆イギリス◆CL◆一季咲き◆小輪◆つる性◆5.0m◆微香

ロサ カニナ *Rosa canina*

ヨーロッパに自生する一般的な野生のバラ。秋にはラグビーボールのような小さい真っ赤な実がたくさん付きますが、古くから薬用として使われていたようです。別名ドッグローズ。◆ヨーロッパ原生◆Old (Sp) ◆一季咲き◆小輪◆半つる性◆3.0m◆中香

ペンデュリーナ ブルゴーニュ
Rosa Pendulina Bourgogne

「ロサ ペンデュリーナ」を親とする品種。洋ナシ型の実が美しいローズヒップの代表品種。庭木のようにコンパクトに育てて実の美しさを鑑賞するのもいいでしょう。◆不明◆Old (Sp) ◆一季咲き◆小輪◆半つる性◆3.0m◆微香

バラの品種と苗選びのチェックポイント

バラの品種を選ぶときには、目的や育てる環境をよく確認し、これから購入する品種や苗が目的をかなえられる素質をもっているかをよくチェックします。ここではそのポイントを六つ紹介します。

①目的を決める

ベランダでコンパクトに楽しみたいのか、庭の入り口にアーチをつくりたいのか、フェンスに絡ませたいのか……バラをどこでどのように使いたいのか、まずチェックします。目的別の品種選びの詳しいポイントは、パート2をご覧ください。

②日当たりを確かめる

あなたがこれからバラを育てる場所は、家のどの方角ですか？　一日にどれくらい日光が当たるでしょうか？　バラは日光が大好き。バラにとっては日光が最大の栄養源です。日当たりがいいほど旺盛に成長し、たくさんの花を咲かせます。バラの栽培に向いている向きは南、東、西、北の順です。

日光が五時間以上当たるところなら、どの品種でも順調に育ちます。日光が三〜五時間くらい当たるところは、半日陰になります。半日陰でも育ちやすい品種を選んで植えたほうがいいでしょう。

③欲しい品種の樹形と樹高をチェック

目的と、育てる場所の日当たりをチェックしたら、いよいよ品種選びです。バラは、樹形で分けると三つに分かれます。木立《きだち》性（ブッシュタイプ）とつる性（クライミングタイプ）、半つる性（シュラブタイプ）です。オールドローズ、モダンローズを問わず三タイプが含まれています。どのタイプかによって、植える場所や仕立て方に向き不向きがあるので、必ずチェックしておきたい要素です。

樹形のタイプ

つる性（クライミングタイプ）

一般につるバラと呼ばれるタイプ。樹高1.5m以上になり、絡みつくように上へ横へと伸び、木などに乗っかって日光を受けようとする性質を持ちます。伸びた枝がその重みで下垂すると、一時的に枝の成長が抑制され、枝が曲がったところに花を咲かせます。庭ではその長い枝を自由に誘引して素敵なバラの景色をつくれます。狭い庭も、つる性の枝を使って仕切ることで奥行がでたり、デッドスペースをつるで覆うことで思わぬ素敵な空間になります。壁面に這わせれば、室内の温度を下げる「緑のカーテン」にもなります。

半つる性（シュラブタイプ）

野生のとき、湾曲した枝を広く伸ばし、他の植物や周囲の自立しているものに覆いかぶさるように成長していた性質を受け継いでいます。枝を自然に伸ばすと、枝先が垂れてこんもりとした樹形になります。ナチュラルな樹形を生かすとよいでしょう。庭では、枝ごとに高低差をつけてせん定し、自由に面を形づくって咲かせることもでき、重宝します。オールドローズの一部、シュラブローズなどがこのタイプ。

木立《きだち》性（ブッシュタイプ）

木バラとも呼ばれます。根元から数本の枝が直立して伸びる「株立ち」樹形で、つるバラに比べて丈が低く、支柱などがなくても自立できます。野生のとき、他の植物に覆われずに独立して成育していた性質を引き継いでおり、日光を十分に受けられる場所を好みます。ミニチュアローズ、ハイブリッド ティー種、フロリバンダ種、一部のオールドローズなどはこのタイプです。庭の前面のポイントになり、せん定しだいで樹高を調節できます。

樹高も大切な要素です。狭い場所にあまり大きくなる品種を植えると、伸びすぎて手に負えなくなることがあります。逆に、目的とする高さ・長さだけ伸びる性質がないと、いつまでたってもアーチがつながらない、フェンスを覆えないなど、目的を達成できません。ただ、樹高はせん定である程度コントロールできるので、あまり神経質にならなくても大丈夫です。

④苗の種類を選ぶ

欲しい品種が決まったら、苗を購入します。どんな苗を選ぶかも、その後のバラの成育にとって大切なポイントです。

バラの苗にはいろいろな種類があり、時期によっても出回る苗の種類が違い、種類によって値段も変わってきます。また、輸入苗、国産苗の違いもあります。基本的には、根の力が強く、成長力旺盛な国産の接ぎ木苗を選ぶことをおすすめします。

接ぎ木苗は、日本ではノイバラの台木に各品種の芽を接いだものがほとんどです。その成育の段階それぞれで、新苗《しんなえ》、大苗《おおなえ》、鉢苗《はちなえ》（三年生以上の苗）、ロング苗（長尺苗）などとして販売されています。

◆新苗　ノイバラを半年育てたものの根元に秋から冬にかけて各品種の芽や枝を接ぎ木し、春まで育てたものが新苗です（一年生苗）。新苗は農場での管理期間が短いので、価格が安いのが長所です。ただし、まだ幼くひ弱なので、はじめの年はとくに消毒などの管理をしっかりして、大事に育てる必要があります。新苗の販売時期は成育期なので、ポリポットや鉢に植えられて根が伸ばせるようにしてありますが、購入したら、すぐにひと回り大きい鉢に移すか、地面に植え付けます。

◆大苗　新苗を春にまた畑へ移植し、十～十一月まで育て上げた苗を大苗（二年生苗）とよんでいます。十～三月まで販売されます。畑でさらに太らせた苗なので力があり、春には一人前の花を咲かせ、枝も力強く伸びます。その分、新苗より千円ほど価格が高くなります。大苗は休眠期に販売されるので、根を乾かさない目的で土の入った鉢に植えられていま

バラを育てる環境を整える

●健康に育てるには風通しよく

風通しも、バラを育てるには大事な点です。風通しが悪くジメジメしていると病気や虫がつきやすく、葉の蒸散が活発でなくなり、光合成の能率も落ちてしまいます。バラを植える場所のそばに風通しをさえぎる障害物があるときは、それを取り除けないか工夫してみてください。

バラの株のまわりに背の高い雑草が生い茂っても、風通しが悪くなります。バラのまわりはいつもすっきりとしているように心がけてください。

●寒さに当たって休眠したほうが、春よく咲く

バラの成育にちょうどいい温度は二〇～二五℃です。あまり暑すぎると光合成は低下します。日本の夏の高温はバラには少しつらく、真夏の間、成長は少し停滞します。遮光をすると温度は若干下がりますが、たくさんの太くよい枝を出し、花を咲かせたいなら、遮光するとしても最大二〇％程度のほうがいいでしょう。なぜなら、遮光すると光が弱くなってしまい、いい枝が出にくくなってしまうからです。

冬は五℃以下で休眠します。最低四五日の自然低温を与え、長期休眠をさせることで、春に勢いよくたくさんの芽が出てくるのです。四季咲きのバラなら、温室に入れて一定の温度のもとで管理すれば、冬の間も花を楽しむことができます。ただし、この場合も、鉢を一定期間屋外に出して、一度寒さを与えたほうが春にいい花が咲きます。

まわりに植物が密生していると、風通しと日当たりが悪く、ひょろっと貧弱な育ち方になってしまう

す。苗の輸送をコンパクトにするため、根を水ゴケやピートモスで巻いて湿らせただけのもの（根巻き苗）、根が裸で土がついていないもの（裸苗）もあります。購入したらすぐに大きな鉢や地面に植え付けます。

◆ロング苗（長尺苗） 限られた生産者しか栽培していないタイプ。成育期間は二〜三年ですが、つる性品種の枝を一m以上伸ばして生産してあります。管理面積や手間がかかるので、大苗よりも少し値段が高くなりますが、植えたその翌春から、アーチやトレリスなどに誘引して、つるバラの景色を楽しめます。

◆三年生以上の鉢苗 大苗をさらにもう一年育てたものは三年生成木となり、一年中鉢で販売しています。大苗より価格は高いですが、十分に成長しており、丈夫なので安心して育てられます。

苗としてはノイバラを台木とした国産の接ぎ木苗をおすすめします。ノイバラは日本の野生種なので、日本の高温多湿の気候、弱酸性の土壌によく適応します。細いたくさんの根をどんどん伸ばし、地上部の伸長力も旺盛、成育良好で長生きします。

輸入苗は、おもにアメリカやニュージーランド、ヨーロッパ、中国より輸入される大苗です。日本の検疫は土をつけて輸入することを禁じているので、根は土を取り除くために必要以上にこすられ傷ついています。

輸入苗を植えるときは、雑菌に感染しないよう、根を消毒してできるだけ衛生的な土を使うことをおすすめします。輸入苗の台木（根の部分）は日本の全風土に適したノイバラではなく、それぞれの生産国で育ちのよいものが使われています。国産の苗に比べ、十分に成長するまでには時間がかかります。

◆成長に時間がかかる挿し木苗 プレゼントにしてもいい愛らしい花のついたミニバラは、ひとつの鉢に何本かの枝を挿し木して、ひとつのバラの鉢として見ることができるよう仕立てられているものが多いです。

ハウス内での栽培が主で、一定環境でコントロールされ一年中出回っています。プレゼント用としてラッピングされていたら外して風通しをよくし、室内に置かず戸外で日を当

左から大苗の裸苗、国産の大苗の鉢植え、国産の新苗のポット植え、挿し木苗の鉢植え、輸入の大苗の鉢植え。大苗は冬の間は葉がない状態で店頭に並んでいる

つるバラのロング苗（長尺苗）。バラの苗を専門的に扱う店で扱っている

新苗の株元（写真は切り接ぎ苗）。根元にテープが巻いてあるのが切り接ぎ苗。芽接ぎ苗はテープはついていない

挿し木苗の株元。接ぎ木苗に比べて細い枝が土から2本出ている。株元を見ると接ぎ木か挿し木かがわかる

鉢苗。3年生のしっかりとした成木

て消毒をまめにして病害虫を予防しましょう。接ぎ木苗に比べると根に力がなく、成長には時間がかかります。小さく楽しむのにはいいですが、庭には向きません。

⑤よい苗を見分ける

四～六月に出回っている新苗は葉がついている時期なので、よほどしおれていたり、他に比べて極端に小さかったりしていなければ問題ありません。接ぎ木部分より下の根元もよく見て、しっかりと力強いものを選んでください。

気をつけたいのは、秋～冬に出回る大苗です。休眠期なので葉はすべて取られて枝だけの姿です。生きているのか枯れているのかは、ベテランにならないとわかりづらいものです。生気がない、枝にシワがあるものは、春になっても芽が出てきません。苗の管理状態も注意深く見てみましょう。

ポットや鉢の土の乾きがひどいものは、苗がすでにダメージを受けていることもあります。休眠期といえども多少の水分は必要です。一月はとくに乾燥続きの日が多いので、うっかり鉢ごと乾いてしまっているかもしれません。接ぎ口、根元のところもよく見てください。深い傷があったり、黒く腐っているようだったら病気の苗かもしれません。

どうしても、大苗の品質を見分ける自信のない方は、春まで待って、葉が健全に出ている苗を購入します。ただし、この時期になると品切れの品種も多く出ており、欲しい品種の大苗が手に入らないこともあります。

⑥その他のチェック項目

同一品種でつる性と木立性があるものがあります。つるはほしくなかったのにつる性のほうを購入してしまったという失敗もよくある話です。つるバラの場合、CLという記号がついている場合が多いので、よく確認しておきましょう。

一季咲きか四季咲きかも大事なポイントです。春だけ楽しめればいいのか、夏や秋にも咲かせたいのか、よく考え、品種選びのときは確かめます。ラベルに表示のないときは、販売員に聞いてみるといいでしょう。

同じ「ジュリア」でも、つる性と木立性（HT）の両方がある。品種名だけでなく、つる性か木立性かも必ずチェックして

ラベルの表示内容はまちまちだが、四季咲き、返り咲き、一季咲きは書いてあることが多い

バラの流通

園芸店やホームセンターの店頭に並ぶバラは、苗と花鉢（開花株）の姿があります。苗は、国内外のバラナーセリーが委託農家に生産させ流通させたものがほとんどで、花鉢は鉢バラを中心に花を咲かせて出荷しているバラ栽培農家が市場等に出荷したものが多いです。その他、インターネット上や花屋などで挿し木苗等が出回っています。

苗の選び方

日当たりのいい場所で、水やり、消毒などをきちんとやっているお店で選ぶのが原則。地際をみて、茶色いゴツゴツしたかたまり（根頭がんしゅ病）がないかもチェック。

新苗

◆４月上旬は、同じ品種の中でも枝が太いもの、葉の大きいものを選ぶ
◆５月中旬以降は、先端 20cm くらいの枝葉が元気で勢いよく伸びているかどうかを見る
◆安すぎるものは量産で質が悪いことも

大苗

◆10月ごろ、暖かさで芽が伸びていることがあるが、枝の先端部だけなら冬にせん定で落とす場所なので大丈夫。下部の芽まで伸びだしたものは、翌春に貧弱な芽しか出ないのでだめ
◆あまり早掘りしたものは、枝が充実していないことがある。10月下旬～11月に入ってから店頭に並んだ苗のほうがいい
◆枝に縦の線や、虫食いの跡、黒ずみ、黄色く枯れかかった部分などがないか確認
◆枝が硬くて充実しているものがいい

これだけは一緒に揃えて！

バラ栽培に必要な道具のお買い物リスト

バラを育てることは、人間の子育てに似ています。子どもが生まれる前には、いろんなものを買い揃えて迎える準備をしますよね。バラの植え付けや栽培にも必ず必要になってくる道具があります。道具は、必要なときにすぐ使えるよう、あらかじめ揃えておくことが基本です。そうでないと、面倒に思って作業が遅れたり、必要な作業をおろそかにして、バラの調子が悪くなってしまうのです。

ここで紹介する道具は、バラ栽培に必須のものばかり。ぜひバラの苗を買うときに一緒に購入しておいてください。バラとは長いおつきあいになるので、安さばかりでなく、耐久性や使いやすさなどの品質も重視してください。

計量カップ（左）、スポイト（下）、粉末はかり（右）

農薬を正しく計量、希釈するために必須。計量カップは家庭用のものでいい。スポイトは液状の農薬、粉末はかりは粉状の農薬を計量する。どちらも1mlが計量できるものを選ぶ

肥料

バラ専用肥料なら確実。時期に応じて肥料を選ぶとさらにいい

【冬場や植え付け時】元肥＝根を育てるタイプ。おすすめは写真左、「バイオゴールドクラシック元肥」（タクト）。微量要素が多く土中の微生物を増やす

【春～秋】追肥はリン酸の多い花を咲かせるタイプ。おすすめは写真右「バイオゴールドセレクション薔薇」（タクト）。リン酸、アミノ酸、カルシウムなどのミネラルを強化してある。

活力剤として「バイオゴールドバイタル」（写真中央）もいい

※植え付けの際必要な用土・堆肥などについては、78ページをご覧ください

シャベル

用土を混ぜたりすくったりするときに使う。長持ちするステンレス製を選ぶ。プラスチック製は時間がたつと劣化して折れやすくなるのでやめたほうがいい

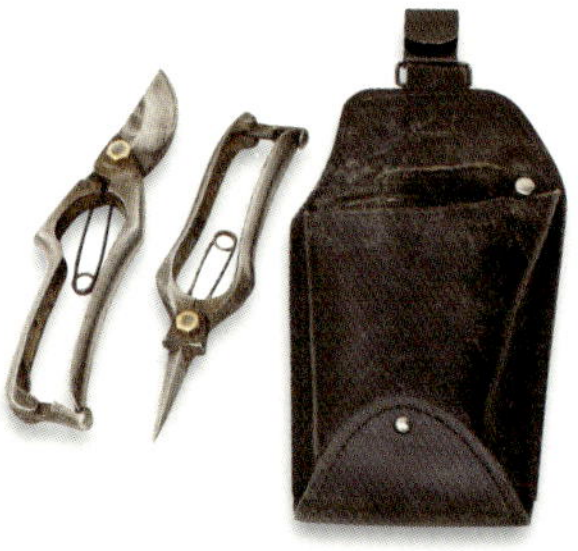

せん定バサミ

年間を通じて使う。切れ味のよい耐久性のある上質なものを選ぶ。花がら切り用の細身のタイプと、枝切り用の厚めのタイプ両方あると便利。おすすめは「バイオゴールドの剪定バサミ」

皮手袋

バラの枝はトゲがあるので、手入れのときに丈夫な皮製の手袋は必須。牛革製で、柔らかく指先までフィットするものを選ぶ

ジョウロ（左）、ホース（右）

水やりのときに必要。地植えにする場合はホースのほうが便利。ホースの内側にコケのつきにくい加工をしたものは長持ちする

スコップ

植え付けでしっかりと穴を掘るとき、冬の中耕のときに使う。重すぎると作業が大変なので、持ってみて無理のない重さのものを選ぶ。先の切り口がしっかりしているものが掘りやすい。ときどき先端を研ぐと掘りやすさが長持ちする

ビニタイ（下）、シュロヒモ［麻ヒモ］（上）

誘引や支柱を立てるときに使う。太い枝にはシュロヒモ、細い枝にはビニタイが使いやすい。色はグリーンか茶が目立たずおすすめ

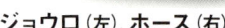

噴《ふん》霧《む》器

バラの消毒は、噴霧器が決めて。まんべんなく薬液を付けるにはパワーのある噴霧器が必要。様式によってパワーと散布効率が違うので、バラの本数に応じて選ぶ

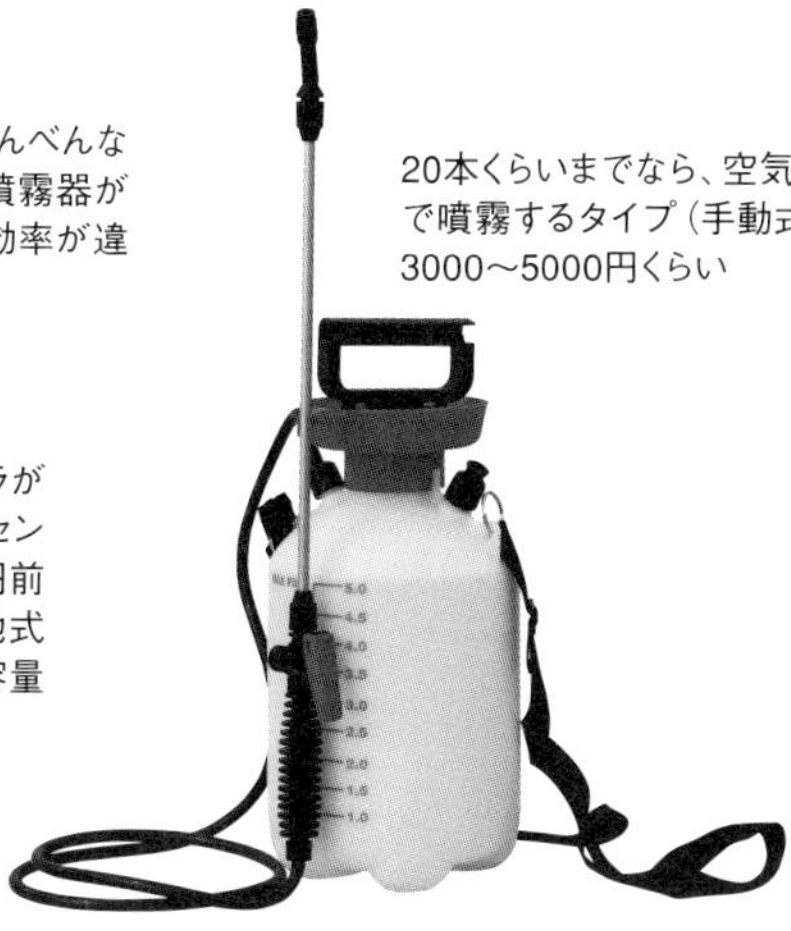

20本くらいまでなら、空気圧で噴霧するタイプ（手動式）。3000〜5000円くらい

20本以上あるとき、つるバラが多いときは、電池式かコンセントが必要な交流式。2万円前後(写真下は容量5ℓの電池式ナショナルBH595、左は容量10ℓの電気式BH590)

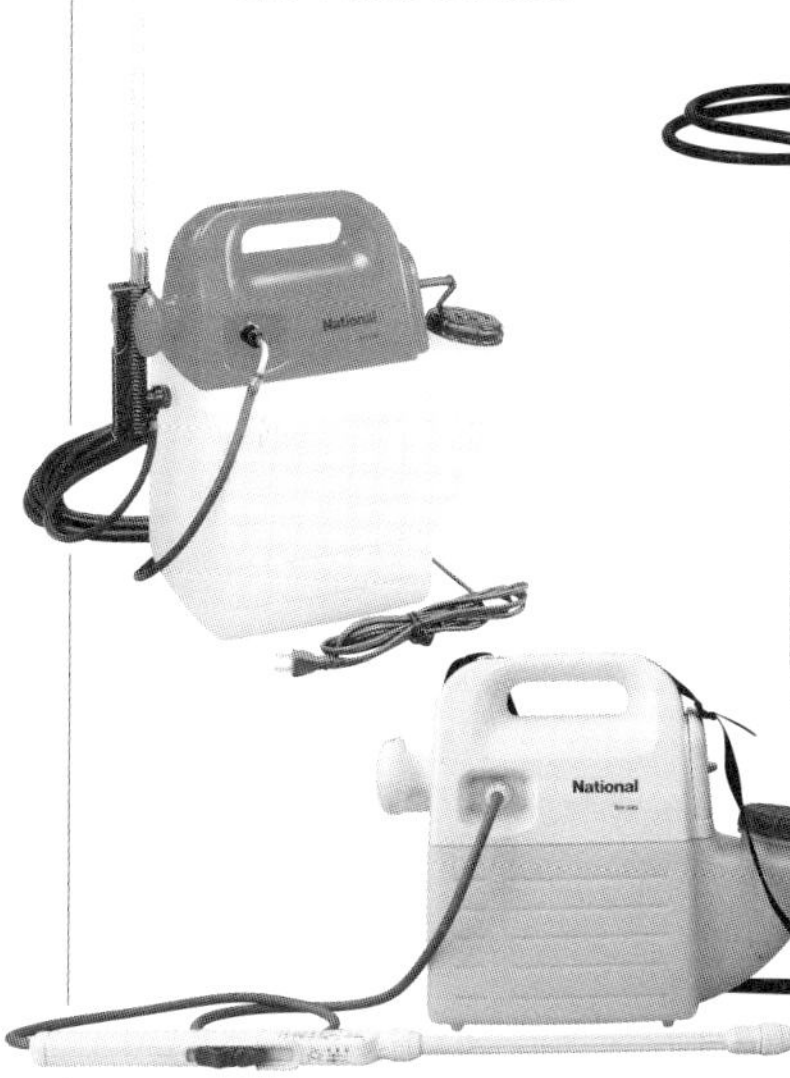

100本以上あるときは、小型動力噴霧器が便利

これが私のガーデンスタイル

バラの世話をするときの私の服装と持ち物を紹介します。服と道具は、置き場を決めて1ヵ所にまとめておくと、準備をするのも楽になりますよ。

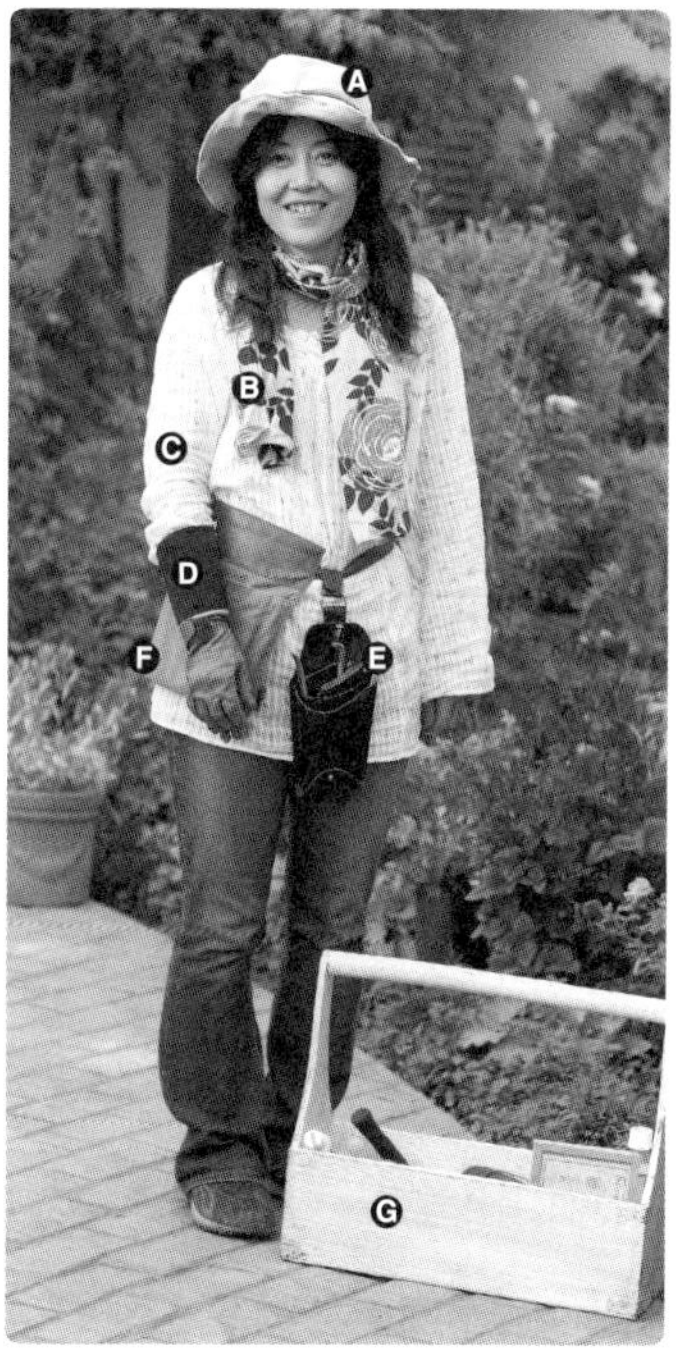

Ⓐ帽子
日よけのためと、せん定した枝が飛んで顔に当たるのを防ぐため、前つばのついているものを

Ⓑ手ぬぐい　日よけと、汗拭きなど

Ⓒ長そで、長ズボンの服
日よけとトゲ対策に

Ⓓリストバンド
せん定バサミの持ち手につける。株の奥に手を入れるとトゲが刺さりやすいため

Ⓔせん定バサミとケース
エプロンのポケットとは別に、ケースを持っていたほうが動きやすい

Ⓕエプロン
携帯電話、デジカメ、筆記用具、ビニタイなどをポケットに入れる

Ⓖ道具箱
シャベル、虫よけスプレー、カッパ、ノコギリ(太い枝切り用)、草刈りガマなど。バラの手入れに使いそうなものをひと通り一つの箱に入れて持ち歩くと、忘れ物をして部屋まで取りに行く面倒がない

農薬

植え付け後すぐ予防消毒をするため、苗と同時に購入する。はじめに殺菌剤、殺虫剤、展着剤をそろえておく。農薬散布時にはマスク、手袋、メガネ、レインコートも必要

※農薬については109、114ページで詳しく解説しています

[殺虫剤]
害虫用。農薬によって効く害虫が違うので、何本か持っておいたほうがいい

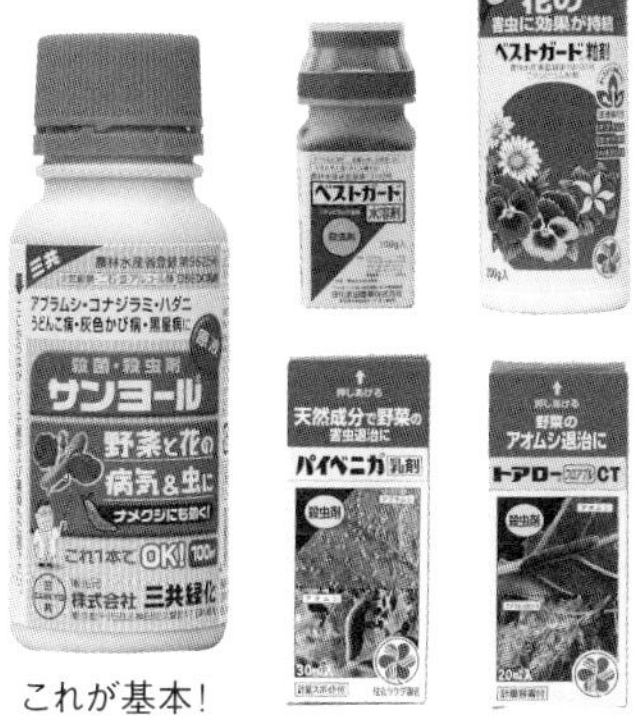

これが基本!

[殺菌剤]
病気用。予防剤と治療剤があるので、両方揃える

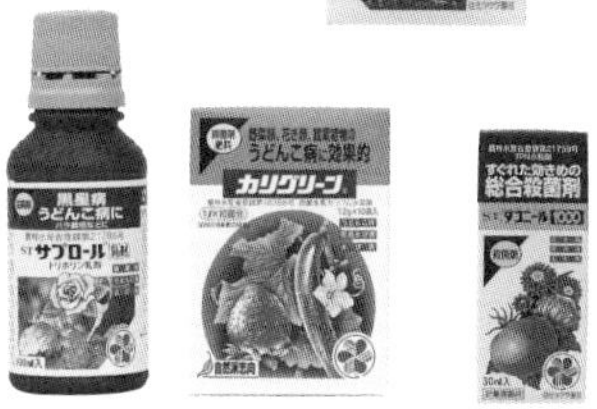

基本の治療剤

[スプレータイプ]
バラの本数が少ないときは、薬を混ぜなくていいスプレー式もおすすめ

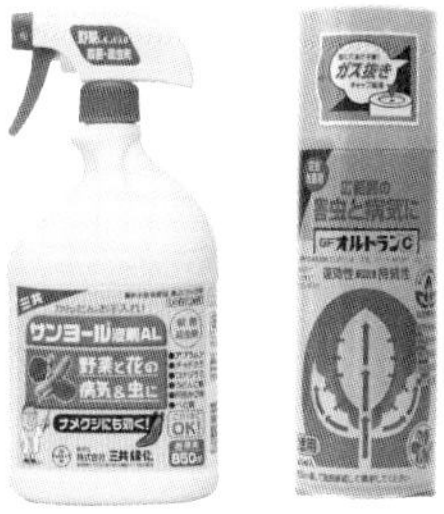

[展着剤]
農薬の効果を高める補助剤。バラには、農薬が落ちにくくなるアビオンEがおすすめ

Part 2 場所別 ローズガーデンのつくり方

まず覚えたい、バラの伸び方の基本

知っておきたいポイント

マニュアルにとらわれない、自由なバラの庭づくり

バラを育てる方なら、思い描く理想のバラの景色があるでしょう。でも、スペースの制限であきらめたり、「このバラはこのようにせん定しなければならない」とマニュアルにとらわれたりして、思うように実現できていない方が多いと感じています。

バラは、実はとっても自由自在な植物です。工夫しだいで、同じ品種でも幾通りもの形にできます。

形にとらわれないのが後藤流のバラづくり。好きな花を、自分流に美しく咲かせて欲しい。思い描くバラの庭づくりを、自由に工夫しながら追求してみてください。

パート2では、日本の住宅の限られたスペースの中で、バラを美しく楽しむアイデアとコツを紹介します。これを参考にいろいろと試してみてください。まずは、バラを自由自在に育てるためにバラの性質をいくつか理解しておきましょう。

①光合成《こうごうせい》で貯蔵養分を貯める

バラは、本来とても生命力の強い植物です。適切に管理していれば一本の株と何十年も付き合うことのできる〝木〟なのです。光合成によって養分をつくり出し、枝葉を伸ばしたり花を咲かせるのに使うと同時に、来年の春のために、夏のうちから根元に養分を送って貯蔵しています。

この貯蔵養分が、切られても病害虫にやられても新しい枝葉を出すバラの木の生命力の源です。ある年のバラの花数や元気さは、その前年から決まっているようなものです。私が初心者の方にいい苗を買って欲しいと言うのも、養分をたっぷり蓄えた力のある苗なら、バラが自分から元気に伸びてくれるからなのです。

思い描いたバラの庭をつくりたいなら、元気な枝がよく伸びることが大切。そのためには、日当たり、風

バラには成育期と休眠期がある

花を咲かせ、光合成で養分を蓄える

成育期（3〜11月）

- ◆活発に養水分を吸い、光合成をして枝葉を伸ばす
- ◆花を咲かせる
- ◆来年のための養分を貯める

- ●日によく当て、光合成させる
- ●成長に必要な水・肥料をやる
- ●込み合う枝を間引いてムレを防ぐ
- ●消毒して病害虫から葉、枝を守る
- ●花や葉を楽しむ

休眠前養分を株全体に集め、寒さに耐える

休眠期（12〜2月）

- ◆葉を落とし、枝の水分を減らして寒さに耐える
- ◆全体の生命活動をほぼ休ませて春を待つ

- ●翌春、思い通りの場所に咲かせるため枝をせん定、誘引する
- ●植え付け、移植、天地返しを行なう

通しのいい環境を整えて通気性・保水性のいい土で植え、病害虫から葉を守って光合成を十分にさせてやることが第一です。

②成育期と休眠期、それぞれに必要な作業がある

バラの一年のサイクルは、成育期と休眠期の二つに分かれます。成育期は春から秋の温暖な時期で、根から養分や水分をぐんぐん吸って成長し、光合成をし、花を咲かせます。

冬は休眠期です。葉を落とし、枝の水分を減らして凍害を避け、養分を株全体に貯めこんで春が来るのをじっと待ちます。枝ぶりがわかりやすく、枝や根が休眠していて切ってもショックが少ないので、この時期にせん定や植え替えを行ないます。

③頂芽優勢《ちょうがゆうせい》を利用して芽を伸ばす

バラをはじめとする多くの木には、もっとも高い部分に栄養を優先的に送り、より大きくなる性質があります。これを「頂芽優勢」といいます。バラでは、この頂芽優勢を利用して樹形をつくっていきます。バラの葉の付け根には「わき芽《め》」がついていて、枝の先（成長点）が伸びている間は休眠しています。ところが、せん定で枝をある高さまで切り落とすと、残った枝のいちばん高いところにあるわき芽が頂芽となります。そこに栄養が集中して休眠が解かれ、芽が伸びて新しい枝となっていきます。これを利用して、バラを自分の好きな樹高に調節したり、充実したいい芽を選んで成長させ、よりいい花を咲かすこともできます。

わき芽も場所ごとに性質が違います。まずは、休眠の程度です。先端から近いわき芽（高い位置にある芽）ほど休眠は浅いです。花が咲いたり、先端が病害虫の被害を受けて成長が止まったとき、先端近くにあるわき芽のいくつかが動き出して、新しい頂芽として成長します。

逆に、先端から遠いわき芽（低い位置にある芽）ほど深く休眠しています。低い位置でせん定すると、芽が動き出すのに時間がかかります。その代わり、低い位置にある芽は力強くずんぐりと伸び、先端に花も咲きやすいです。高い位置にある芽は、

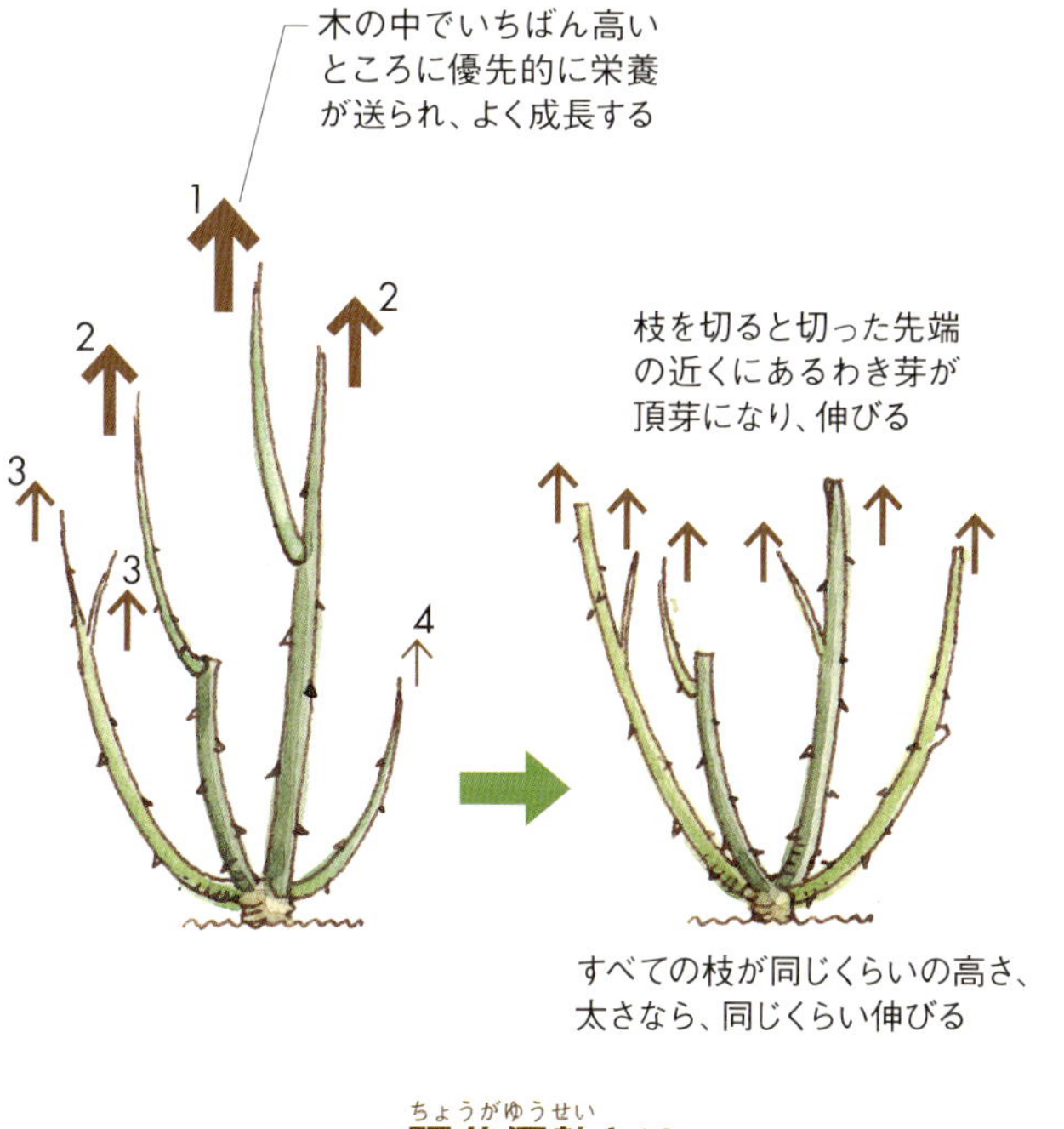
木の中でいちばん高いところに優先的に栄養が送られ、よく成長する
1
2
2
3
3
4
枝を切ると切った先端の近くにあるわき芽が頂芽になり、伸びる
すべての枝が同じくらいの高さ、太さなら、同じくらい伸びる

頂芽優勢《ちょうがゆうせい》とは

上の芽は半分休眠
（花が咲き終わると伸びやすい）
下の芽はしっかり休眠
（すぐ上で切らないと伸びにくい）

バラの芽は葉の付け根にある

すぐに動き出すものの、ひょろっと細長い枝になりがちで、花つきが悪いこともあります。

④バラにはシュートがある

五〜十月、根元近くや枝の途中から勢いのいい太い枝が伸びてきます。これを「シュート」と呼びます。

シュートはバラの大きな特徴です。多くの木は、一つの主幹が年々高く太く成長します。バラでは、シュートが主幹となるのですが、シュートの寿命はふつう三〜五年と短く、新しいシュートが出ると古いシュートはおとろえて、やがて枯れます。シュートが更新することで、バラは若返り、毎年勢いよく成長をし続けることができます。

根元から出るシュートを「ベーサルシュート」、枝の途中から出るシュートを単に「シュート」と呼び分けます。養分の貯蔵庫である根元に近いところから出るベーサルシュートのほうが、より力強く樹形もつくりやすいことから重宝されます。

シュートは年に一〜数本出てきますが、古いシュートを根元から切ってやると、新しいシュートが出やすくなります。

ただし、シュートの出やすい品種と出にくい品種があり、どのバラもかならず毎年出るとは限りません。また、新しくシュートを伸ばさず元から切り、その養分を古い枝に分散させてやることで、古い枝を延命させて樹形を保つこともできます。

⑤バラは、花が咲くと枝の成長がとまる

バラの花は、枝（伸びた芽）の先端に咲きます。四季咲きのバラなら、シュートにも、せん定で伸びたわき芽の先にも花が咲きます。

枝の先に花が咲くと、先端はそれ以上伸びません。花が散ってしばらくすると、花のすぐ下にある葉のわき芽が伸びだして、成長します。

花が咲いた後すぐに切り戻しをして、下の芽を新しい頂芽にしてやると、枝の再成長を早め、四季咲きのバラなら二番花を早く楽しめます。

ベーサルシュートは枝を長く伸ばして丈夫な主幹に育てたいので、先端に蕾がついたらすぐに先を一五cmくらい切って、わき芽を伸ばします。

⑥木立性、つる性、半つる性がある

二八ページでも紹介したとおり、木立性、つる性、半つる性のそれぞれで、伸びる高さやスピード、シュートの多さなどに違いがあります。つくりたいバラの景色に合わせて、選んで使い分けます。

木立性品種は高さ一m以内で花を

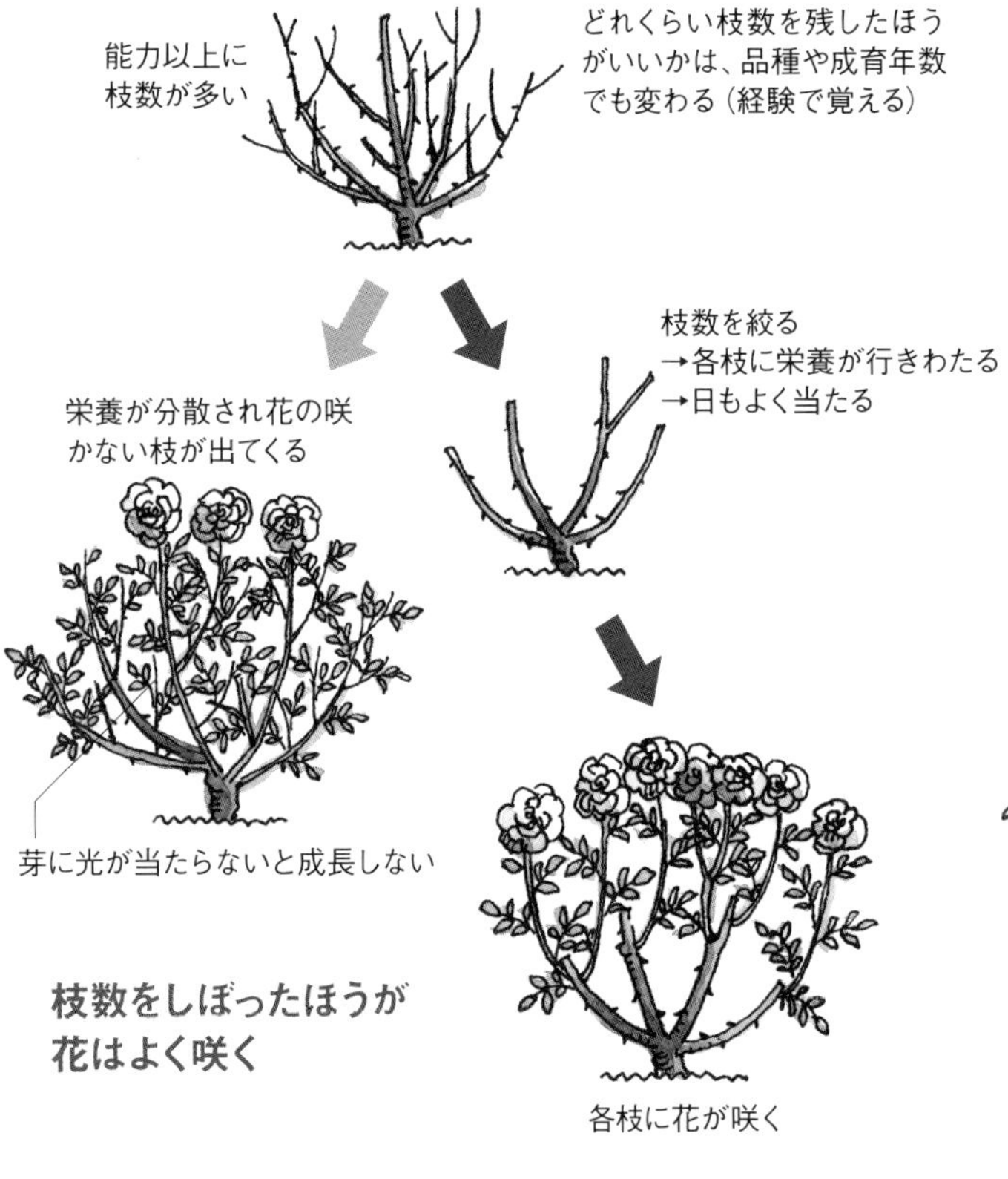
能力以上に
枝数が多い
どれくらい枝数を残したほう
がいいかは、品種や成育年数
でも変わる（経験で覚える）
枝数を絞る
→各枝に栄養が行きわたる
→日もよく当たる
栄養が分散され花の咲
かない枝が出てくる
芽に光が当たらないと成長しない
各枝に花が咲く

枝数をしぼったほうが花はよく咲く

シュート
（枝の途中から出てくる）
ベーサルシュート
（根元近くから出てくる）
新しいシュートが出る
と古いシュートが衰え
てくるので切る（3〜5
年のサイクル）

バラにはシュートがある

咲かせるものが多く、四季咲きで春から秋まで花を楽しめるものが多いです。花壇やベランダなど、コンパクトに仕立て、目線の高さで楽しみたい場所に向いています。

つる性品種（つるバラ）には、枝の伸びが二mくらいでとまるものと、五m以上伸びるもの、枝が太くて硬く誘引しにくいもの、枝が細くて誘引しやすいものなどいろいろあります。一〇ページからの品種紹介を参考に、自分の這わせたいスペースにあった樹高のバラを選びます。

イングリッシュローズなどの半つる性品種（シュラブ）は、樹勢が旺盛で、一年に何本もシュートを出すものが多いです。枝が横に伸びやすかったり、上に伸びやすかったりと品種によって個性がありますが、シュートを自由にせん定し、思ったとおりの場所に枝をつくりやすいという利点は共通です。短くせん定すれば木立性品種のようにもなり、長く枝を伸ばして誘引すればつる性のようにも使えます。

⑦枝は曲がると先端は伸びなくなる

野生のつるバラは、周りの木にしがみついて、少しでも日光を浴びようと、頂芽優勢で上へ上へと伸びていきます。しがみつくところがなくなると、枝がぶらりと曲がります。そうすると樹勢が弱くなり、枝を伸ばすのをやめ、枝先に花を咲かせ、子孫を残す活動をします。

この性質はバラの栽培でも生かされています。つるバラのシュートが伸びてきたら、すぐに支柱を立てたり周りのものに枝先を固定したりして、先端を上へ向けてやると、枝はさらにぐんぐん伸びます。これを、「つるバラの夏の枝伸ばし」といい、大きく育てたいときには欠かせない基本作業です。ほったらかしておくと、つるバラの枝は長くて細いのでぶらんと枝先が曲がり、樹勢が弱まって伸びなくなってしまいます。

⑧つるバラは枝を曲げて花数を増やし、好きな場所に咲かす

つるバラでは、頂芽優勢の性質を応用し、花の数を増やします。

夏に伸ばした枝を冬も上に向けたままにしておくと、翌年はその先端に栄養が集中してしまい、一〜二芽しか花が咲きません。ところが、冬の休眠期に枝を水平に曲げると、曲げた枝のわき芽が同じ高さになり、栄養がほぼ均一に送られ、多くのわき芽から花が咲きます。ただし、曲げた枝のわき芽全部に花が咲くとは限りません。より枝先に近い芽に栄養が配分され、枝の元のほうは栄養が足りなくて咲かないこともあります。バラが昨年光合成でつくった貯蔵養分が多いほど、花数は増えます。

新しいシュートを冬に曲げると、曲げたところから翌年夏に新しいシュートが出て、さらにその上に成長していくことが多いです（左の図）。こうして途中からシュートを出させて大きくしていくのが、つるバラの枝伸ばしの二つめの基本です。

なお、曲げた枝は樹勢が弱まるため、寿命が短くなります。新しいシュートが出たら、二〜三年たった古い枝を曲げた元から切って、新しいシュートに更新してください。

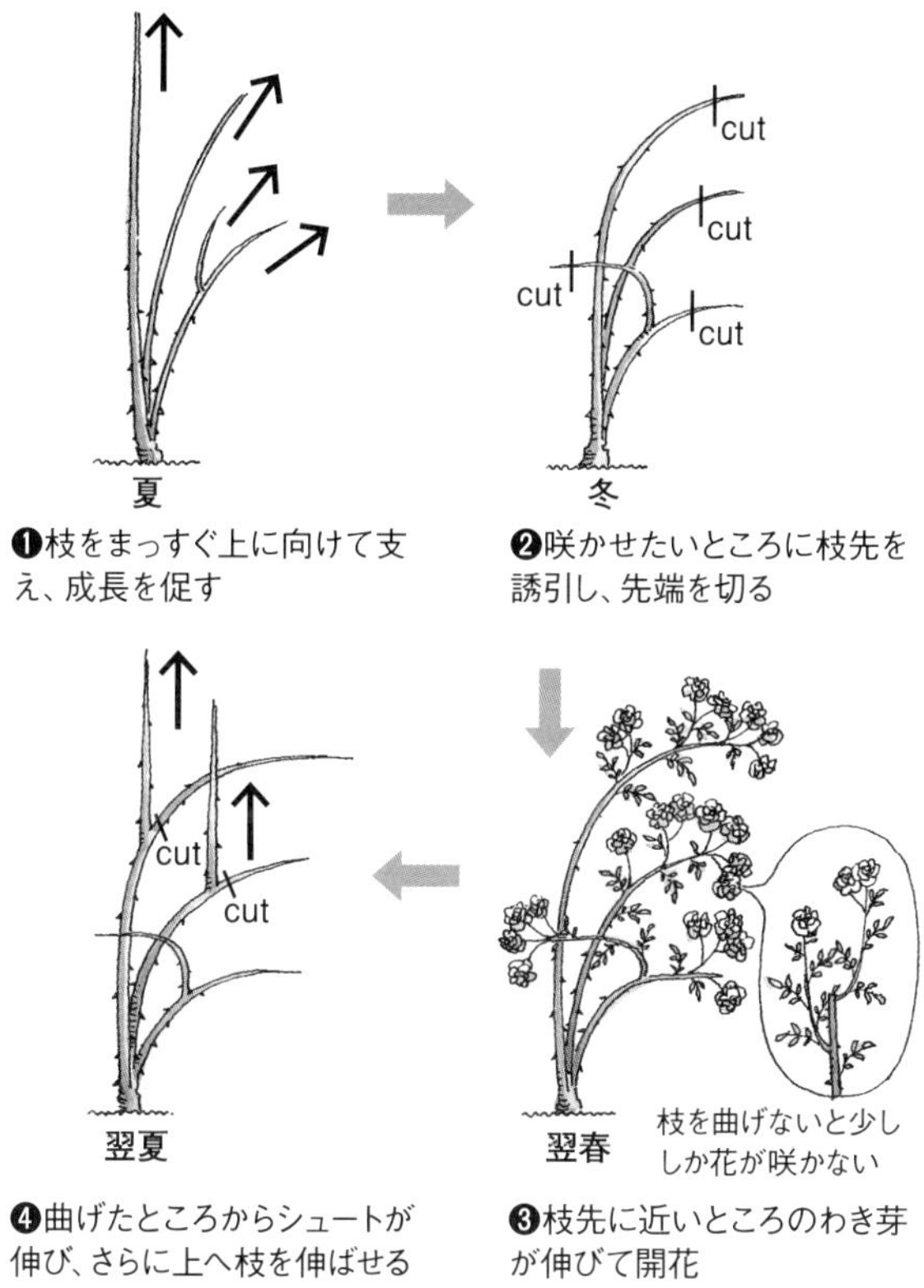

❶枝をまっすぐ上に向けて支え、成長を促す
❷咲かせたいところに枝先を誘引し、先端を切る
❸枝先に近いところのわき芽が伸びて開花
❹曲げたところからシュートが伸び、さらに上へ枝を伸ばせる

つるバラの成長と誘引のサイクル

撮影協力／（株）一条工務店

ピンクをメインカラーに、左手前と右奥に高さのあるものをおいて、奥行きを感じさせる景色に。手前には優しい色、奥には強い色を置くと遠近感が出ます

ベランダ・デッキなどの鉢植え

低いところ、奥まったところに暗い色の植物を脇役的に配置すると、風景に立体感が出ます。暗い色の葉を持つバラ（写真中央奥の品種は「ロサ ルブリフォリア」）をリーフプランツ的に使うのもおすすめ

エントランスにはスタンダードローズがよく似合います（写真はオレンジ マザーズディ）。背景が壁で仕立て方が縦を意識させるからすっきり見えます。足元にトゲがないので安心です

ウッドデッキは庭と家を結ぶ空間。さわやかな明るい色でまとめ、1.5〜2.5mくらいの樹木を入れるとガーデンらしくなります（黄色のバラはグラハム トーマス、白いバラはグレイス アバンディング）

屋上のような広いスペースなら、通路を決めてグルーピングしてみると立体的に見えます。レイアウトをときどき変えるのも楽しいですね。白を基調としたホワイトローズガーデンなら、差し色にクリーム、アプリコットを足すと、さらに白が引き立ちます

環境［直射日光の当たる場所と風通しをまずチェック］

バラを育てるためには、直射日光ができれば五時間、最低でも三時間は当たる場所を選びます。間接光しか当たらないところでは、バラはほとんど成長できないので不向きです。

ベランダは、季節によって日の入る角度が変化します。バラは冬には休眠するので、春から夏にかけて日が当たる場所を選びます。また、なるべく風通しのよい場所に置いてください。ベランダの角、壁のすぐ下などの、風がないところは、ダニやうどんこ病が出やすいのです。

品種［小型の木バラ、ミニつるバラがおすすめ］

五時間以上日が当たる場所なら、原則としてどんな品種でも栽培できます。ただ、ベランダや玄関などはスペースが限られているので、大型のつるバラなどは向きません。小型の木立性品種（木バラ）やミニつるバラなどがおすすめです。

直射日光が五～三時間しか当たらない場合、花つきがよく半日陰にも

ベランダ ガーデンデザインのポイント

日当たり、風通しのいい場所を確かめ、バラを置く場所を決める ▶ どこから見るか、どこを見せ場にするか決める（ここが大事！） ▶ 見せ場に置く主役のバラを決める ▶ 主役を引き立てる色（同系色、反対色など）、形の脇役のバラ、植物を配置する

せまいスペースを広く、おしゃれに見せる工夫

主役❶ トレリスに絡ませたミニつるバラの寄せ植え
高さを有効利用して広く見せる

はっきりと高低差をつけた植栽にすると単調にならない

つるバラは手すりに絡ませて強風に備える

バラの枝より細いラインの構造物は前面に置くと遠近感が出る

主役❷ スタンダードのバラ
サーモンピンクで手前の薄ピンクより強い印象に

奥に濃い色、暗い色の花を置くと立体感が出る、アクセントにも

バラどうしは葉が重ならないようにスペースをあける

鉢の色合い、質感を揃える
（このベランダはテラコッタ製の白、薄グレー、茶色で統一）

手前に大きい花、奥に小さい花を置くと遠近感を出せる

※38ページの写真もご覧ください

強い品種を選んだほうがいいでしょう。オールドローズのチャイナ系、ポリアンサ系や、モダンローズのミニバラなどは、日が少なくても花つきがよく、比較的健康に育つのでおすすめです。また、限られたスペースなので、四季咲き品種、葉や実も美しい品種など、四季を通じて楽しめるものを取り入れるといいでしょう。たとえば、「ロサ エグランテリア」という品種は一重の花ですが、葉にも香りがあり、秋には実も楽しめます。

デザイン① ［まず見せ場を決め、主役を置く］

バラを置ける場所を選んだら、主役となるバラを置く「見せ場」を決めます。手前と奥に一ヵ所ずつの合計二ヵ所、少し離したところに見せ場をつくると、自然な印象になります。手前に一ヵ所だけだと圧迫感を感じることがあります。見せ場は、つるバラをトレリスに絡ませたりスタンダードのバラを使うなどして高さを出すと一層効果的です。あとは、その間を埋めるように、脇役のバラや他の植物を配置します。

デザイン② ［色はよくばらない］

主役のバラを決めたら、脇役には主役の色やその同系色、反対色、白などを使い統一感を出します。

鉢も、質感や色をなるべく揃えると、全体の統一感が出ます。少し重いですが、テラコッタの鉢は雰囲気があり、風が吹いても倒れにくいのでおすすめです。

配置 ［風の当たりやすい場所は、見栄えよく倒れない工夫を］

ベランダでは、風の通り道になっていて、鉢が倒れやすい場所があります。そうしたところには、底が広くて安定感のある鉢や、背の低い鉢を置いたり、風のいちばん強いところにコニファーを置いて風除けにしたり、丈夫な木枠をつくってその中に鉢を入れたりなど、風対策をしておくと、周りの鉢に被害がおよばず安心です。

また、風の強いところではつるバラだけでなく木バラでも、支柱をたてたり、トレリスや手すりなど、手近にあって安定感のあるものに誘引しておいたほうがいいでしょう。

ベランダのスペースを有効利用するレイアウトの例

上から見た図

ミニつるバラ
木バラ
木バラ
木バラ
スタンダードローズ
木バラ
木バラ
ティー
シュラブ
シュラブ
シュラブ
草花
日陰の植物
日陰にバラは置かない

正面から見た図

スタンダードローズで高い空間を利用する
手すりに鉢を固定し、枝を手すりに誘引
ROSES
花台で高さを出すと日が当たりやすくなる
花台は手すりに固定する
フラワースタンドにのせて風通しよく

ベランダで
コンパクトに楽しむ工夫

草花との寄せ植え

バラの足元を飾る植物はできるだけ蒸れに強いものを選びます。カットしてもすぐにまとまるものが扱いやすいでしょう。白バラにはライトグリーンの葉ものがよく合います（バラはマーガレット メリル）

背が高くなりがちのバラの手前では風通しのことも考え、あまりギシギシに詰め込むことは避けましょう。同系色の組み合わせはまとめやすいのでおすすめです（バラはレディ オブ メギンチ、草花はニチニチソウ「フェアリースター」、ヒューケラ）

スタンダード

手すりや壁のせいでベランダの床の近くは日当たりが悪くなりがち。スタンダードローズなら高い位置にバラがあるので日光をたくさん受けてよく育ちます。足元には半日陰でも育つ草花を寄せ植えしてもいいでしょう

ミニつるバラをトレリスで

枝がしなやかで誘引しやすいミニつるバラはトレリス仕立てにして楽しめます。きっちり結ばなくても枝の流れを生かしてあげると雰囲気が出ます（トレリス上部は芽衣、下部はガートルード ジェキル）

小さく仕立てる

小さい鉢を使用したり、せん定の工夫をしたりすれば、よりコンパクトにバラの鉢をつくることができます（咲耶《サクヤ》姫《ヒメ》）

ベランダで咲かせるバラは、どうしても弱光線でブラインド（蕾がつかない現象）になりがち。花が咲く前の鉢を日当たりのいい場所で管理し、咲いたら見えやすい場所に運んであげられるとベストです（高雄）

せん定［開花後は、短く、時期をずらして切り戻し］

ベランダなど限られたスペースでも、一つひとつを小さくまとめれば、たくさんの鉢を置くことができます。

成長の早いバラをコンパクトに維持し続けるには、せん定を工夫します。一般的に木立性品種では、春の最初の花が終わったら、花から一五～二〇センチくらい下の葉のすぐ上で切り戻しますが、小さく維持したいときには、今年伸びた枝の半分くらいまで思いきって切り戻します。冬のせん定も低い位置で行ないます。

また、春の花は、ほぼいっせいに咲くことが多いので、咲き終わった後の切り戻しも一気にやってしまいがちです。ここでもひと工夫をおすすめします。四季咲きのバラなら、咲き終わっても一気に切り戻さず、花の終わった枝から順番に七～一〇日ずつずらして切り戻すと、二番花以降の開花時期をずらすことができ、ベランダのなかで花を絶やさず、いつも何かのバラが咲いている状態にすることができます。

夏の置き方［鉢を床から離して暑さ対策］

ベランダや屋上のコンクリートの床は、夏になると強い日光に当たってとても温度が高くなります。ひどいときには五〇℃近くにもなります。ここに直にバラの鉢植えを置くと、乾燥と高温で根傷みし、成長が止まったり葉が縮れたりしてバラに大きなダメージを与えてしまいます。夏は、フラワースタンドやレンガなどを使って、鉢を少しでも床から離して置いてあげてください。

病害虫［ハダニとうどんこ病が出やすい！　予防が肝心］

鉢植えバラの大きな悩みの種が、ハダニとうどんこ病です。ハダニは高温乾燥状態で、うどんこ病は日当たりが悪く乾燥状態で風通しの悪いところに発生しやすく、どちらも雨や夜露を嫌います。屋根のあるベランダは、この二つの病害虫にとって最適な環境なのです。

予防するには、できるだけ日当たりのいい場所をバラの指定席にしてあげて、間隔を広くあけて鉢を置き、

ピエール ドゥ ロンサールを木バラ風に仕立てる

❶1年目春

新苗を買ったら8号鉢に植え替え、はじめからついていた枝を短く切り、シュートを出させる

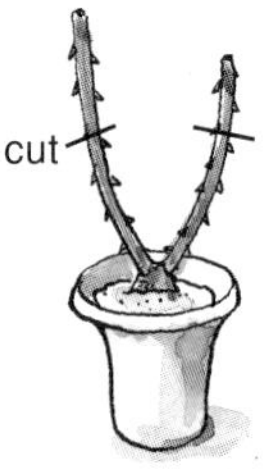

❷1年目夏

シュートが1mくらい伸びて太くなったら、20cmの高さまで切る
（葉は省略しています）

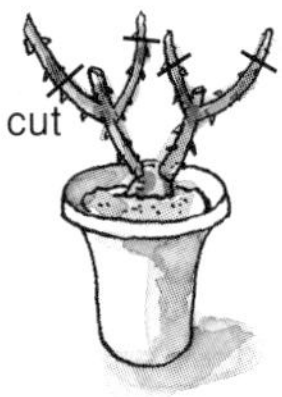

❸1年目冬

そこからわき芽が何本か伸びるので、冬に切り口から15～20cmくらいの長さまで切り戻す（全体の樹高は40cm程度）

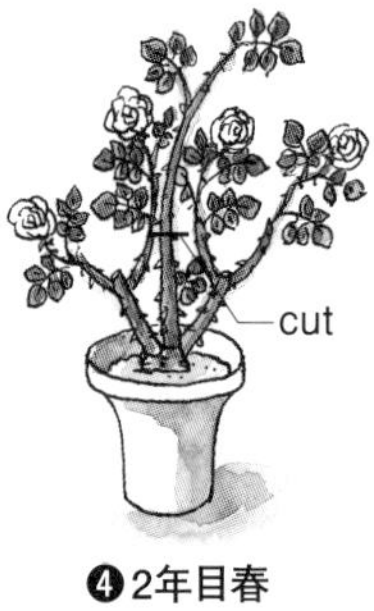

❹2年目春

開花前に出てくるシュートは切る。花が咲いたら花枝の半分ほどの長さまで切り戻す。花後に出たシュートは、ちょうどよいところから出たものを1本、20cmの高さまで切る

❺2年目夏

シュートは2年目も何本も出るが、❹のシュート以外はすべて元から切る

❻2年目冬

2年目の冬、昨年伸びた枝の半分くらいまで切り戻す

❼3年目春

3年目春、横張りに豪華に花が咲く。3年目以降の古いシュートは新しいシュートに更新しながら、枝を短く短く切り戻す管理を続ける

丈夫に育てましょう。株がひ弱では病気にもかかりやすいのです。

また、水を葉裏からしっかりかけてやるシリンジは、ハダニ対策に有効です。ポイントは、勢いのある水をたたきつけるように葉裏にかけること。ホースの水の口を細くするか、噴霧器の噴霧口を少し緩めて粗い霧にしてかけるといいでしょう。朝早い時間に行ないます。真昼は水滴がレンズの働きをして葉の温度が上がって葉焼けしやすく、夕方にやると乾きにくくて黒点病になるおそれがあるからです。

シリンジしてもハダニが減らないときは、「粘着くん」の使用をおすすめします（一一四ページ参照）。農薬の一種ですが、デンプン質の天然由来の成分なので、せまいベランダでも安心して使えます。

光線不足で花つきが悪くなりがちなベランダでは、肥料に加えて天然活性液「バイオゴールドバイタル」（タクト）の葉面散布をおすすめします。活性液は私たちが疲れた時に飲むビタミン剤のようなもので、光線不足で不活発になりがちな葉に活力を与え、日照不足によるうどんこ病を減らして、花つきをよくします。

やり方は、朝株元にたっぷり水をあげて葉に水分を行きわたらせ、夕方にバイオゴールドバイタルを三〇〇～五〇〇倍くらいに薄め、噴霧器で葉の表と裏両方にまんべんなく散布します（単独で）。夏場は急に乾いて濃度が高くなり薬害のようになるおそれがあるので、薄めにして日中の散布は避けます。間隔は月に二～三回くらいが目安。病気に強いハリのある葉にしていきましょう。

季節の移り変わりとともにベランダの日当たりも変化します。弱光線の季節は特に、鉢ごと移動させて、できるだけ葉面へ日を当てるようにします。一日の必要日照時間は最低三～四時間、できれば五時間以上欲しいものです。枝が光を求めて斜めに伸びているようだったり、葉と葉の間隔が間延びしているようなら、できるだけ太陽光が直接当たるように台に載せたりして工夫します。

寄せ植えの植え替え

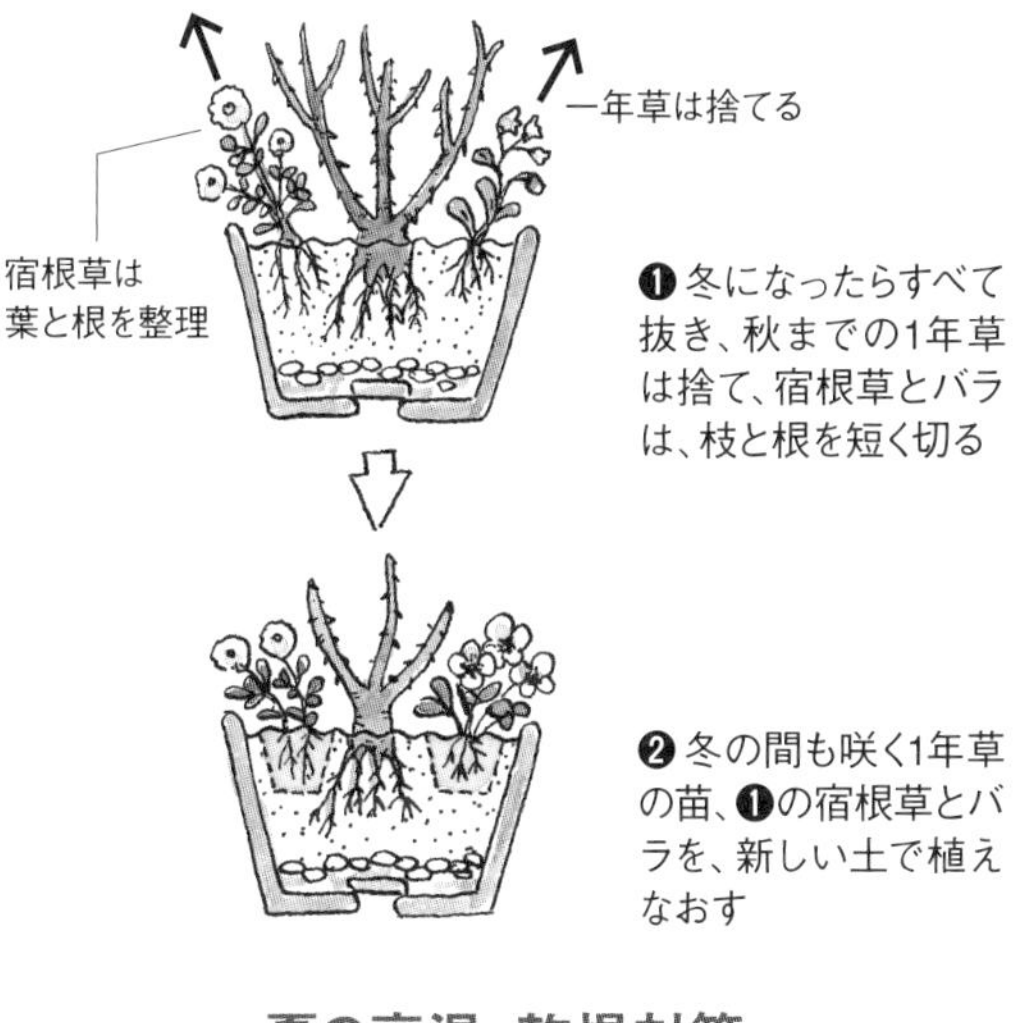
一年草は捨てる
宿根草は
葉と根を整理
❶冬になったらすべて抜き、秋までの1年草は捨て、宿根草とバラは、枝と根を短く切る
❷冬の間も咲く1年草の苗、❶の宿根草とバラを、新しい土で植えなおす

夏の高温・乾燥対策

二重鉢
ポットフィート

ハイブリッド ティー種のシュートの位置

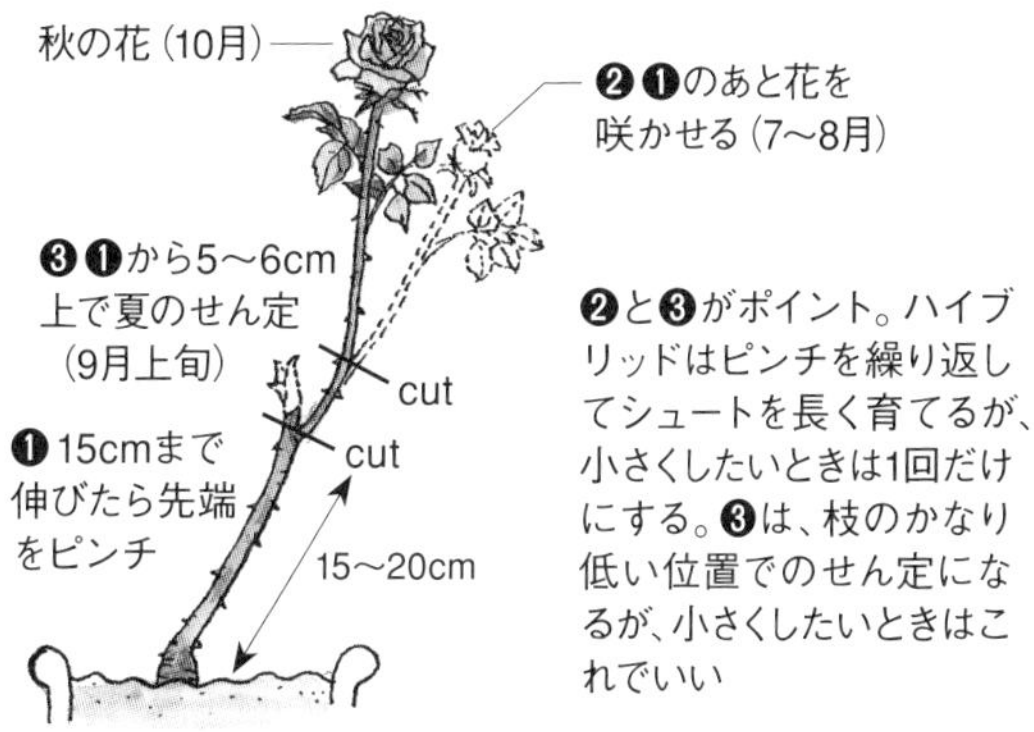
秋の花（10月）
❷❶のあと花を咲かせる（7～8月）
❸❶から5～6cm上で夏のせん定（9月上旬）
cut
cut
❶15cmまで伸びたら先端をピンチ
15～20cm
❷と❸がポイント。ハイブリッドはピンチを繰り返してシュートを長く育てるが、小さくしたいときは1回だけにする。❸は、枝のかなり低い位置でのせん定になるが、小さくしたいときはこれでいい

小さく仕立てたいときの花後の切り戻し

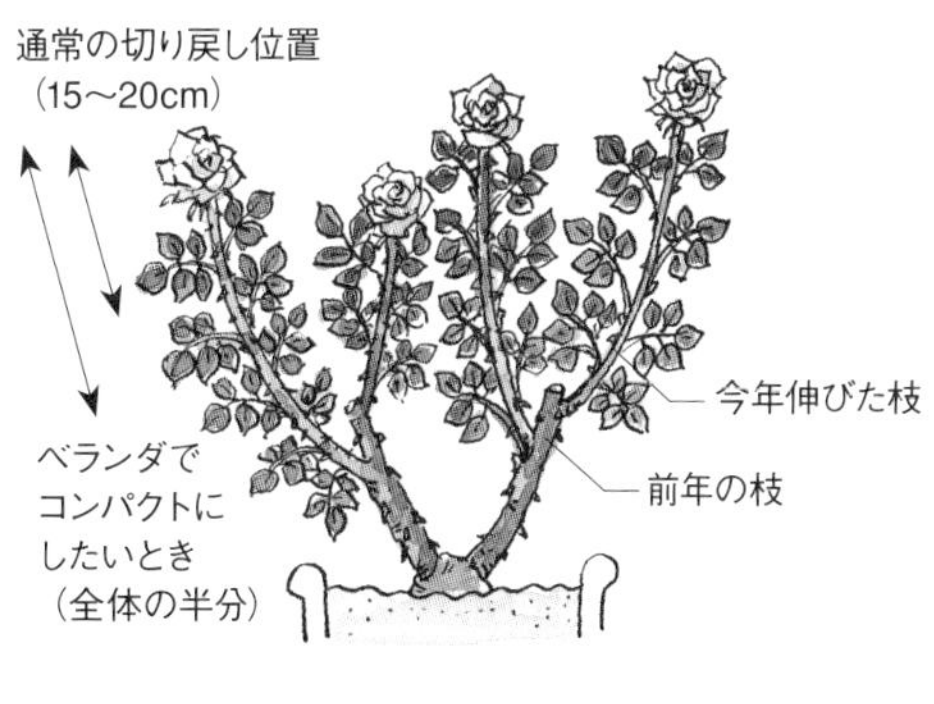
通常の切り戻し位置（15～20cm）
今年伸びた枝
ベランダでコンパクトにしたいとき（全体の半分）
前年の枝

バラを中心にした花壇

大きな木があったら、バラを絡めてみましょう（写真はアルキミスト）。植え込みは、木の東南向きにします。木の成育とバラの成育を考え、お互いの枝をせん定して両立させます

バラ園のなかでひと休みしたいですね！ そんなとき、花壇の角にパーゴラをつくると素敵な木陰になります（紫のバラはラプソディ イン ブルー）

花の大きさのバリエーションを豊富にし、人の目線を意識して迫力ある見せ場をつくりました。春から秋までの咲き方を考え、花のないさびしい時期がないように品種を選ぶのも大切

花壇の入り口にアーチがあると、とて奥行きのある景色になります。清楚な白バラのアーチをなら、奥の花壇のバラも白を基調にすると、統一感が生まれます（アーチのバラはスノーグース）

土づくり［ここで花壇のよしあしが決まる！］

花壇の庭づくりは、土づくりが第一です。土がよければ、バラをはじめ、なんでもすばらしい成育をします。有機質たっぷりで、水はけ、肥料もちもいい花壇の土にすることを、第一の目標にしてみてください。

家を新築するときは、施行業者に庭土を改良してもらいましょう。水はけの悪い土地なら、レンガを積んで盛り土にして水はけをよくしたり、花壇の土を全面的に新しい土に替えてもらいます。

土を自分で改良するときは、土の表面から五〇cmくらいの深さを掘り起こし、土全体に腐葉土を約三cmの厚さ、パーライト、ミリオンを薄くかぶる程度まいて、掘った土と混ぜ合わせます。小石などはすべて取り除きます。表面から三〇cmくらいの深さまでは、土が固かったり、石が多かったりして大変ですが、さらに深くなると案外楽に掘れます。時間的・体力的に厳しい人は、バラを植えるところだけでも、直径・深さ五〇cmに掘って植えます。掘っているうちに地下水がでてきたり、配管が出てきた場合、そこは掘るのをやめて埋め戻します。

デザイン［どこから見るかを決めて、支柱をたててみる］

土づくりができたら、いよいよ設計。まず、花壇をどこから見るのかを考えます。たとえば、リビングの窓から眺める、庭の中心のテーブルセットから眺めるなど。

見る場所が決まったら、そこから見て美しく見える配置を考えます。バラの代わりに支柱を土に挿して、バラの本数の目安をつかみます。バラとバラの間は最低でも〇・五〜一mはあけておきます。道路や隣家、倉庫など隠したいものがあれば、その前にはトレリスやオベリスク、コニファーを置いてもいいですね。

品種選び［テーマを決め、開花期の同じバラを選ぶ］

バラを選ぶときは、テーマを決めてみましょう。たとえば、白を基調にしたホワイトローズガーデン、ピンクを基調にしたロマンチックガー

花壇の設計の例

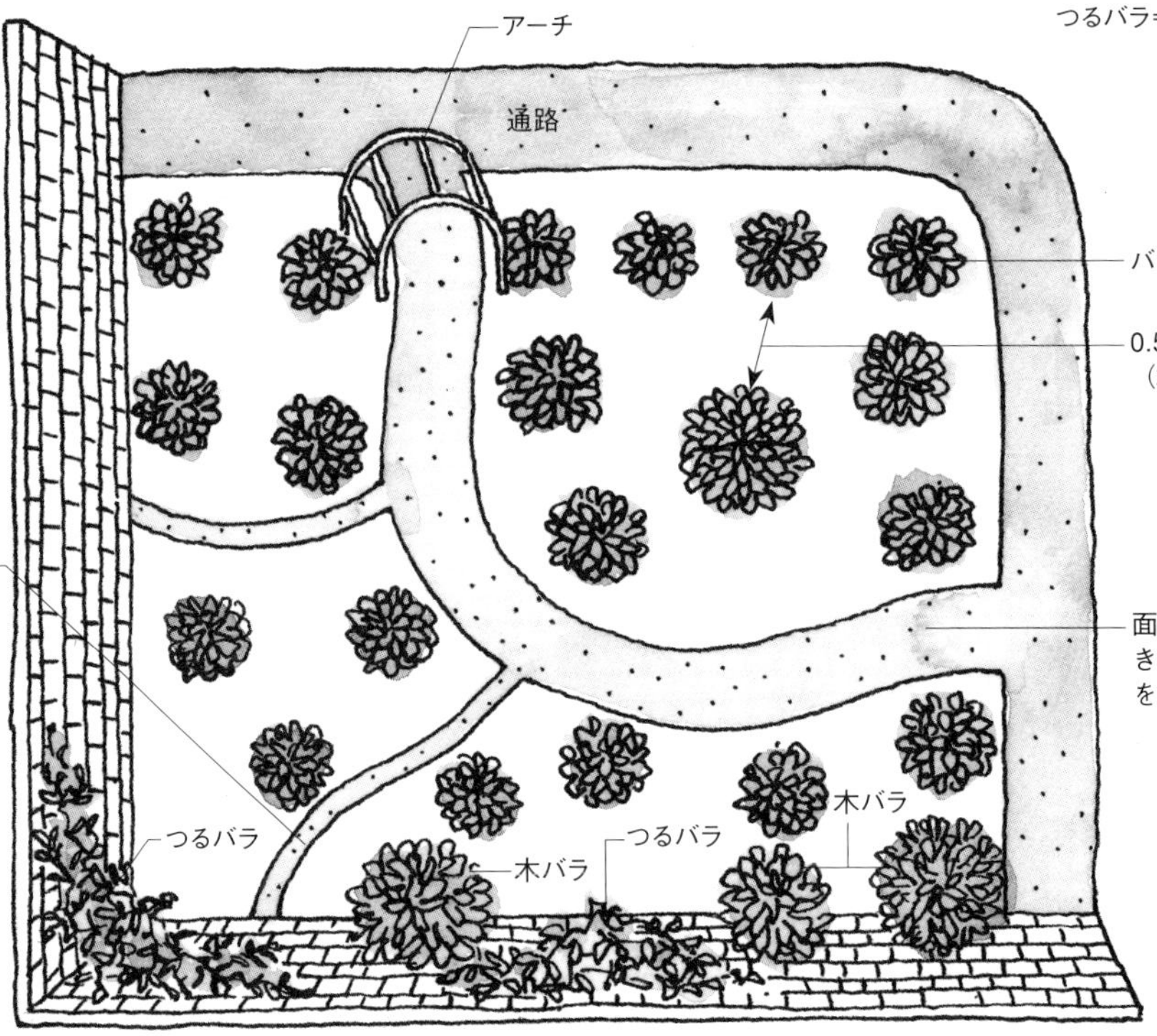

木バラ＝木立性品種
つるバラ＝つる性品種
アーチ
通路
バラを植える場所
0.5〜1mはあける（木バラの場合）
面積に余裕があるときは花壇の中に通路をつくる
花壇の奥のバラの手入れがしやすいよう、一定間隔で細い道をつくる
つるバラ
木バラ
つるバラ
木バラ

2方向に通路があり、花壇の中にも通路をつくれる場合、どの方向からも楽しめる庭に設計

デンなど。いちばん好きなバラ、植えたいバラを主役に考えて、その花の色や形に調和するバラや草花を集めるというやり方もあります。

テーマを決めたら、いよいよバラの苗を買います。店にはいろいろな色や花形の品種が並んでいて、あれもこれも欲しくなりますが、はじめに決めたテーマに沿って、信念を持って選んでいきましょう。

開花期が近いものどうしを選ぶことも大切です。せっかく色が調和するバラどうしを選んでも、同時に咲かなければその競演を楽しむことができません。バラには早咲き、中間咲き、遅咲きがあるので、なるべく同じものがそろうようにします。お店に行ったときに同時に花が咲いていた品種たちは、同じ開花期のものです。参考にしてください。

バラ以外［地面を這う背の低い植物がおすすめ］

バラの植え付けは、パート3の七八ページの方法で行ないます。土全体を改良した場所では、バラを植える場所の周囲を少し掘り返し、元肥を混ぜて植え付けます。

バラを植えたら、バラを引き立てる植物をまわりに植えます。注意点は、バラの株半径五〇cm以内には何も植えないことです。バラの足元の風通しが悪くなりますし、バラの日陰になるので成長も悪いです。

バラと相性のいい植物は、ペニーロイヤルミント、リシマキア、ヒメイワダレソウなどの、地面を這って広がるような性質のものです。こうした植物は土を隠して地温の上昇を防ぎ、土の乾燥も防いでくれるなど、バラの成育を助けてくれます。年に一回は短く刈り込んで、バラの根元に侵入しないように管理してあげてください。

また、マツムシソウ、ニゲラ、レースフラワーなど、花だけ背が高く伸び、細いラインで遠近感を演出してくれるような植物がときどきあるといいでしょう。

アジサイなど、こんもり大きくなってバラと競合してしまうような植物は、バラが主役の花壇には向きません。植えるとしても、十分に株間を取ってください。

ガーデンワークの後は、バラ風呂にはいってリラックス！

バラの香りのする、リッチなお風呂に入ってみませんか？
意外と少ない花数でも、お風呂いっぱいに
香りが広がります。美肌効果もあります。

【材料】
・香りのいいバラ……5輪から10輪
・摘みたての生花でも花びらのみを乾燥させたものでもいい

（向いている品種）
エブリン、シャリファ アスマ、アンブリッジ ローズ、パパ メイアン、コント ドゥ シャンボード、ダマスク系、ケンティフォーリア系、ガリカ系、アルバ系など。香りの好みは個人差があるので、お気に入りの香りを探してみてください

【つくり方】
❶生花を使う場合は、水でよく洗う
❷生花の場合は、花びらのみ使うときは、ガーゼのような目の細かい袋へ入れる。ドライの場合も同様。生花をそのまま浮かべてもいい
❸洗面器に花を入れて熱湯をそっと注ぐ
❹3分〜5分そのままにして香りを出したら、湯船にそっと入れる
❺花色が浴槽につくので、入浴後は花を取り出しておく

草花との組み合わせ

（上）花の形の違うものを組み合わせると、メリハリが出てバランスがよくなります（ここではバラは丸型、ジギタリスは筒型）。花壇の前と後では1：2くらいの高さの差を出しましょう（バラはジュビリー セレブレーション）

（右下）バラがメインの花壇では、脇役となる植物はあくまでシンプルでなくてはいけません。常緑の斑入りのツタは病気に強く、バラと相性がよく、品よくみせてくれる葉ものの一つです

（左下）庭では背景として使うつるバラやつる性植物ですが、絡み合うとせん定が大変です。ここではヒモに絡めた鉢植えのクレマチスをバラが咲く季節に足元に添わせることでコンビにしています

ホワイトローズガーデンのつくり方

❶主役となる白バラを決める。つる性でも木立性でもいいが、できたら四季咲き性のつよい品種を

❷そのバラを中心に、他の白バラで周りを囲む。そのとき、主役を引き立たせるよう花形、花の大きさ、葉色が主役と違うものを選ぶ

❸バラとバラの間にシルバーリーフやゴールドリーフを植えて変化をつける

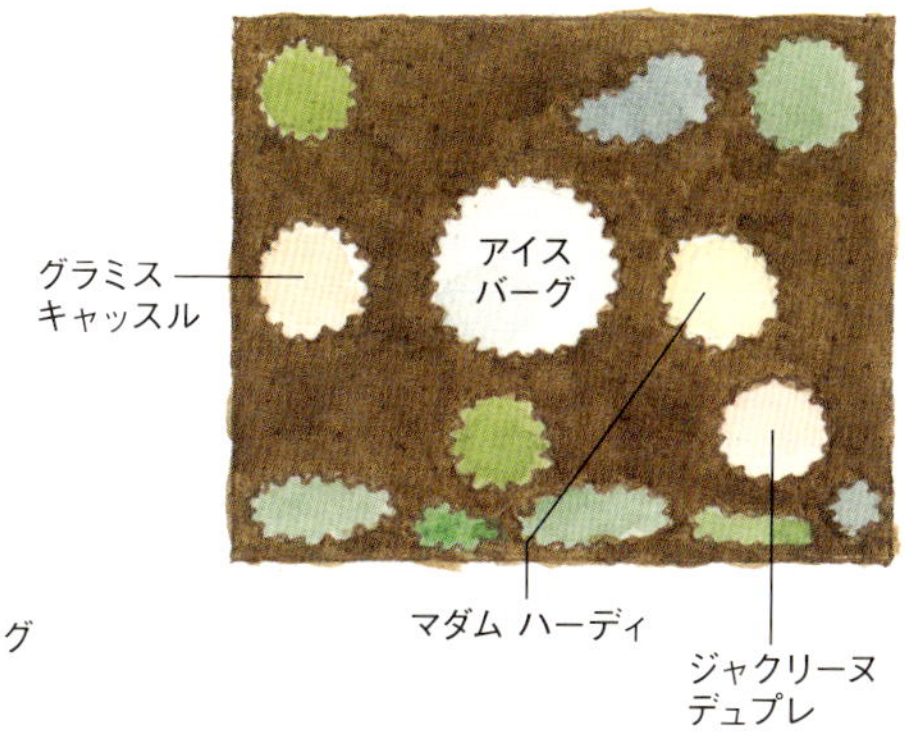
グラミス
キャッスル
アイス
バーグ
マダム ハーディ
ジャクリーヌ
デュプレ

アイスバーグ
グラミス
キャッスル
マダム ハーディ
ジャクリーヌ
デュプレ

ロマンチックガーデンのつくり方

淡い色は寄り添うように配置したほうがボリュームが出るので、ウォームピンクのバラを数種類集めて庭に隣接して配置する

花色は少しずつ違うほうがメリハリが出て美しさが演出される

マサコ
ザ マッカートニー
ローズ
マチルダ
チャールズ レニー
マッキントッシュ
アリスター
ステラ グレイ
クィーン オブ
スウェーデン

ザ マッカートニー
ローズ
マサコ
マチルダ
クィーン オブ
スウェーデン
アリスター
ステラ グレイ
チャールズ レニー マッキントッシュ

天地返し［効果絶大！　毎年が理想］

一～二年に一度ぜひやってもらいたいのが、花壇全体の天地返しです。バラは水やりをたくさんしますし、管理作業で花壇の中を人がよく歩くので、バラの周りの土は固まっていきます。放っておくと、水はけも通気性も悪くなり、バラの根もうまく伸びず、成長が鈍くなります。

天地返しをして有機質を入れ込むと、花壇の土が理想の状態によみがえります。やってみるとわかりますが、やった年としない年では、バラの成育が明らかに違います。天地返しをした後の一年草も、増えすぎて刈り込まないと困るくらいに元気です。

ただ天地返しは、バラの真下以外の土をすべて耕す重労働です。詳しいやり方は下図の通りですが、とても一日では終わりません。花壇全体をいくつかのブロックに分けて、ブロックごとに少しずつ行ない、全体で一ヵ月くらいかけるつもりでやってみてください。

全体の天地返しがきつい人は、バラや宿根草を植えていない土の表面

冬の花壇の天地返し

❶冬、バラや大きな樹木以外の1年草、宿根草を根ごと掘り起こし、1ヵ所にまとめる。1年草は捨てる

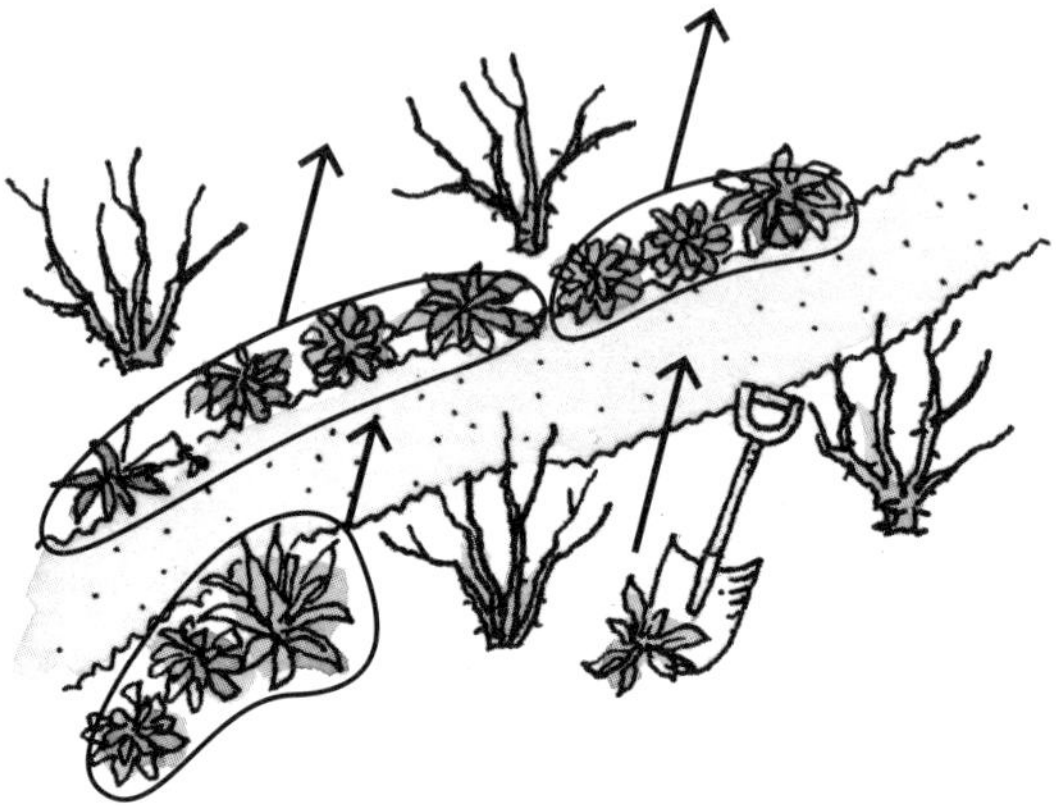

❷バラの周囲直径50cm以外の花壇全体に腐葉土、パーライト、ミリオン、草花用肥料を薄くまく

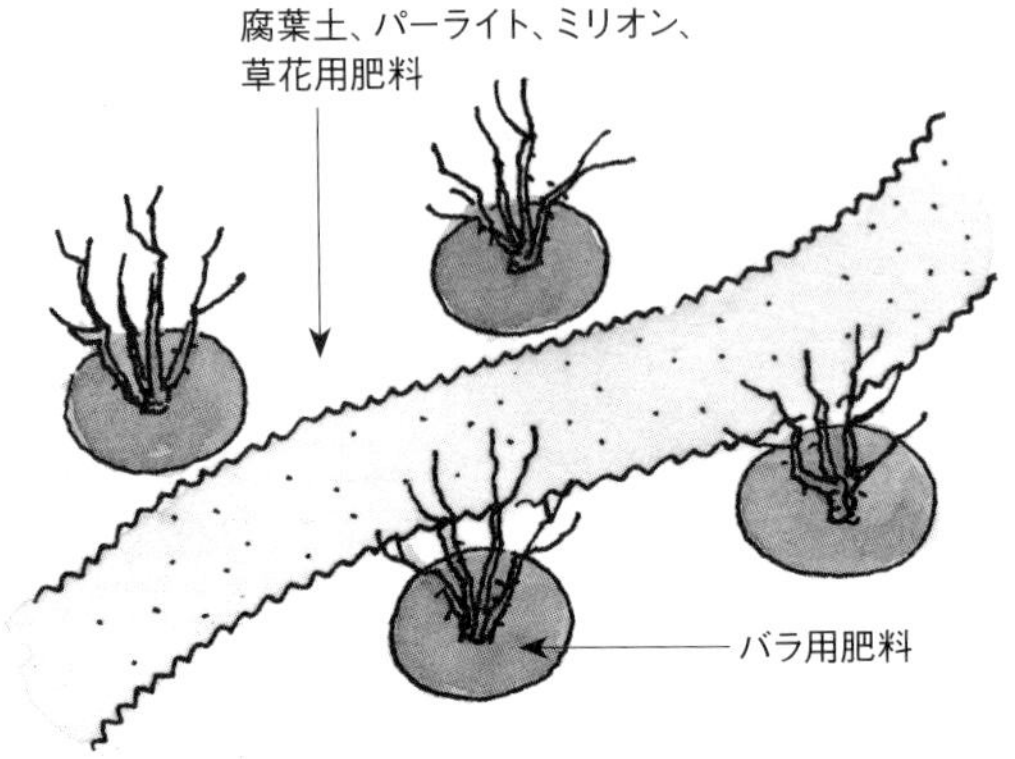

❸スコップの刃の長さ（25～30cm）くらいの深さまで庭土を掘り、腐葉土などとよく混ぜる

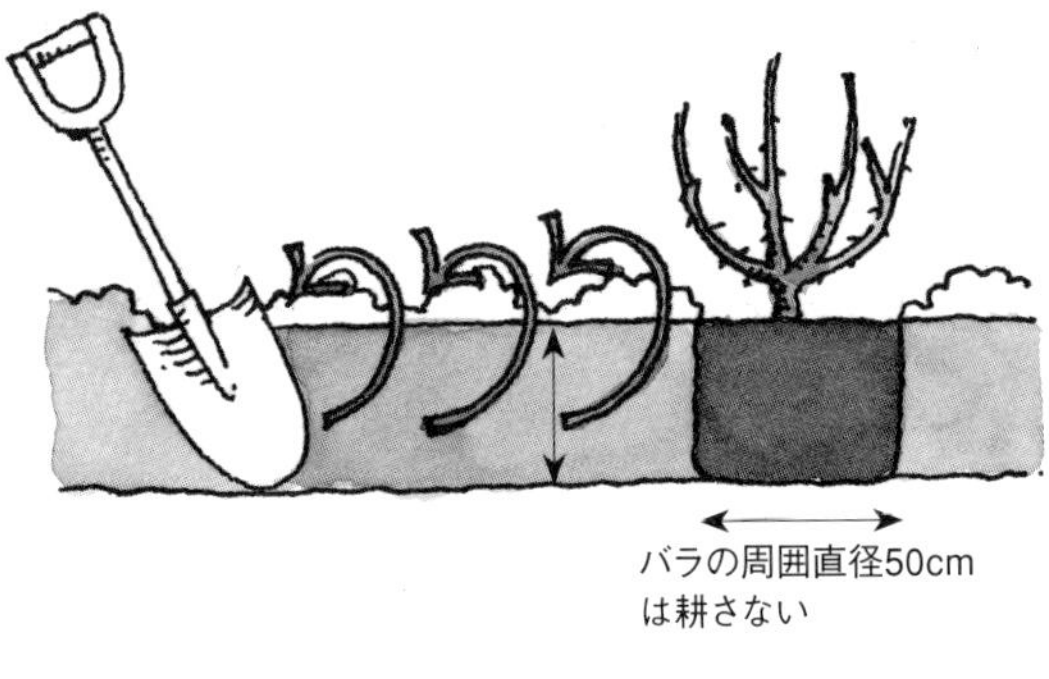

❹❶の宿根草の枝と根を小さく刈り込んで、花壇に植え直し、新しい1年草も植える

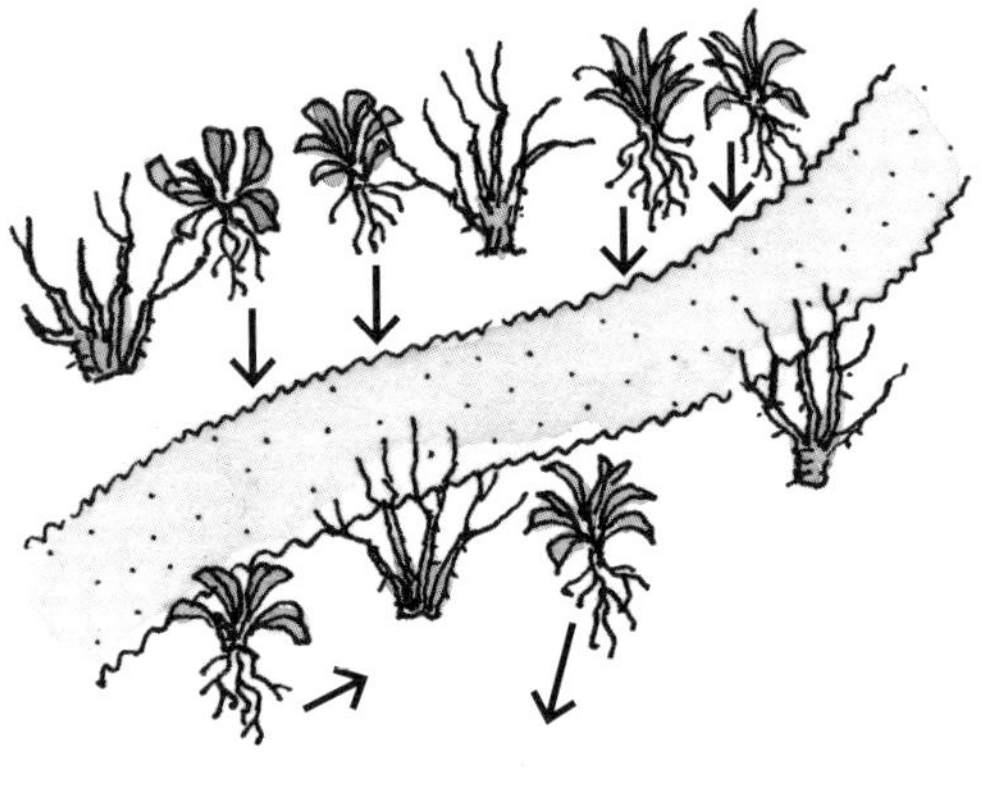

だけでも、耕して土壌改良剤と肥料を入れておくだけでも効果はあります。

移植［根を切っても大丈夫］

庭づくりに熱中してくると、どうしてもその場所にしっくりこないバラが出てきたり、他のバラを植えたくなることがあります。

植えてから一～二年なら、移植も気軽にできます。なるべく根を多く残して掘り上げ、別の場所に植えつけます。バラの根はとても強く、新陳代謝も活発ですから、多少根を切っても大丈夫です。

ただ、根を切る分、水分を吸い上げる能力が春は落ちます。移植をしたときは、冬のせん定で枝をなるべく短くして根の負担を減らしてあげてください。

植え付けてから五年以上たったバラの場合、根がかなり張っていて移植は一苦労です（下図参照）。根の再生が間に合わず、春になってから枯れこむ枝も出てきますが、そういう枝は短く切り戻せば、そこから新しい芽が伸びます。

バラの成木の移植の方法

❶12～1月の休眠期、移植する木を短くせん定する。水分の蒸発による乾燥、枯れ込みを防ぐため、太い枝の切り口にはゆ合剤を塗る

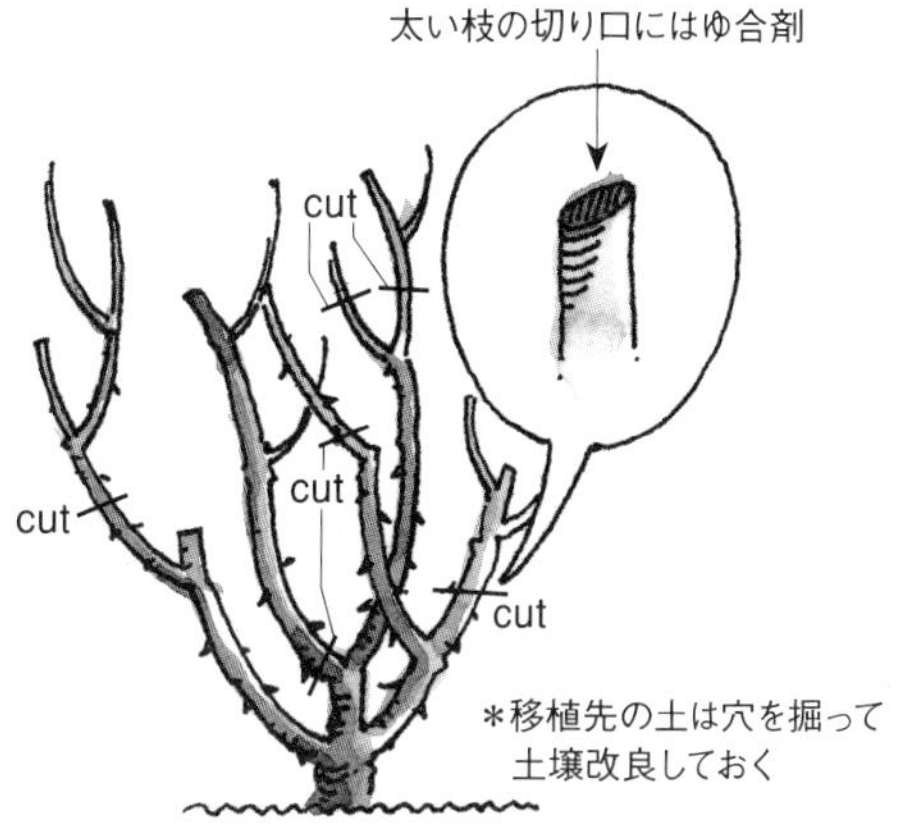

❷バラの周囲半径1mのところから中心部に向かって掘り下げる。なるべく深く掘って根をたくさんつけて掘り上げる

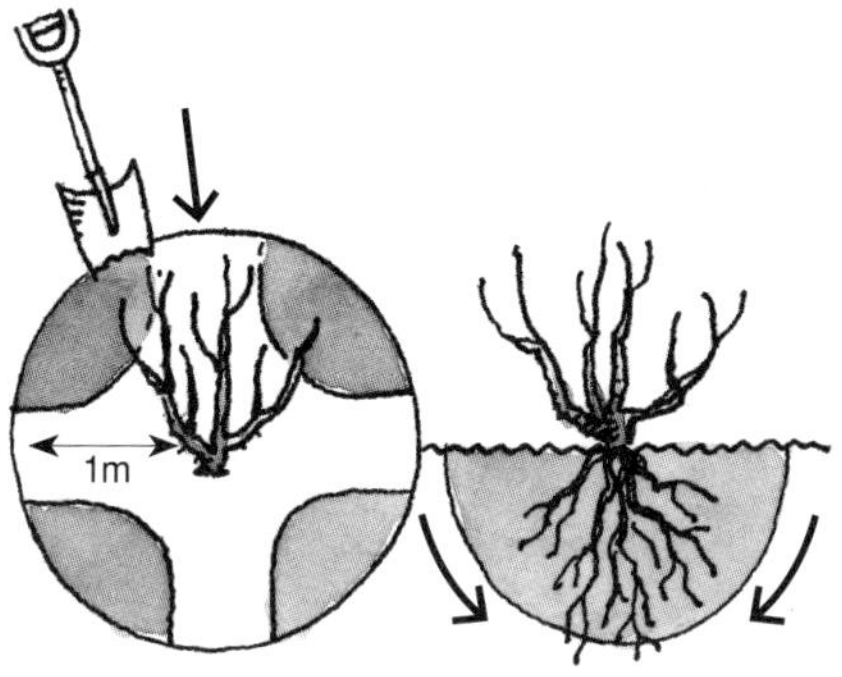

上から見た図　　横から見た図

❸できれば根の土をホースで落とし根頭がんしゅ病になっていないか見る。少量の腫瘍なら切り取り、切り口に石灰硫黄合剤かボルドー液を規定の倍率に薄めて塗る。全体的に腫瘍がある場合は処分する

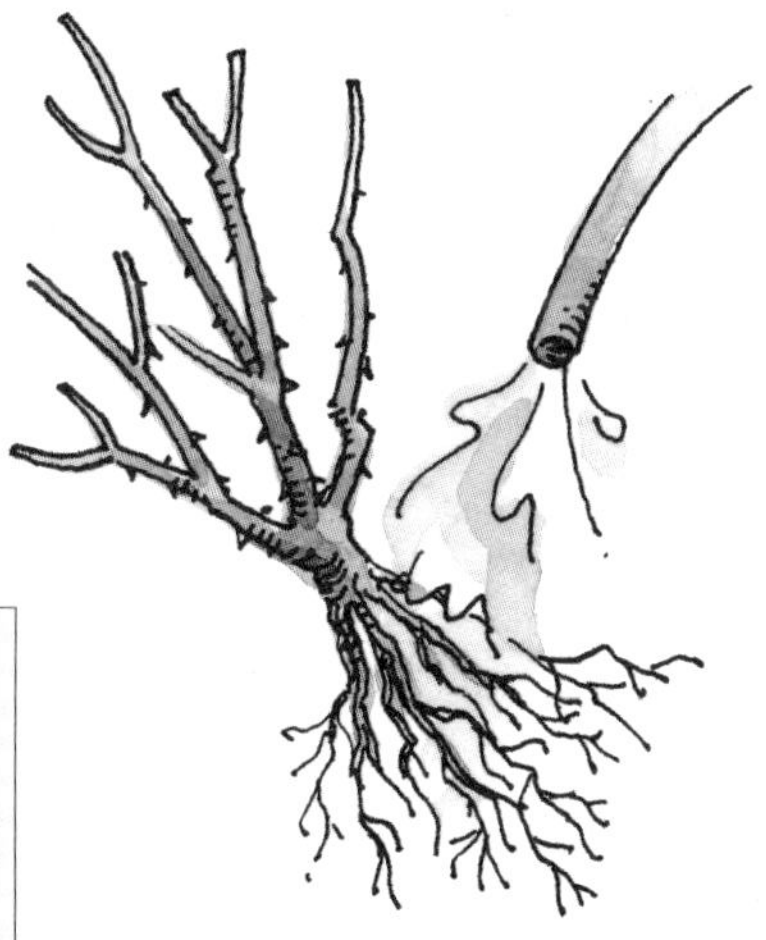

❹掘り上げた株はすぐに用意しておいた別の植え穴に植える。元の植え場所にバラを植えるときは、直径、深さ50cmくらいの土を新しい土に入れ替える（いや地を防ぐため）

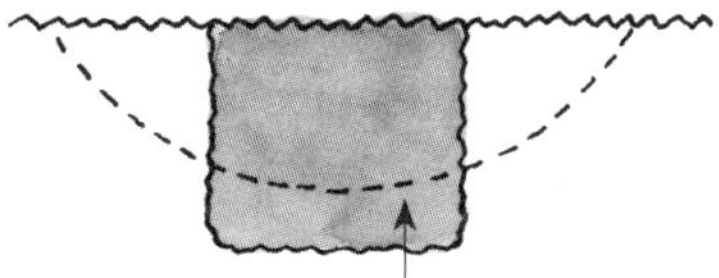

市販の良質培養土または
赤玉土（中か小）5～4
腐葉土3～4、ピートモス1
パーライト1～0.5の割合の混合土

［いや地］
1つの植物を連続して植えると、有害物質や特定の病害虫が増えて生育が悪くなる現象

根頭がんしゅ病の治療

この病気を完全に治すのは難しいです。でも完治しないまでも毎年元気に枝を伸ばし、花を咲かせることはできます。移植の際、腫瘍をカッターなどで切除して傷に石灰硫黄合剤または木酢液の原液を塗り、腐葉土などの良質有機物を毎年土にすき込んでやるのです。予防策は模索中ですが、毎年土に有機物を入れて土中微生物の密度を高く保っておくと発生が少なくなるようです。やっぱりバラには土づくりがとても大切なんです。

庭の入り口や門扉のアーチ

細めのアーチを2台、少しずらして設置すると、枝と枝の間に余裕が生まれて葉によく日が当たります。ゆったりと空間をもたせると景観も美しい

広い庭に特注のアーチで奥行きのあるコーナーをつくった例です。存在感の出る場所ですから、バラの色は2〜3色にしたほうが落ち着きます（赤：プレジデント L. サンゴール、ピンク：パレード）

（右）小さなアーチなら、こんなふうにゆるく誘引してふわっと咲かせてもかわいいですね（ピエール ドゥ ロンサール）

（左上）庭のコーナーに、小さなアーチを中心にした景色をつくってみましょう。絵本のようなイメージで思い思いの草花を組み合わせてアレンジをしてみると楽しいですね。小さなアーチには小花のバラが似合います

庭へのお誘いは、こんな素敵なアーチから…。白いアーチにロマンチックピンクのバラはとくに似合います。下草のブルーの小花が、甘くなりすぎないよう全体を引き締めています

設置場所［庭の入り口や玄関のアプローチに］

アーチは、庭への入り口や玄関へのアプローチなど、空間の区切りとなる場所に設置すると効果的です。また、広い庭では雰囲気を切り替えるための区切りとして、通路の途中へ配置しても楽しいでしょう。

庭のコーナーもおすすめです。少し小さめのアーチを飾ると迫力が出て、素晴らしいフォーカルポイント（空間の主役）となってくれます。

場所［地面がなくてもコンテナでできる］

アーチを設置するときは、アーチの幅プラス、アーチの両外側にバラを植え付けるスペースがあるかどうかを確認します。アーチは特注すれば、自分の設置したい場所にあわせてつくってもらうこともできます。

アーチの固定は、土台部分を土に三〇cm以上埋め込む方法が一般的です。けれども、アーチの土台が平たいプレート型になっているものは、水平な地面に置くだけで自立できるので、土のない場所でも設置できます。

高さ二m以内のアーチなら、大型のコンテナ栽培でも十分につるバラを成長させることができます。細身のアーチならコンテナの中にアーチを挿すこともできます。

バラが成長してくると、バラの枝がアーチを固定してくれますから、とくに風の強い場所でなければ、モルタルなどで固定する必要はありません。

コンテナは、六〇ℓくらい土の入る九〇×四五cmくらいの鉢か、直径四五cm、深さ五〇cm以上のタルのような鉢ぐらいの大きさは欲しいです。コンテナを使うときは、アーチの両外側にコンテナが来ることを前提にして、アーチのサイズを選んでください。

日当たり［夏に日が当たるところなら大丈夫］

アーチ仕立てにするときは、かなり枝を伸ばすので、日当たりのいい場所が最適です。でも、日当たりがあまりよくない場所でも初夏〜夏の成育期に比較的日が当たりやすい場所なら可能です。その際は、大苗や

新苗からはじめるアーチ仕立て

❶ 1年目春

植え付け
アーチを設置したあと、足の両外側の中心に、アーチから20〜30cm離して新苗を1本ずつ植え付ける。アーチに向かって斜めに支柱をたて、枝を結びつける。新苗は接ぎ口が取れやすいので、接ぎ口も支柱にしっかり結ぶ。冬に大苗やロング苗（長尺苗）を植えてもいい

❷ 1年目夏

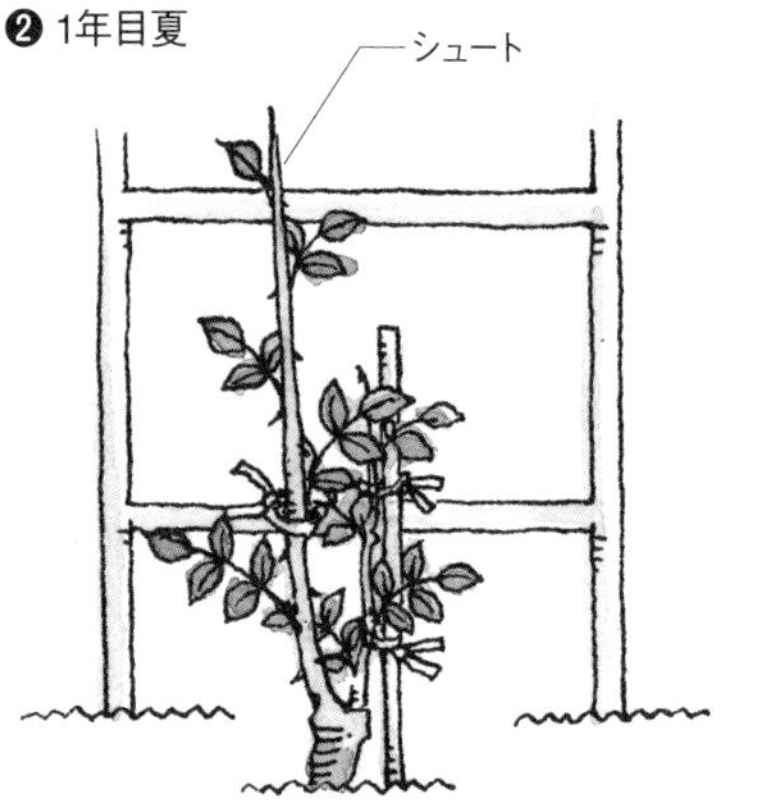

枝伸ばし
植えて1〜2ヵ月で元の枝より太く丈夫なシュートが出てくる。折れ曲がらないよう、アーチにしっかり結ぶ。シュートがでたら、新苗の元の枝は切っていい

ロング苗などのある程度成長した苗を使います。新苗では背も低く伸長力もまだ弱いので、日当たりの悪い場所ではなかなか枝を伸ばせず苦労します。

品種① ［トゲの少ない品種がベスト、一種類でつくるアーチがきれい］

アーチは、そのすぐ下を人が通ります。トゲが多い品種は、人や物にトゲが引っかかる可能性があるので、なるべく避けます。トゲの多い品種でも、不可能ではありません。少し手間はかかりますが、トゲの先を切ってしまえば安全です。下から見上げるので、花首が細くてうつむき加減に咲く品種はアーチに似合います。

アーチをつくるときは、最低でも左右両側から一本ずつ二本のバラ苗が必要です。私は、二本とも同一品種で植えることをおすすめします。そのほうが、一つのアーチとして美しいと思います。品種を左右で変えるときには、同じような花形で色違いなど、どこかに共通点があるものを組み合わせるといいでしょう。

ここがポイント!

冬まではなるべく天に向かってまっすぐ伸びるようにする。枝を倒すと来年春伸びるはずのわき芽が動いてしまい、来年花が咲くよい芽がなくなってしまう。全体的に樹勢が落ちて枝の伸びが遅くもなる

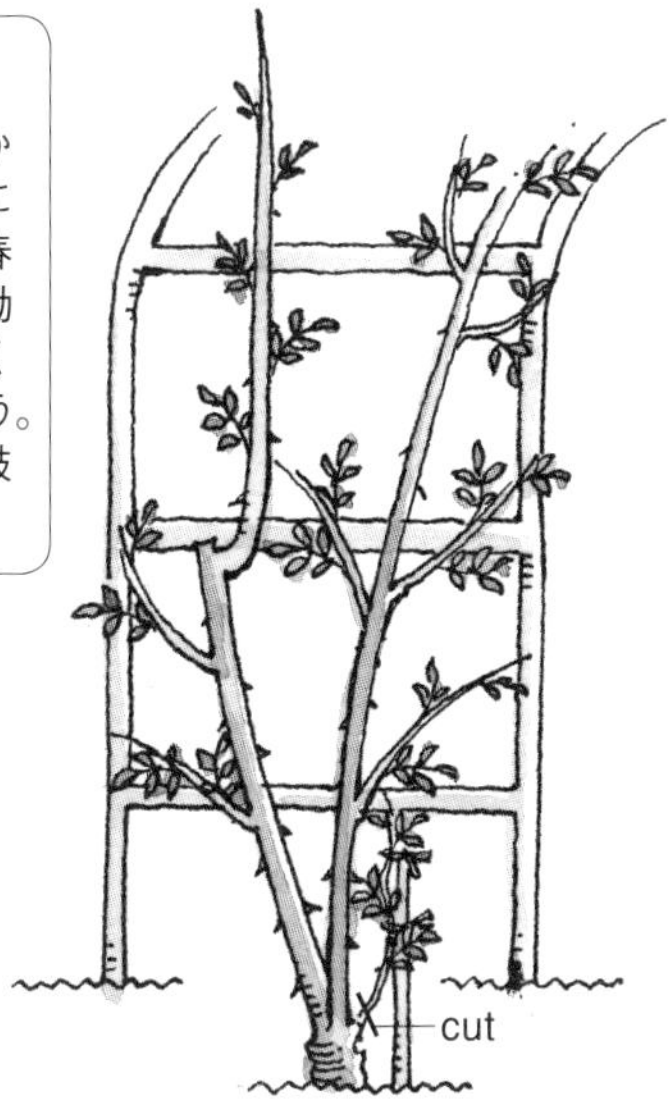
cut
元からついていた枝は切る

❸1年目冬

せん定と誘引

細く短い貧弱な枝は元から取り、シュートなど充実した枝の先は、鉛筆くらいの太さのところで切る（これくらいの太さの枝に花が咲きやすい）。先端を、花を咲かせたい場所に地面と水平になるように曲げて固定する。なるべく側面全体に均等に先端がくるように工夫する。

※枝は重ならないように。重なると葉が出たときに芽が暗くなってしまい、花が咲かなくなってしまう

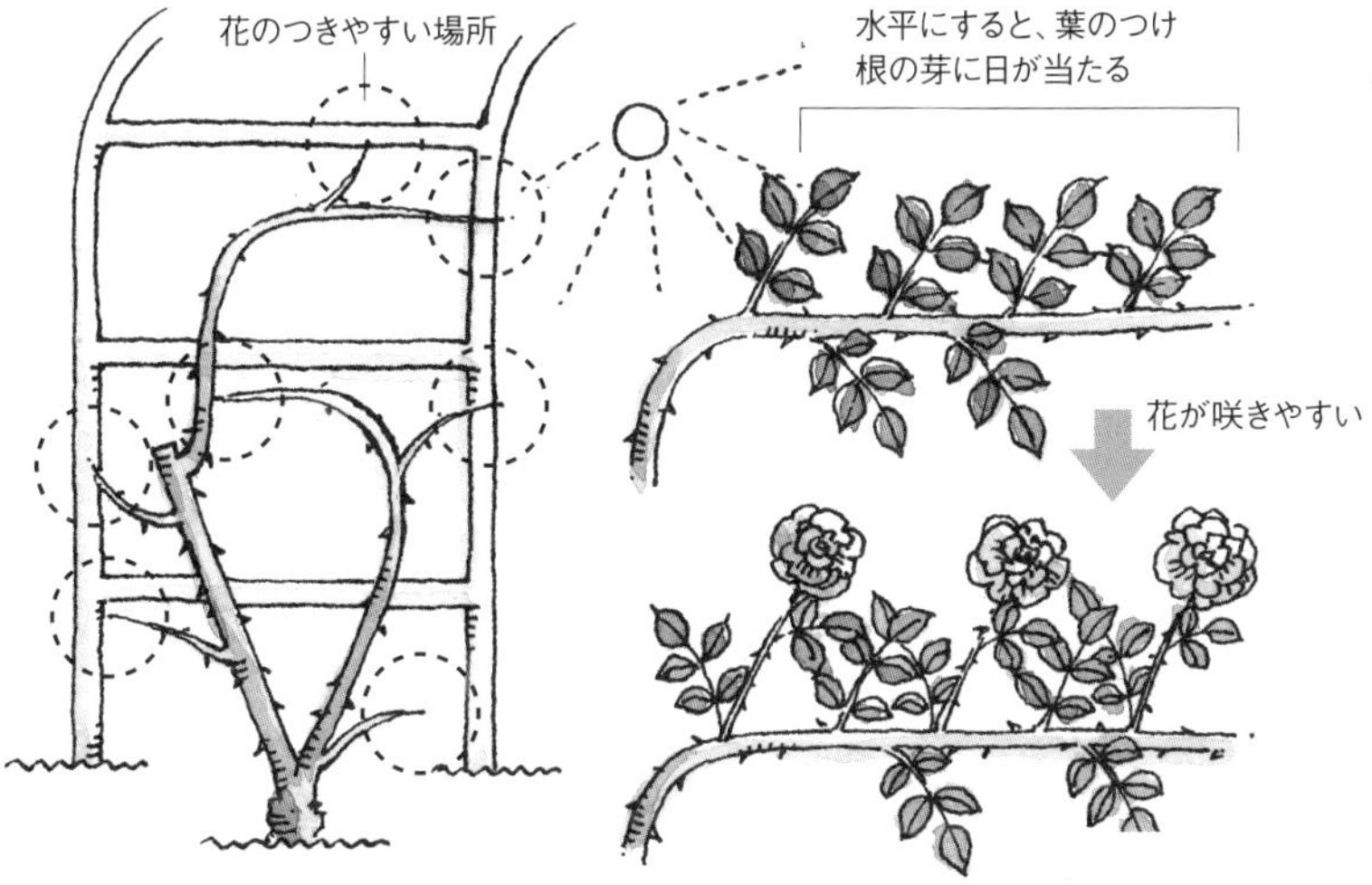
花のつきやすい場所
水平にすると、葉のつけ根の芽に日が当たる
花が咲きやすい

❹2年目春

開花

花が咲き終わったら、花のついた枝を約10cmほど切る（元の枝に葉を2〜3枚残しておく）。返り咲きや四季咲きの品種はこうすると2番花が咲く

ここから芽が出て2番花が咲く

❺ 2年目夏

シュートを曲げたところから新しいシュートが出て、さらに上に伸びる。アーチ上部に固定するなどして、なるべく上に向けて伸ばす。シュートが出たところより先の古い枝はおとろえてくるので切る

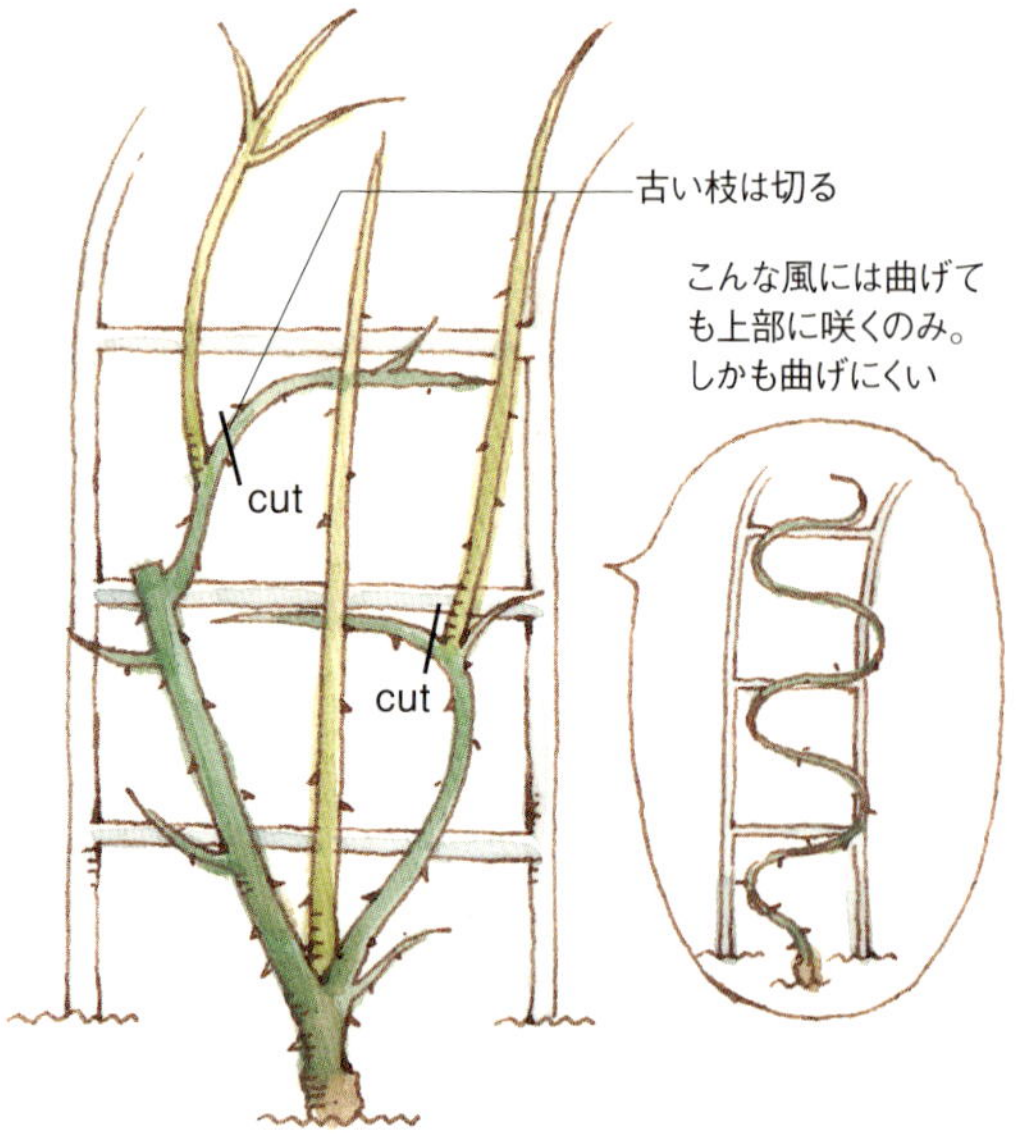
古い枝は切る
cut
cut
こんな風には曲げても上部に咲くのみ。しかも曲げにくい

ここがポイント!

直径5cm以上の太さの枝は太すぎてアーチに沿ってまげられない（大輪系のつるバラに多い）。こういう品種は、夏にシュートがアーチの曲線のところまで伸びてきたら、その50cm下のところでいったん切る
切られたところのすぐ下のわき芽から、細くて曲げやすい枝が伸びてくる

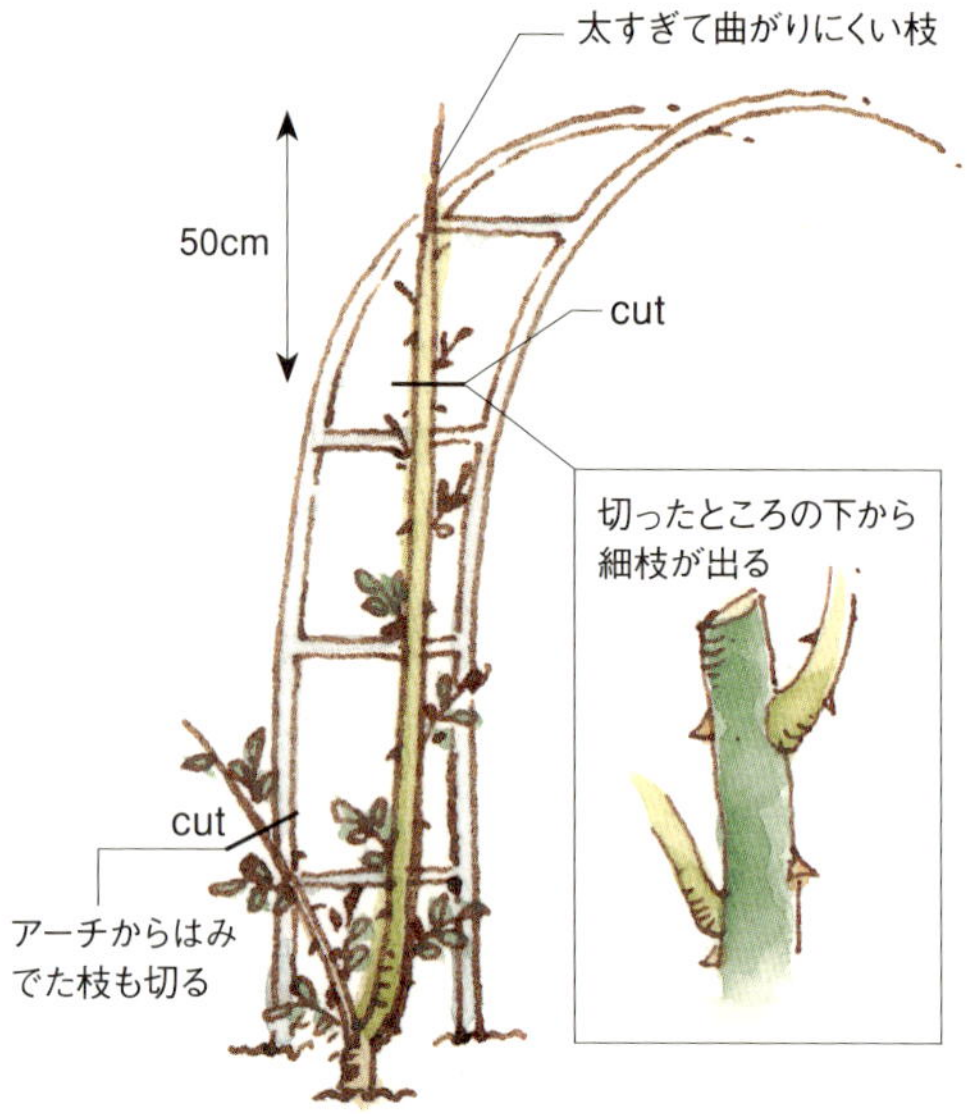
太すぎて曲がりにくい枝
50cm
cut
切ったところの下から細枝が出る
cut
アーチからはみでた枝も切る

❻ 2年目冬

誘引

アーチの両足より伸ばしてきた枝をアーチにぴったり沿わせて結ぶ

❺❼の葉は省略しています

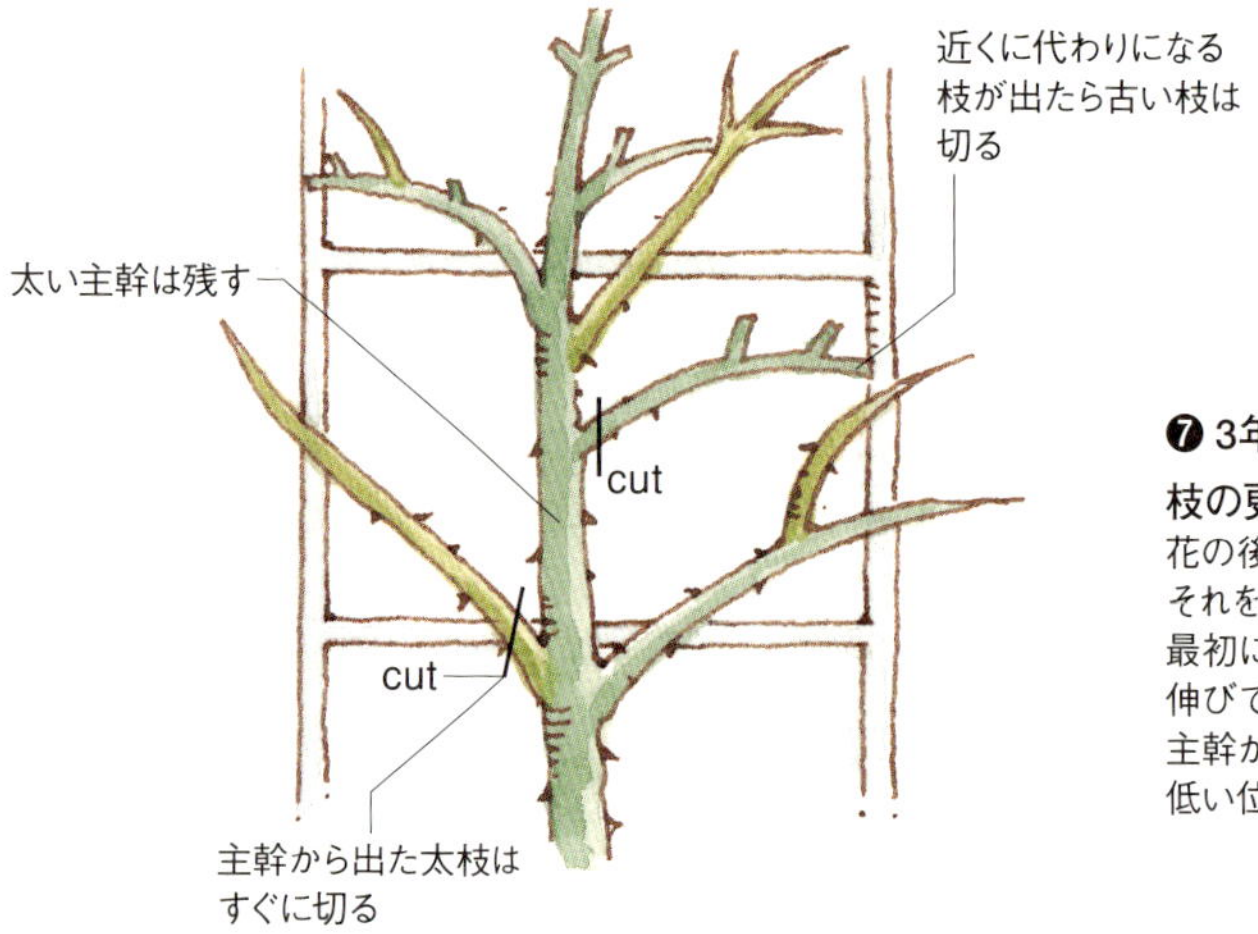
近くに代わりになる枝が出たら古い枝は切る
太い主幹は残す
cut
cut
主幹から出た太枝はすぐに切る

❼ 3年目以降の夏

枝の更新

花の後に曲げた枝の途中から新たなシュートがでてくるので、それを伸ばして、それより先の古い枝を切る（枝の更新）
最初に伸ばした太いシュート（主幹）から新しいシュートが伸びてきても元から切る（主幹を弱らせないため）。ただし、主幹が5年以上たって弱い枝しか出ないときは、できるだけ低い位置から出た新しいシュートに更新する

3年目以降のせん定・誘引のコツ

③花は、前年新しく生えた枝についていた芽に咲きやすい。木質化した古い枝からは花が咲かないので、その枝に前年の枝が重なるように誘引し、まんべんなく花が咲くようにする

②枝を固定していたシュロヒモをすべて外し、古い枝を根元から除きつつ、アーチの足元からもう一度誘引しなおす

①冬のせん定前。前年に伸びたシュートがアーチからとび出ている

⑤完成。アーチのどの場所にも、前年新しく生えた枝がまんべんなく配置されるようにせん定、誘引した。ここでは扉は飾りなので、バラの枝が誘引されている

④枝の上部は脚立を使って作業。アーチの曲線にぴったり枝が沿うように丁寧に誘引する。側面の枝は、無理にS字に曲げず、自然な曲線を描ければちゃんと花はつく

品種②［同一品種のつる性＋木立性の組み合わせがおすすめ］

バラの中には、同一品種でつる性と木立性の両方あるものがあります。アーチにはこうした品種を両方使うのもおすすめ。アーチの両側に一本ずつ両方のタイプを植えて（合計四本）、木立性品種をアーチの足元に、つる性品種をアーチの上部に誘引すると、全体の花つきがとてもよく、しかも木バラは四季咲きなので秋まで楽しめるのです。つる性、木立性両方ある品種では、アイスバーグ、ジュリア、ブルー ムーン、ダブル デライト、ゴールド バニー、オフェリア、コンフィダンス、サラバンドなどがおすすめです。

どんなアーチを選ぶ？

アーチには現在国産のものが少なく、中国製などの輸入品が多いです。長年使うにはある程度重くてもしっかりしたものがいいですね。

できればアイアン製の特注品がおすすめ。自分の設置したい場所に合わせて大きさを決められ、飾りのデザインも自由にでき、イメージどお

アーチもいろんな種類がある

設置する場所の広さや、土があるかないか、つくりたい雰囲気によって、アーチにもいろいろな選択肢があります

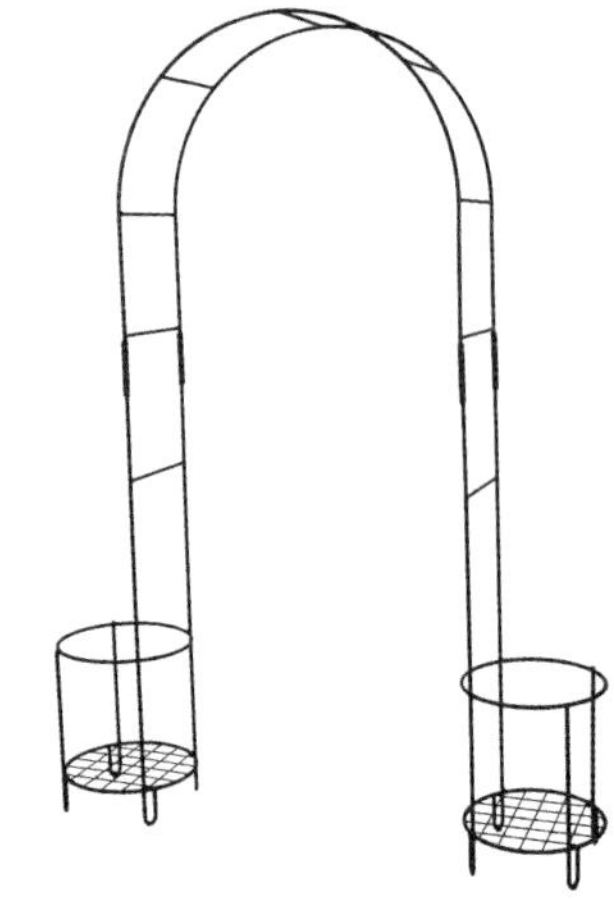

両側に10号鉢サイズのコンテナを入れ、鉢の重みで固定するコンパクトなアーチ（三洋発條PA-1800、幅80×高さ180cm、鉄製）

4本の足で自立できるタイプ。コンクリートなど穴が掘れない場所でも設置できる（三洋発條、SPA-2000、幅96.5×高さ200cm、鉄製）

標準タイプ

地中に15cm埋め込んで固定するタイプ。両側にハンギングバスケットを吊下げるアームもついている（タカショー A-1093、幅95×高さ204cm、アルミ製）

応用タイプ

中にテーブルを入れられる4本柱のドーム型アーチ。地中に30cm埋めて使う。ひときわ目を引く構造物なので、広いスペースがあればおすすめ（タカショー GSTY-23、幅・奥行230×高さ283、鉄製）

下を車がくぐれる幅広型のアーチ。カーポートの前に設置してもいい（三洋発條 特注品、幅400×高さ320cm、鉄製）

ナチュラルな外観だがポリエチレン製なので、木製より耐久性がある。先端30cmを地中に埋め込んで固定（ディノス900-G316-24、幅100×高さ207cm）

※メーカの問い合わせ先は141ページを参照

りのものをつくることができます。

価格は、既製品なら八〇〇〇〜八〇〇〇〇円程度。特注品は大きさによりますが、大きいものは一〇万円かそれ以上することもあります。

足元もチェックしてください。土に差し込んで固定するタイプ、自立できるタイプがあります。設置場所がコンクリートだったり、土でも深く掘れない場所の場合は、自立できるタイプを選びます。

誘引［無理にS字に曲げなくてもいい］

バラのせん定の教科書には、よくアーチの側面にバラの枝（主幹）をS字が連なったような形に誘引する図が載っています（五八ページ❺）。でも実際には、こんなに鋭角には曲げられない品種が多いのです。

主幹はゆるやかなカーブで適当に誘引し、主幹などから前年に発生した枝を側面に誘引し、花を咲かせたいところで切って先端をつくります。大切なのは、この枝先を側面に均等に配置すること（五七ページ❸）。花がきれいに咲きます。

バラのプレゼントは最高の思い出
花《はな》育《いく》のすすめ

バラには不思議な魅力がいっぱいです。それは子どもとよく似ていると、私は思います。ときには愛らしく、ときには生意気でやんちゃ、目を離すと心配な存在だからかもしれません。

私はいつも、バラに愛情をかけながらも、手はかけすぎないよう心がけています。過保護にすると甘えて自立できなくなってしまうのも、子どもと同じです。でもついついかまいたくなって、余計な手をかけすぎてしまっている自分に気づいて苦笑い。

毎朝、じっとバラの様子を見つめてあげてその変化を楽しみながら、葉や茎、株全体に異常がないかに気を配ります。どんなに立派なバラでも、高温多湿の日本の気候では育ちづらいこともあるのです。そんなときには少しだけ手を差し伸べて、弱らないようにしてあげます。もちろんバラの育つ環境はできる限り整えてあげた上で。だってバラはひとりでは移動できませんからね。

好環境と愛情があれば、バラはとびきりの笑顔をみせてくれます。それがうれしくて、また手をかけてあげることになるのでしょうね。

元気に咲いたバラの香りは、甘くやさしいので大好きです。成分的にも、人の気持ちを落ち着かせ穏やかにしてくれる効果があるそうです。

そうして丹精込めたバラの花を、一輪切って子どもたちにプレゼントしてあげてください。眺めているだけではわからなかった花びらの質感はふんわりとやわらかで繊細、小さなトゲでもチクッとささると痛い。触ってみてはじめてわかる体験です。そんなささいなことから、子どもたちが小さな生き物の生命力の強さやはかなさを学び、花を愛するやさしい心が芽生えます。

私の父はいつも「バラはいいね！」と言って、花を切って飾るように勧めてくれました。自分の好きな花瓶を選んで飾った花が部屋をぱっと明るくしてくれる、そんな楽しさが幼い記憶の中にあります。心に花を！　花育って、とても大切なことかもしれませんね。言葉は不要、一緒に楽しむだけでいいのだと私は思います。

家の境のフェンス

木製の自作のフェンスに同系色のピンクのバラ、白のバラを這わせてナチュラルで優しい色合いに

よくあるワイヤー製のフェンスにバラを絡ませました。この反対側に苗は植え付けています。フェンスの特徴は、その両側に花を咲かせることができること（紫はブルー ムーン、ピンクはコンフィダンス、黄は天津乙女、オレンジはザンブラ93'）

高いフェンス一面に沿わせたつるバラ。満開時には圧巻の景色になります

フェンスの冬のせん定（品種はフラウ カール ドルシュキ。植え付け6年目の姿）

枝と枝の間は均一な間隔で十分離す
隣の株の枝先と少し重なるようにすると、景色が自然につながる
2～3年目以降の古い枝（白く太い枝）からは花枝が伸びないので、前年伸びた細い枝を古い枝の上に誘引する
前年伸びた枝の先をカットしておく（春ここから花枝が伸びる）

春の開花
フェンスに沿うように花を咲かせるには、花枝の短い品種を選ぶのがポイント

横から見た写真
フェンスと地面の間に距離があるので、最初のシュートをフェンスにしっかりと誘引し、枝1本1本をシュロヒモでぴったり固定している

場所［北向き以外ならＯＫ、せまくても盛り土でカバーできる］

フェンスは家と道路の境、隣家との境に設置することが多いと思います。完全な北側で、直射日光が当たらないところでなければ、バラのフェンスはつくれます。

苗を植え付けるスペースが狭い場合は、レンガを積んで盛り土をして、できるだけ根が伸びるスペースを多く確保してください。

フェンスの場合、フェンスの両側に花が咲きます（植えた側の反対側にも枝が伸びる）。反対側に花を咲かせたくないときは、フェンスの代わりにトレリスを設置して、完全に仕切ってしまうほうがいいでしょう。トレリスは目隠しにもなります。

品種［フェンスの高さ、幅の半分を足した樹高の品種を］

一枚のフェンスを一本のバラで覆う場合、フェンスの高さと、幅の半分の長さを足した長さ分の樹高がある品種を選ぶことがポイントです（右下の図を参照）。フェンスの中心に苗を植えたとき、植え付け場所からもっとも遠いところにまで枝を伸ばせるようにするためです。

フェンスをすぐにいっぱいにしたいときには、二m間隔くらいに大きめのつるバラを植えるといいでしょう。

一・二m以下の高さのフェンスなら、木立性品種を使うのもおすすめ。四季咲きなら、春から秋まで花のあるフェンスを楽しめます。その代わり、つるバラに比べて枝の密度が少なくなるので、目隠し効果はありません。

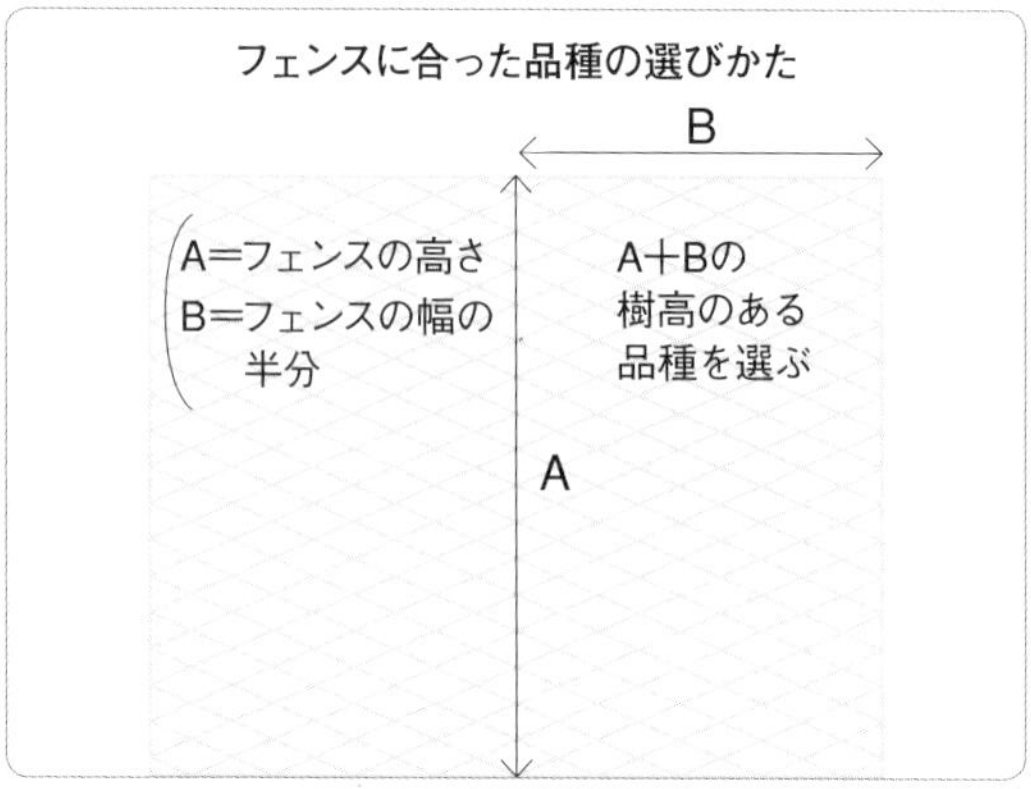

フェンスに合った品種の選びかた
B
A=フェンスの高さ
B=フェンスの幅の半分
A+Bの樹高のある品種を選ぶ
A

新苗からのバラのフェンスのつくり方

❶1年目春

植え付け

フェンスの中心部の前に穴を掘って植え付け、枝先をフェンスに向かって斜めに誘引、固定する。

※とくに植え場所が南向きの場合は、枝は南に伸びようとし、フェンス側（北側）に伸びづらいので、無理やりにでも誘引してフェンス側に伸ばすクセをつける。

※北側に植えたときなど、強い枝がフェンスの向こう側に伸びたときは、見つけ次第こちら側に枝を戻す。大きくなってからでは枝がフェンスの目をくぐれないときがある

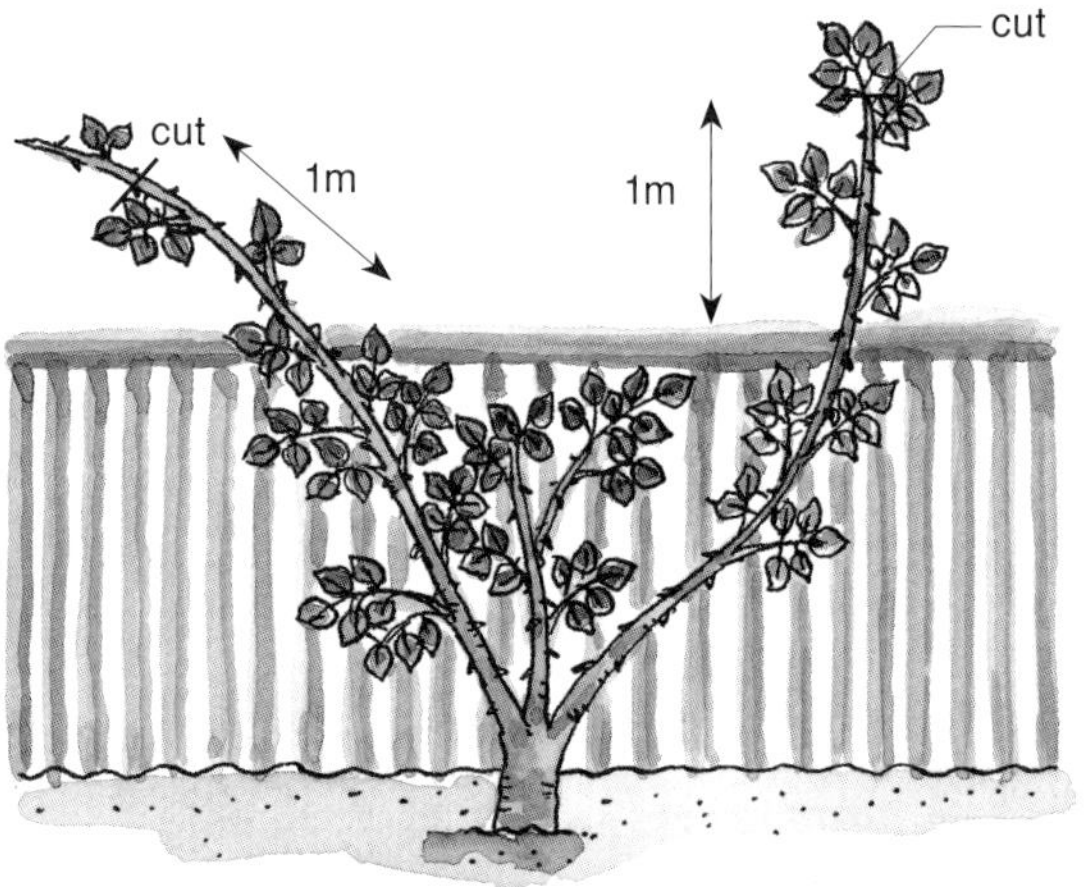

cut
1m
1m
cut

❷1年目夏

枝伸ばし

枝はなるべくまっすぐに伸びるようにフェンスに固定するが、枝がフェンスよりも1m以上長くなったら、邪魔になるので1mより先の部分はカットしていい

フェンスを目隠し効果があるほど葉で覆いたい場合は、葉が大きな品種を選ぶといいでしょう。

目の前が道路だったりして、花があまり向こう側に飛び出てほしくない場所の場合、花枝が短い品種を選びます（苗店で相談します）。

フェンス［手が入りやすい大きな目のほうが作業に便利］

これからフェンスを設置するなら、自分のこぶしが入るくらい、目の大きなものがおすすめです。枝はフェンスの向こう側まで伸びるので、向こう側の枝を切ったり、枝を植え付け側に引き戻したりする作業も出てくるためです。

植え付け［作業がしやすい側に］

フェンスの内側と外側、どちらに植え付けるのかをまずよく考えます。花は両側に咲かせることができますから、できれば足場があり、管理作業がしやすいほうに植えたほうがいいでしょう。

苗の植え付け方法は七八ページを参照してください。

育て方［夏の水切れ、ムレに注意］

枝の伸ばし方は下図の通りです。年数が経ってくると、枝が込み合って風通しが悪くなってきます。重なりあった枝はどちらかを元から切って、常に風通しをよくしておきます。部分的に枝を抜いたり葉を取ったりして、フェンスの向こう側が見えるくらいすっきりとさせるところを数カ所つくるようにすると、バラはとても元気に育ちます（一一八ページ参照）。

枝の長さも数も年々多くなってくるため、夏場は水切れに気をつけてください。

植え付け後、夏を過ぎても新しい枝（シュート）が出てこない場合は、環境に問題があります。枝が細くて色が薄く力がない場合は、日照不足。日当たりを改善してあげます。ほとんど成長せずにしおれ気味の場合は、根に異常があるかもしれません。肥料や水をやりすぎて根腐れになってないか、土の水はけが悪過ぎないかチェックして原因をつきとめ、できるだけ改善してみてください。

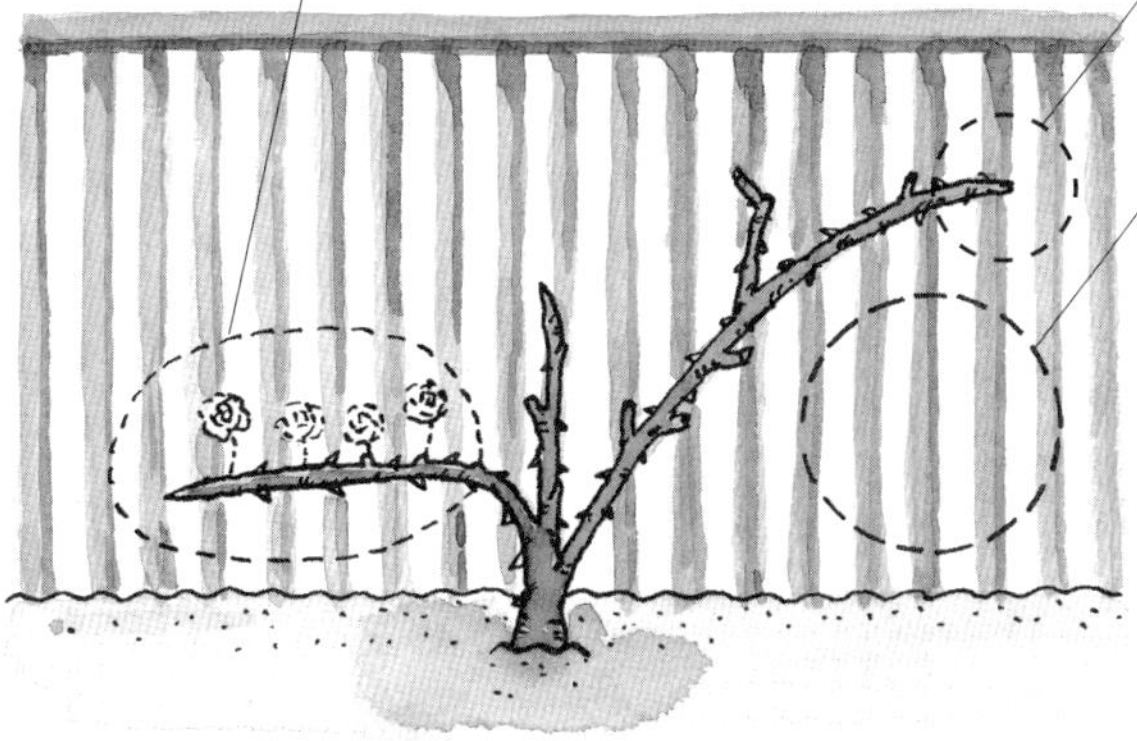
下部に咲かせたいときは（下から）真横に伸ばす枝が必要
フェンスより上に誘引するとフェンスよりかなりとび出て咲くので、結ぶときはフェンス内に収まるようにする
持ってくる枝がないときは来年に向けて長い枝を伸ばす

❸1年目冬

誘引

冬になったら、伸ばしていた枝を横に倒し、フェンスに沿って誘引する。なるべくフェンスの面に空きができないように、均等に枝を配置する

❹2年目、3年目

2年目は、1年目に枝を持ってこれなかったところに枝を配置できるように、枝を選んで伸ばす。2種類以上のバラでつくるばあい、隣あうバラの枝は少々重なり合うようにするほうが自然らしくていい

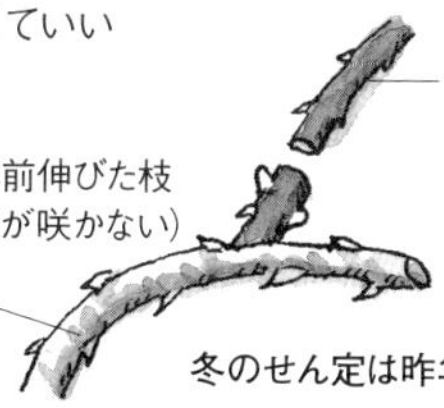
昨年伸びた枝の途中で切ると花が咲きやすい
2年前伸びた枝（花が咲かない）
冬のせん定は昨年伸びた枝で

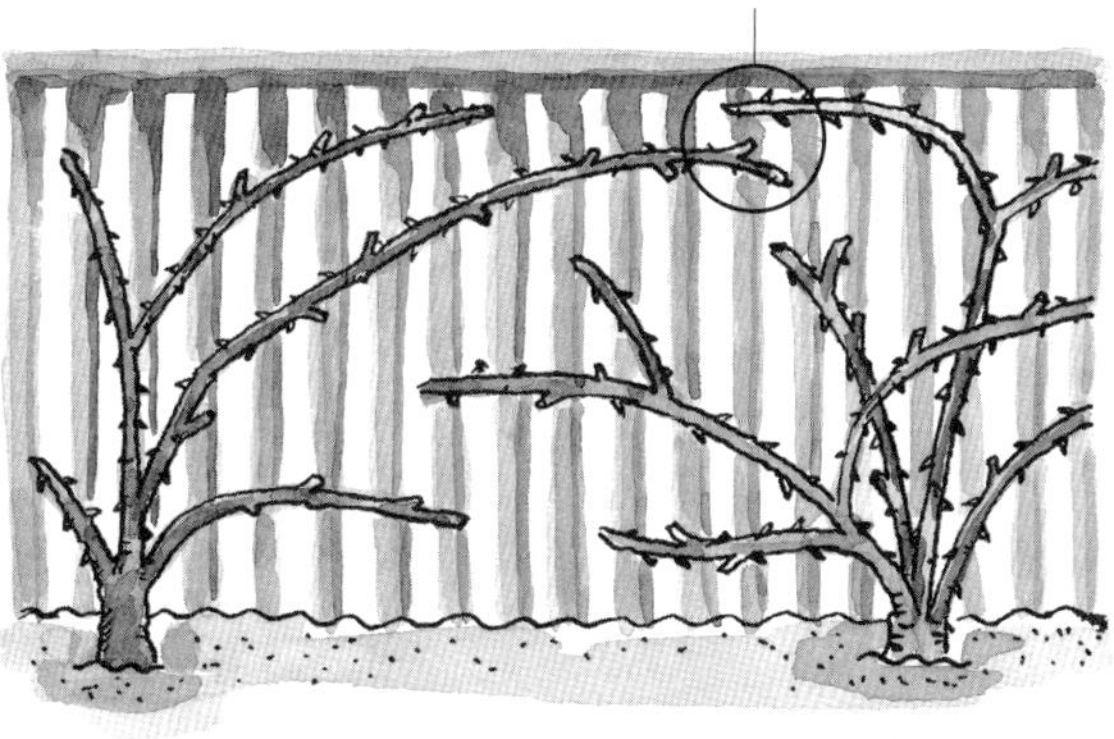
隣どうしのバラの枝は少し重なるようにするのが自然らしい

壁面にバラを咲かせる

「ダブリン ベイ」の開花。壁の上部だけでなく、地面に近い下部にも枝先をつくって花を咲かせています

上の写真の前年、冬のせん定後の写真。まだ伸ばすため、上部の枝はあまり曲げていません

壁面のバラの冬のせん定（アブラハム ダービー）

①冬のせん定前の姿。まず、細くて貧弱な枝、込み合っている枝を元から切っておく

②下部にも花が咲くように、前に伸びてきたシュートを夏に短くせん定していた。冬のせん定では、前年に伸びた枝を、枝元近くの芽の上まで短く切っておくと、翌年春にここから新芽が伸びて花を咲かせる

③壁にビスを打ち込み、バラの枝を固定する。高さ1.5mより上の枝を2～3ヵ所留めればいい。ビスにビニタイを結び、バラの枝をなるべくぴったりくっつけ、8の字に緩く巻く

④せん定後の姿。前年に伸びた枝の、硬く充実した部分の芽の上で切ると花が咲く。枝と枝は十分に間隔をあける。葉の間から壁が見えるくらいのほうが自然に見える

壁に穴をあけたくないときは、フェンスやワイヤーがおすすめ

写真は、壁面のすぐ前の花壇に同じ形のフェンスを2つ差し込んだもの。フェンスは細身で壁の色に近い色合いのものを選ぶと目立たない。ワイヤーはステンレス製の18番線を使い、横に30cm間隔で張る。樋の止め金具やアルミサッシの窓枠などに結びつけて固定するといい

場所［植え付けと作業のスペース、壁への固定手段があるか確認］

できるだけ日当たりのいい場所がいいです。地面近くに日が当たらなくても、咲かせたい高さの壁に日が当たるなら大丈夫です。そのときは、ロング苗（三〇ページ）など、つるを伸ばした株を植えつけます。

次に、植え付けスペースが確保できるか確認します。ふつう、住宅の壁際から五〇cmまでは基礎や配管などがあって穴が掘れません。壁際から五〇〜一〇〇cmの場所に穴を掘れるとベストです。

穴が掘れないなら、大鉢でも大丈夫。六〇ℓくらい土の入る九〇×四五cmくらいの鉢か、直径四五cmくらいの深いタルのような鉢がいいでしょう。

また、壁面の場合、伸びた枝を固定する対策が必要です。壁にビスを二〜三ヵ所打ち込む、五〇cm間隔でワイヤー（細身の針金）をタテヨコ二本ずつ張る、フェンスやトレリスを壁の前に設置する、などの方法があります。枝が伸びると、冬は脚立に登っての誘引、せん定作業が必要なときがありますが、脚立を置けるスペースがあるかも確認しておきます。

壁にビスを打ち込む場合は、インパクトドライバーや電気ドリルのような、強い力を加えられる道具が必要です。また、住宅によっては穴を開けられない場所もあるので、ビスを打つ前に家を建てた業者に確認を取っておいたほうが万全です。

品種［伸びやすく、柔らかく誘引しやすい品種がいい］

壁面に這わせるバラは、枝の伸びが早い品種を選ぶのが基本です。また、誘引しやすいように、枝が柔らかい品種を選ぶのもポイントです。こういう条件を兼ね備え、雰囲気もあるおすすめのバラにはグラハム トーマス、コーネリア、フェリシア、フランソワ ジュランビル、アルベルティーン、アルベリック バルビエなどがあります。

二階までなど、すごく枝を伸ばしたいときには、樹高四〜五mはある品種を選ぶ必要があります。

❶1年目春

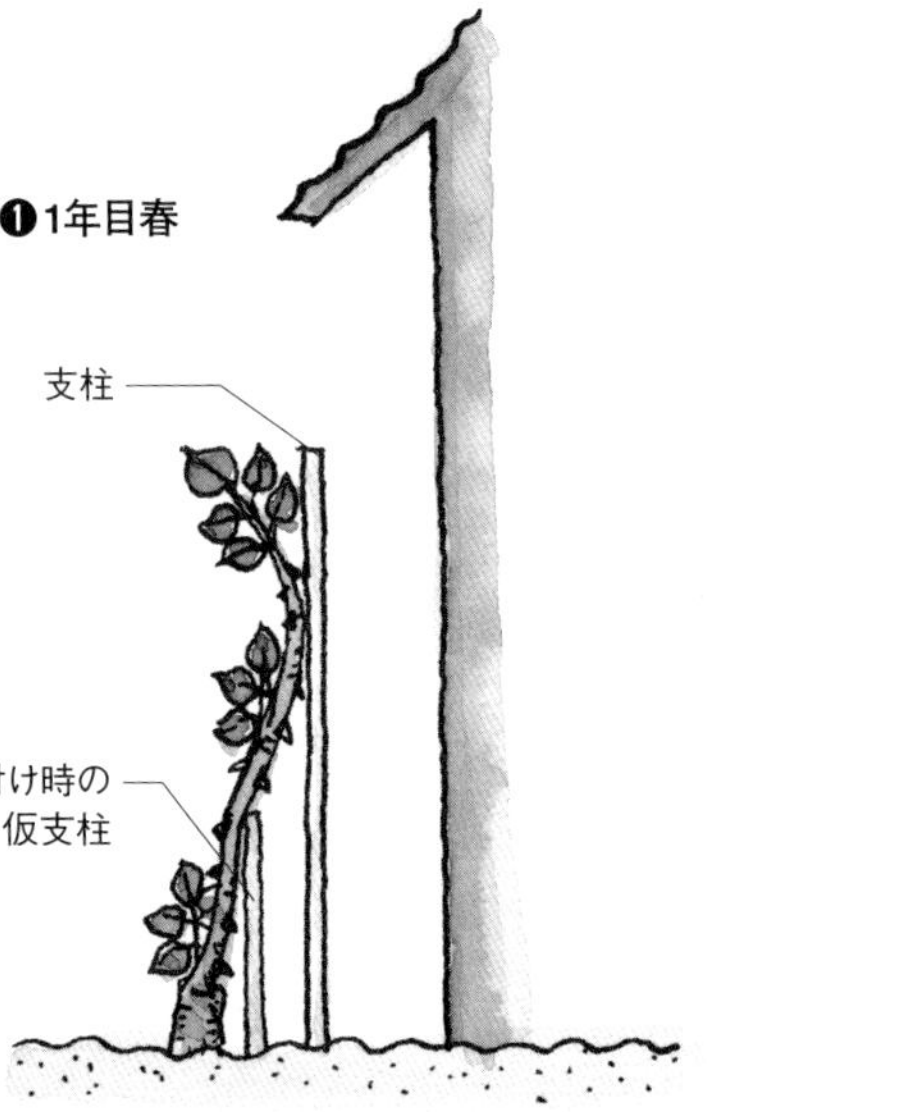

植え付け
あらかじめ、枝を誘引するときに必要なワイヤー、フェンス、ネットを設置しておく（ビスで枝を固定する場合は必要ない）。植え位置は基礎を避けたところに。雨がかかるくらいの所のほうがよく伸びる。最初の年は、いきなり壁面に沿わせず、長い支柱を立てて、そこに枝を結んで上へ伸ばす（こうすると低い位置にビスを打たなくてすむ）

❷1年目夏

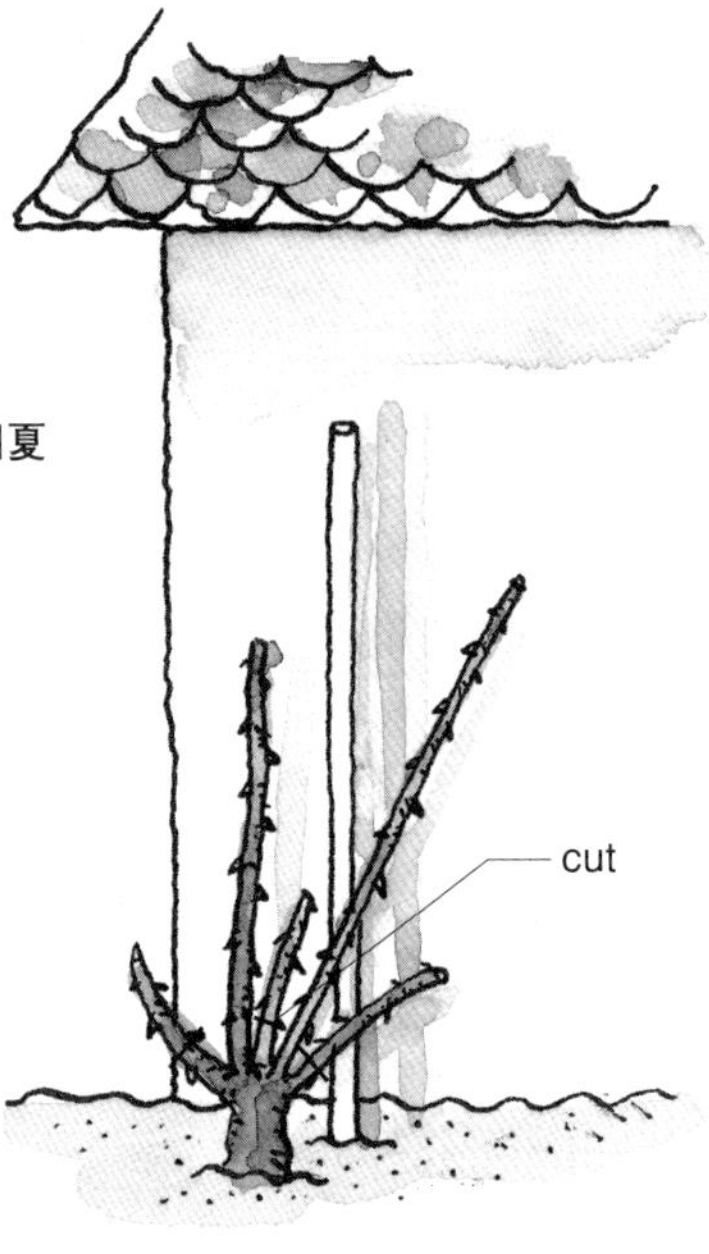

枝伸ばし
シュートがある程度伸びると下からさらにシュートが出てくるが、最初に出たシュートの伸びが遅れるので、2〜3本を残して残りのシュートは切る

植え方、育て方［穴掘りをとにかくがんばって！］

壁面の前の土は、業者によって踏み固められていることが多いです。しかも土の中には大きな石やひどいときには住宅建設の際の廃棄物まで入っていることがあり、植え付けの際の穴掘りはなかなかたいへんです。根気よく作業しましょう。

一年目はまず太く長い主幹をつくります。壁と苗の間に長い支柱を垂直に立て、支柱にシュートを沿わせると、枝伸びが早くなります。逆に一年目から枝を曲げて壁に誘引したりすると、枝が伸びにくくなります。最初の一～二本のシュートが二ｍくらい伸びると、下のほうの幹から新枝が出てくることがあるので、それは元からカットし、主幹に栄養を集中させます。

二～三年目になってある程度主幹が長くなり、枝数も増えてきたら、冬に壁へ誘引し、自由に曲げてビスなどで固定します。ただ、そんなに高くしたくないときは、一年目からシュートの数を制限する必要はありません。

ここに注意！

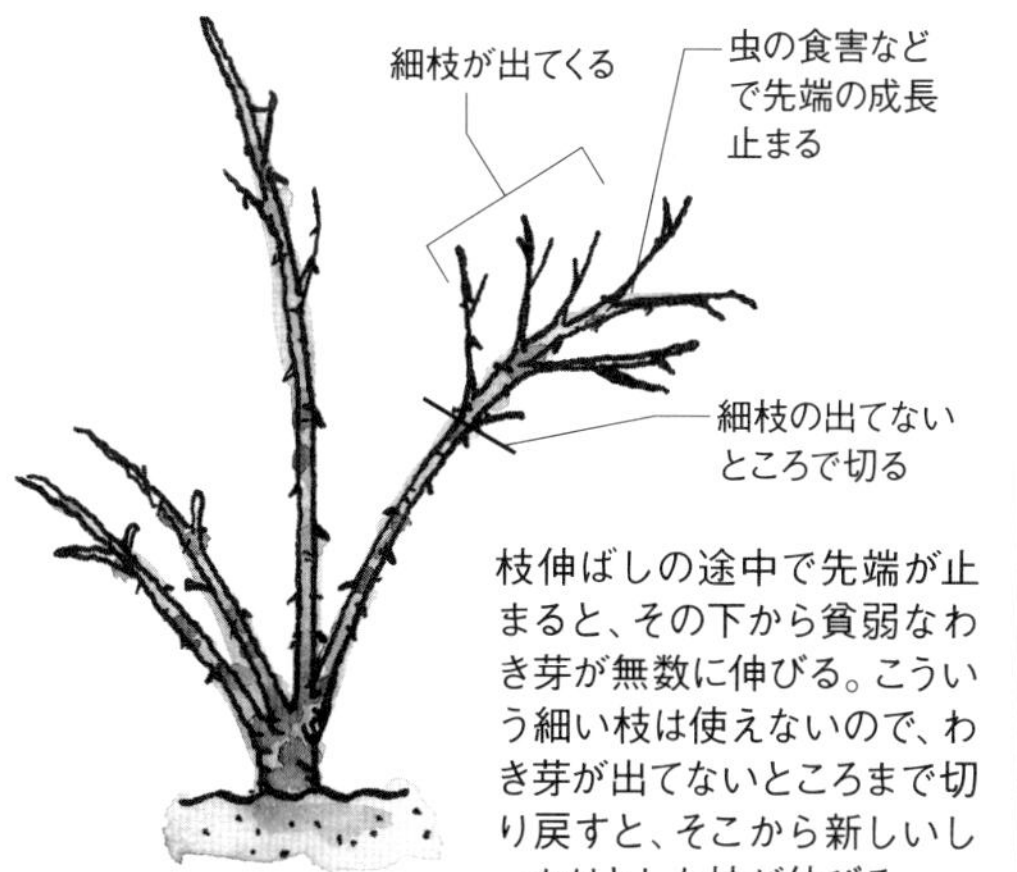
細枝が出てくる
虫の食害などで先端の成長止まる
細枝の出てないところで切る

枝伸ばしの途中で先端が止まると、その下から貧弱なわき芽が無数に伸びる。こういう細い枝は使えないので、わき芽が出てないところまで切り戻すと、そこから新しいしっかりとした枝が伸びる

窓周りに這わせても素敵

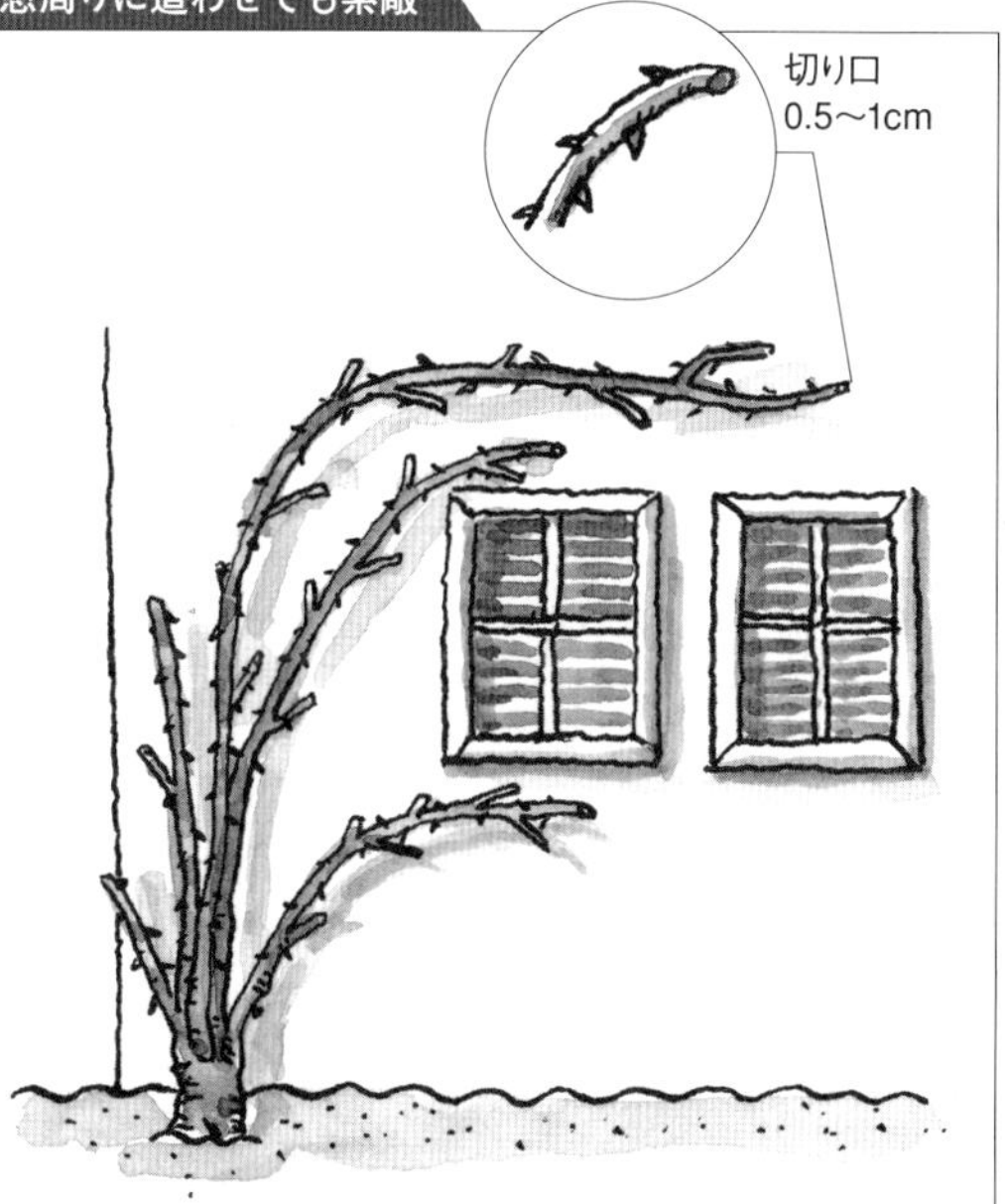
切り口
0.5～1cm

枝の先端を窓周りにたくさん配置すると、花がよく咲く

❸1年目冬

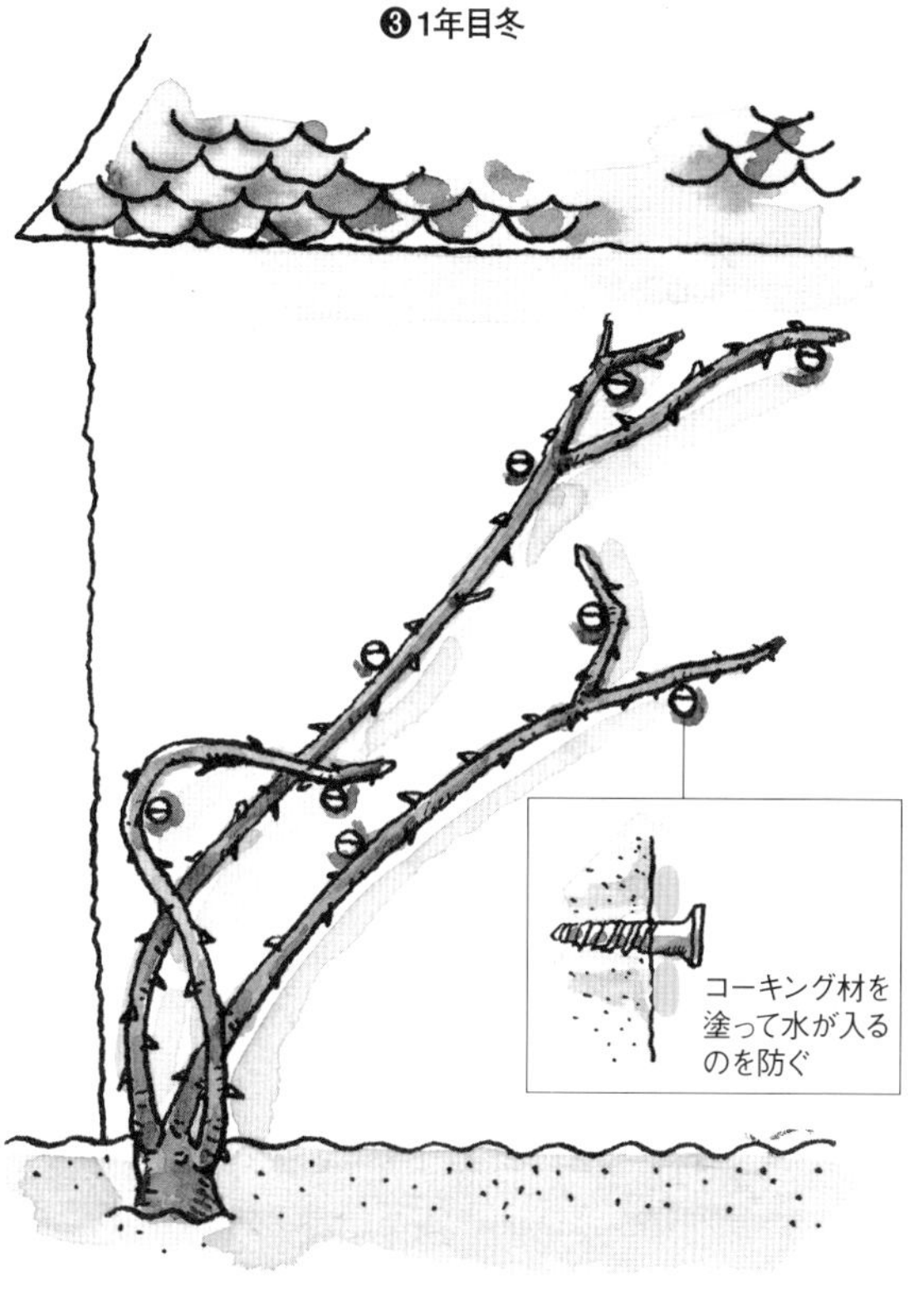
コーキング材を塗って水が入るのを防ぐ

誘引
枝の先端を、鉛筆くらいの太さのところで切り、枝先を水平に曲げて、なるべく間隔が均一になるように誘引する。曲げたところに、ビスを打ってビニタイなどで固定する。または、ワイヤーやネットなどに固定
※2年目以降の枝伸ばし、枝の更新方法は基本的にアーチと同じ

パーゴラ・カーポートでバラを楽しむ

シティ オブ ヨークを四方から這わせ、ホワイトガーデンのシンボルに。青のパーゴラとの色のコントラストが印象的

カーポートの脇に「キフツゲート」を植えて10年。すばらしい伸長力で屋根全面を覆いました。夏でもカーポートの中は涼しいそうです。ここまでくると落ち葉の処理や枝の処理などがたいへんなので、手入れできる範囲内につるを這わせたほうがベター

広いスペースがあれば、パーゴラの柱にも左右色の違うバラを植えて豪華に見せることができる

パーゴラ上部の冬のせん定・誘引作業のコツは、枝どうしの間隔を十分にあけること。夏でもパーゴラの下に少し日が入るくらいのほうが、パーゴラの下にも花がたくさん咲いてくれます

ドーム型パーゴラにバラを這わせるときも、各枝の芽に光が当たるよう、枝同士が重ならないようにします。少しさびしく見えるくらいで大丈夫（品種はフランソワ ジュランビル）

春には勢いよく芽ぶいて、花いっぱいのドームになります

▼

場所［カーポートはバラ一本で、鉢植えでもＯＫ］

カーポートにバラを這わせるといっても、管理の手間を考えると、屋根全面に這わすことはおすすめできません。道路に面した柱と、屋根の縁に沿ってアーチ状に咲かせるくらいでちょうどいいと思います。

これくらいなら、そんなにバラの本数はいりません。左右両側の柱脇に一本ずつ植えられれば早く覆われますが、どちらか一方だけでも少し時間はかかりますが大丈夫です。

カーポートの周りはコンクリートになっているところが多いです。土がないときは、鉢植えでもできます。その場合、柱の外側に六〇ℓくらい土の入る九〇×四五㎝くらいの鉢か、直径四五㎝くらいのタルのような鉢が一つ置けるスペースが必要です。

パーゴラは上部に日がよく当たる場所なら大丈夫。品種やパーゴラの大きさにもよりますが、一本でも意外と広いスペースをカバーできます。枝が込みすぎるとかえって花が咲かなくなるので、一～二本からはじめてみてください。

❶1年目春

鉢植えでもOK

植え付け
柱のすぐ外側に植え付ける。できれば両側。柱が片側しかないときや、場所が狭いときは片側だけでいい

❷1年目夏

一緒に四季咲きの
木立性品種を植えると
いつも花が見られる

枝伸ばし
アーチと同様にして、柱に固定しながらシュートを上へ上へ伸ばす。
つるバラの手前に四季咲き性の木立性や半つる性品種を植えるといつも花を見られる。両側に鉢を置く場合、はじめは日当たりのいい方に2つとも置いて、伸びてきてから両側に置くと早く伸びる

❸1年目秋

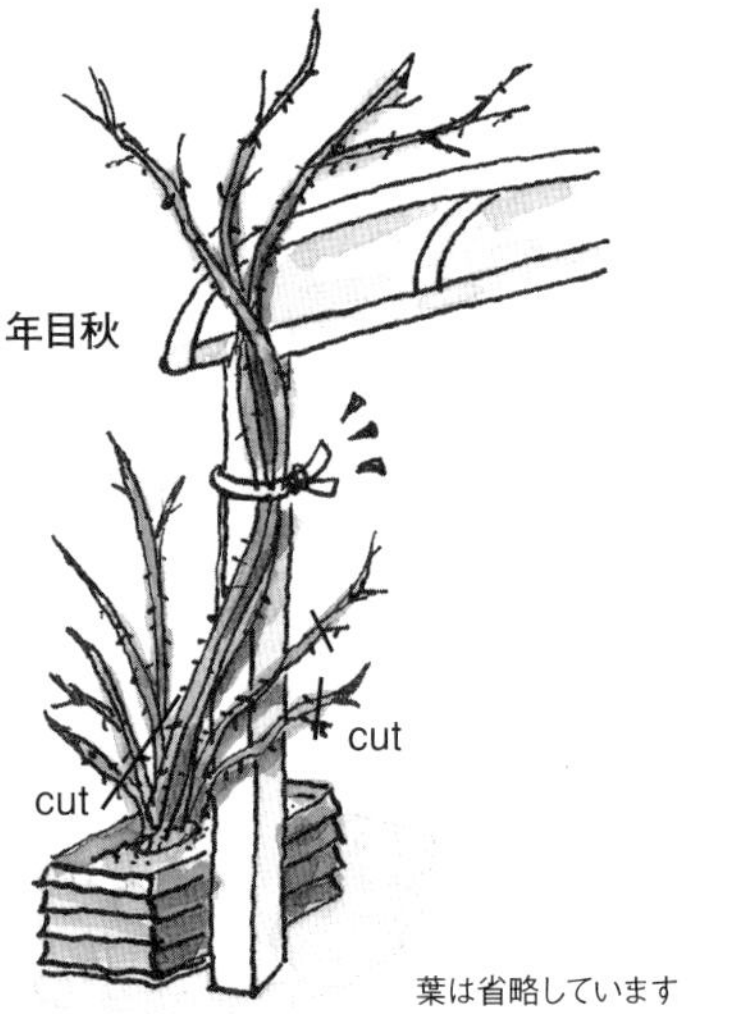
cut
cut
葉は省略しています

余分な枝の整理
柱の周りの低い部分に枝をあまり残さない。車の乗り降りに不便
屋根の上までシュートが伸びたら、屋根に沿わせる（曲がってもいい）

❹1年目か2年目の冬

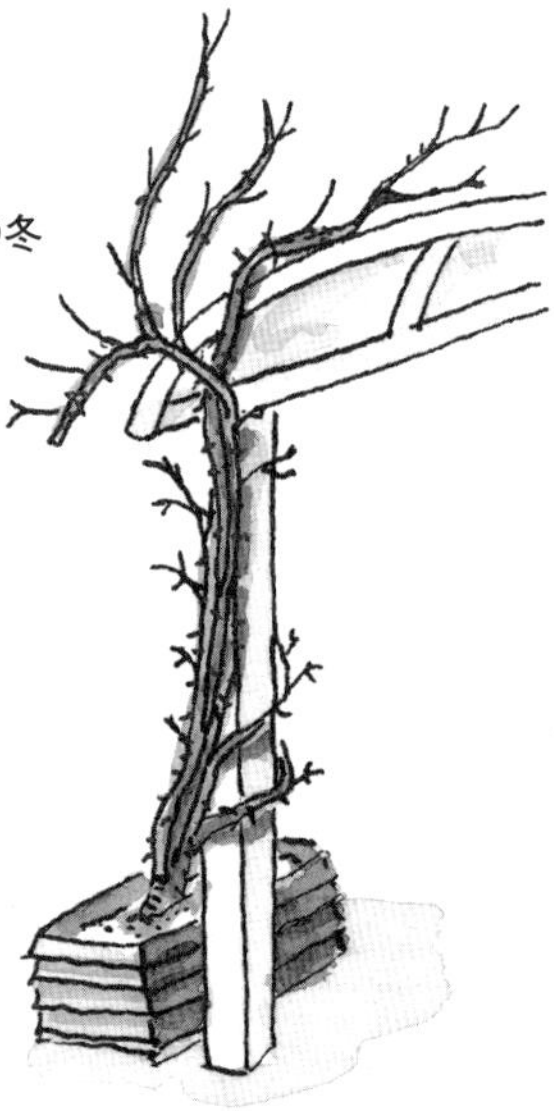

屋根の上までシュートが伸びたら、屋根の縁に沿って枝を誘引し、鉛筆くらいの太さのところで切る。この先端付近に花が咲きやすいので、縁沿いになるべくたくさん先端をつくる。柱にも短い枝を誘引し、先端をつくる

品種［伸長力のあるランブラー系を］

パーゴラ、カーポートはカバーする面積が広いので、シュートが三m以上伸びるような伸長力に優れた「ランブラー系」とよばれる品種がおすすめです。モッコウバラも樹勢が強くて向いています。

カーポートはとくに、車が出入りしたり、狭いスペースを人が通るので、トゲは少なめ、小さめの品種のほうがいいでしょう。トゲが強い品種は、トゲの先をせん定バサミで切っておくと危なくありません。このとき、トゲを元から折り取らないことが大事。手で元から折り取ると、周辺の枝の皮まで剥いでしまって見た目が悪く、病害虫がそこから侵入することもあります。

ポールズ ヒマラヤン ムスク、パークス イエロー チャイナ、ブラッシュ ランブラーなどは、伸長力があるだけでなく、誘引したときにとても美しいのでおすすめです。ポールズ ヒマラヤン ムスクとパークス イエロー チャイナはトゲも少ないです。

植え方［土の量を多めに確保］

伸長力のある品種を選んでも、根が張れる場所がないと、バラは思い切り伸びることができません。直径と深さ五〇cmの穴を掘るか、先に紹介した大型の鉢に、通気性のいい良質の土を入れて植え付けます。

鉢植えの場合、数年たつと根が伸びるところがなくなり根づまり気味になってきます。そんなときは、増し土をしたり、冬の休眠期に鉢の上部の土を細根ごと掘れるだけ掘り取って、新しい土に入れ替えを行なうと、翌年そこへ新根が伸びて花つきもよくなります。

せん定・誘引については下の図を、詳しい日常の管理についてはパート3を参考にしてください。

せっかく伸長力のある品種を植えても枝の伸びが弱いときは、根の伸びが悪いことが考えられます。良質の土で植えたか、水のやりすぎで根腐れしてないか、逆に水が不足してないか、土を中心にチェックして、対策を取ってみてください。

ドーム型パーゴラのコツ

ドーム型は、枝を誘引したときに、下から見て空が見えるくらいの密度がいい（どのわき芽にも日が当たるように）。枝を重ねすぎると葉が込み合って病気になりやすく、芽に日が当たらないので花数も少なくなってしまう

屋根の手前に少し枝を垂らすとふんわりと咲いてきれい
トゲの先をカット

❺2年目、3年目春

屋根の手前に枝を垂らすと、ふんわりと見えるように咲いてくれる
カーポートの中に出ているトゲや細枝はせん定バサミでカットする（トゲは先だけ）

Part3 植え付けと四季のお手入れ

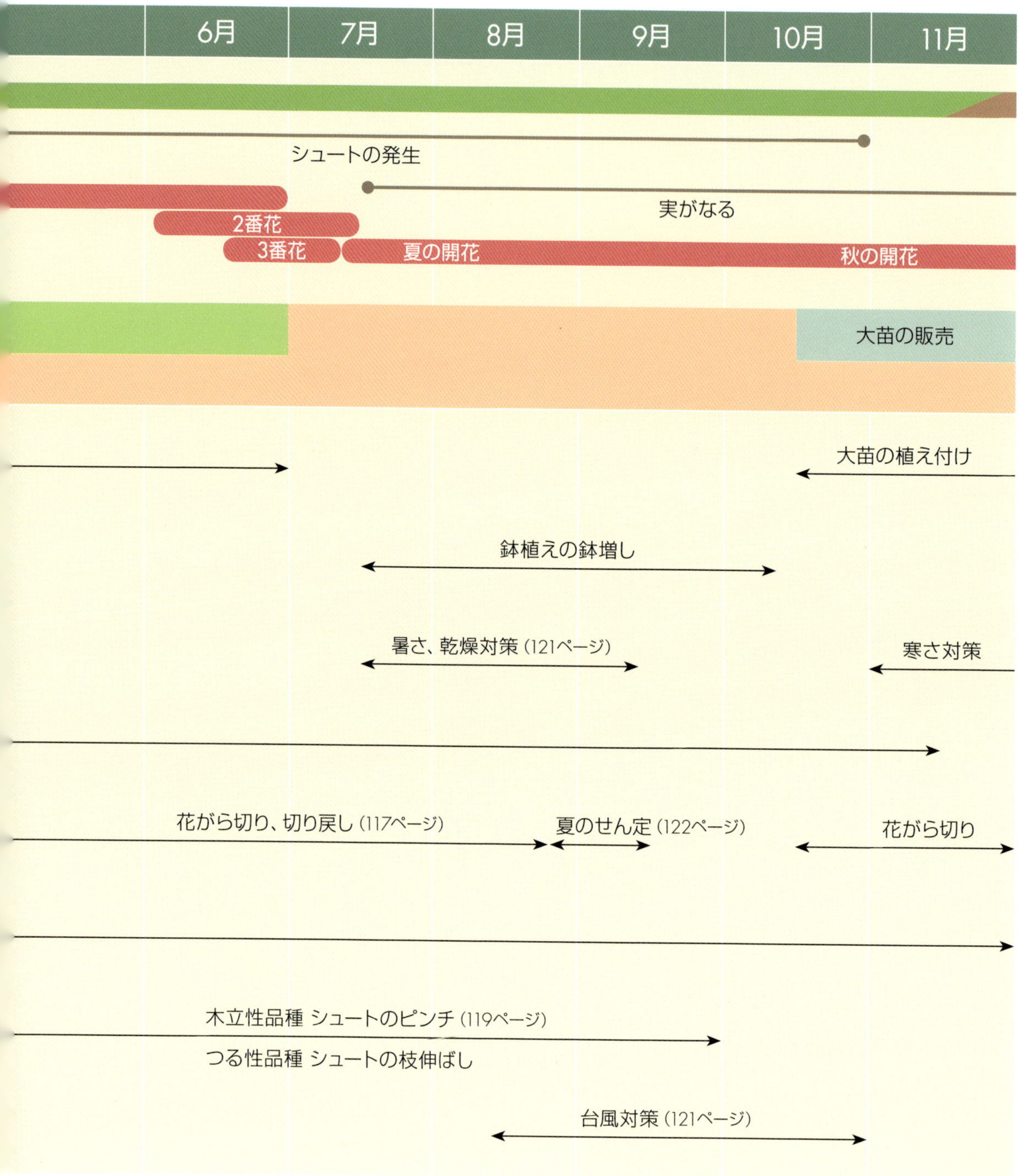
6月
7月
8月
9月
10月
11月
シュートの発生
実がなる
2番花
3番花
夏の開花
秋の開花
大苗の販売
大苗の植え付け
鉢植えの鉢増し
暑さ、乾燥対策 (121ページ)
寒さ対策
花がら切り、切り戻し (117ページ)
夏のせん定 (122ページ)
花がら切り
木立性品種 シュートのピンチ (119ページ)
つる性品種 シュートの枝伸ばし
台風対策 (121ページ)

バラの庭に出れば、毎日かならずやることがあります。
でも、大変だな……と思わなくても大丈夫。
あなたのペースでバラにつきあってみてください。
でもせっかくなら毎日、バラをゆっくり観察してみませんか?
日に日に変化していくバラをながめるだけでも、元気をもらえるんです。

バラの一年の成育と作業＊関東以西の暖地の場合

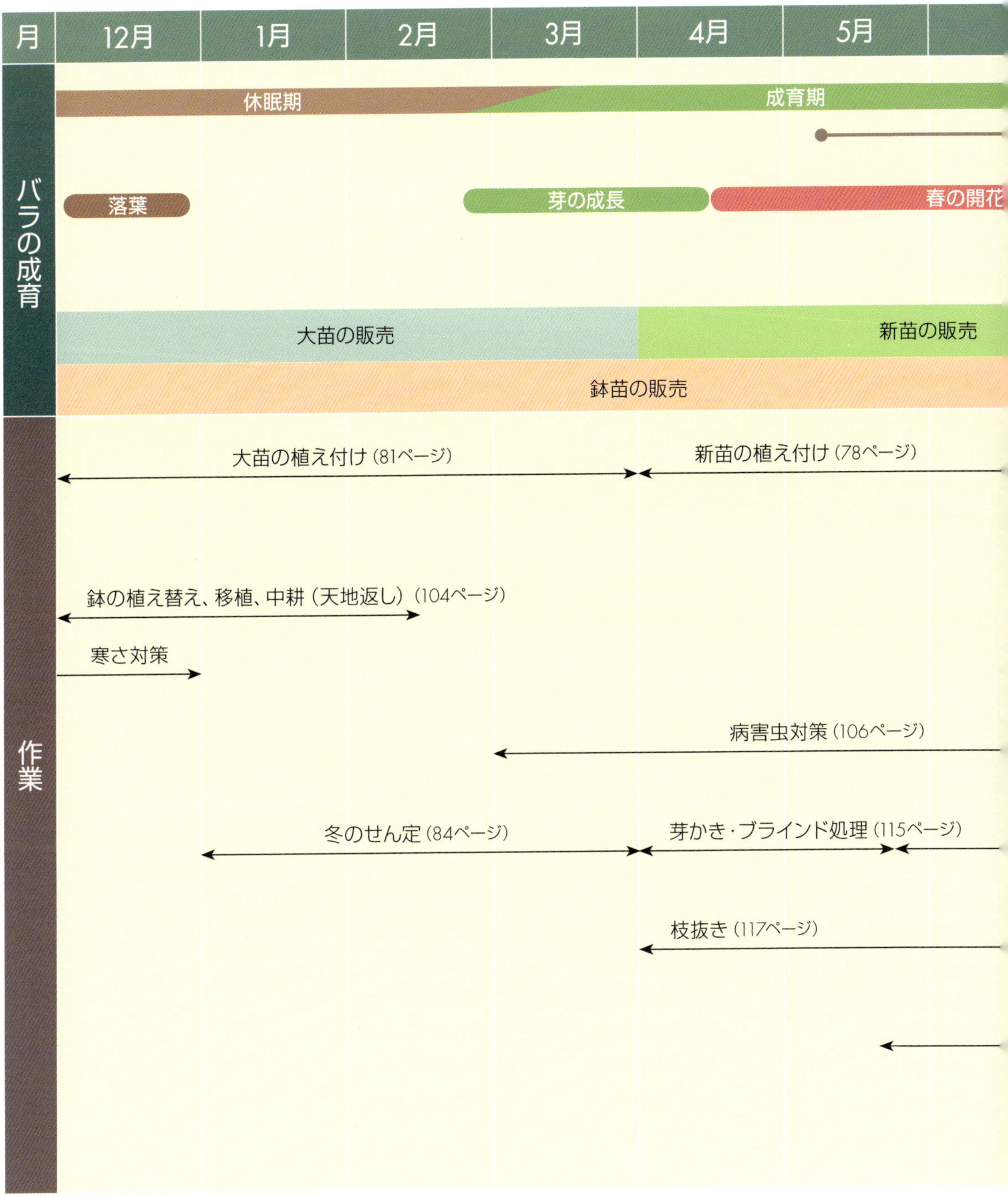
月
12月
1月
2月
3月
4月
5月
バラの成育
休眠期
成育期
落葉
芽の成長
春の開花
大苗の販売
新苗の販売
鉢苗の販売
作業
大苗の植え付け (81ページ)
新苗の植え付け (78ページ)
鉢の植え替え、移植、中耕 (天地返し) (104ページ)
寒さ対策
病害虫対策 (106ページ)
冬のせん定 (84ページ)
芽かき・ブラインド処理 (115ページ)
枝抜き (117ページ)

苗の植え付けの基本

地植え

穴掘りと土の改良はぜひやって!

バラの根は、水はもちろんたくさんの空気をとても求めます。普通の庭土はしまっていて通気性が悪く、軽く掘って苗を植えただけでは根が伸びず、成長できません。植え付け場所を広く深く掘り、掘った土に良質の用土・有機質資材を混ぜて通気性、保水性、保肥性のバランスがとれた土に改良して穴に埋め戻して苗を植えると、細根が素直に伸びてよく成長します。

穴の大きさは、バラの根が伸びやすい直径五〇cm、深さ五〇cmくらいが目安です。下に障害物があったり土が硬くて穴が掘れないときは、レンガやモルタル、木の板などで仕切りをつくり、盛り土をするとよいでしょう。広く浅く掘るのも有効です。トータルで根の張るスペースを目安と同じくらい確保することを目標にします。

穴の底には、有機質資材を多く入れます（七九ページ参照）。バラは一度植えると数十年同じ場所に栽培するので、はじめに土づくりに役立つ微生物やミミズなどの小動物を有機質資材で増やしておくことが大事です。

庭土が極端な粘土質の場合

庭土が全体的に粘土質で水はけの悪い場所の場合、地植えはおすすめできません。穴を掘っても水の逃げ場がないからです。

こうした土地にバラを植えるなら、直径、深さともに二〇cm程度の穴を掘り、そのなかを通気性、保水性のいい用土と有機質で一〇〇%入れ替えて改良し（掘った土は加えない）、その上に大きめの鉢に植えたバラを置くといいと思います（木立性品種なら八号鉢以上、つる性なら一〇号鉢以上）。コンテナを使った盛り土

深く掘れないときは、広く浅く掘る

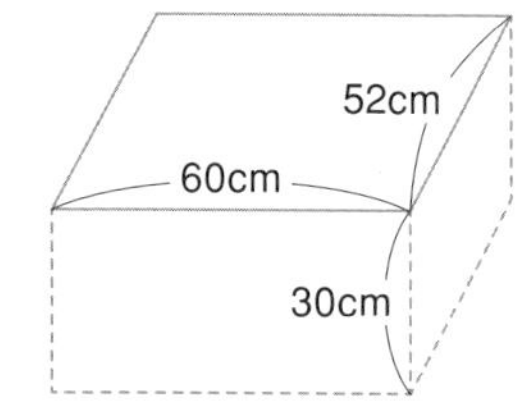

深さ30cmしか掘れないときの例

障害物などがあって50cmの深さに掘れないときは、同じくらいの容積になるように、幅・奥行を増やします

※ただし、浅く掘ったところは乾きやすいので、乾き具合を観察し、水やりの回数を増やします

改良用土の質を判断する方法

改良用土を軽く握って、手を開く	
指を挿すとぼろっと崩れる	➡ ○
手を開くだけでくずれる →保水性の資材を足す	➡ ×
硬くしまってくずれない →通気性の資材を足す	➡ ×

土の改良に使うおもな用土・資材

ミリオン・ハイフレッシュ

粘土鉱物資材。通気性をよくし、土の団粒化に役立つ。根腐れ防止、発根促進効果もある（ミリオンは粒状でおもに用土に、ハイフレッシュは粉状で鉢植えに使う）

乾燥牛ふん

通気性、保水性、保肥力をよくし、微生物を増やす。少量の肥料分も含む。他の手に入りやすい堆肥に変えてもOK。肥料分が少なく、不快なにおいのしない完熟したものを選ぶ

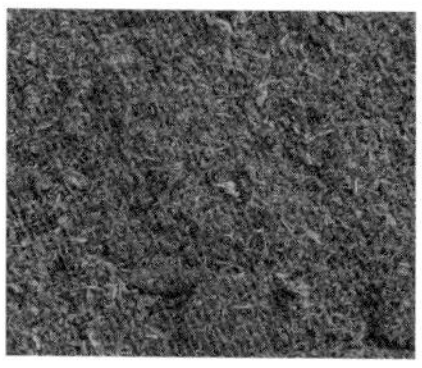

ピートモス

ミズゴケなどの植物が堆積、腐植したものを加工した資材。通気性、保水性が高い。ゆっくり分解し、土壌改良効果が長持ち

腐葉土

通気性、保肥力を高め、微生物を増やす。いやなにおいがするものは避ける

赤玉土

通気性、保肥力を高める。バラの植付けには通気性、保水性のバランスがとれた中粒が向く

栽培のようなものです。数年たつと、鉢底から根がはみでて土に入り込み、かんたんに植え替えできなくなりますが、鉢植えよりもバラはしっかりと育ち、保水性もよくなります。年数がたって根づまりしてきたら、植え替えなどを検討します。

鉢植え

鉢は素焼きがおすすめ

鉢の材質は、通気性がよくて、適度な重みもあるものを選びます。バラの根は、土が乾き気味のときに水を求めて成長するので、短い周期で乾湿の差をつける水管理がベストです。通気性がよく適度に乾きやすい鉢のほうが、根のためにはいいです。

また、バラは成長が早く、軽い鉢だと上下のバランスが悪くなって倒れやすくなります。おすすめは通気性、重さの両方を備えた素焼き鉢。鉢植えはベランダや玄関など、目に付きやすいところに置くので、デザインも重視するといいですね。

プラスチック製の鉢は保水性に優れていて水やりの回数は少なくていいのですが、乾きにくいので水やりのタイミングがかえってつかみにくいのが難点です。見た目もちょっと……。

新苗なら六号鉢、大苗なら長細いタイプの鉢を

鉢の大きさは、買ってきた苗の根《ね》鉢《ばち》（根と根の周りの土の部分）より大きすぎないものが初期の通気性確保のためにはいいのですが、小さすぎると倒れやすかったり、すぐに根づまりしたり乾燥しやすくなります。

新苗の場合は六号鉢ぐらいがちょうどいいと思います。冬まで鉢増しする手間がかけられない人は、通気性のいい土で八号鉢に植えても大丈夫です。

大苗は根の量が多いので、普通の六〜八号鉢では根や根鉢がはみ出ることがあります。深さのある長細い鉢で、底が細くならないずんぐりした形のものを使うといいでしょう。鉢の側面が曲線になっているものは、おしゃれですが植え替えしにくいのでおすすめできません。

肥料はバイオゴールドが失敗なくておすすめ

はじめてバラを植える方には、タクトの「バイオゴールドの元肥」をおすすめします。この肥料は、少量の肥料が根にあたっても根傷みせず、少々多めに入れても害がないので失敗のない肥料です。しかも、発根を促進する成分や、微生物を増やす有機質が入っているので、毎年使うたびに土やバラの成長をよくする効果が期待できます。

その他の肥料の選び方、与え方

他にも、信頼できるメーカーの発酵油かす肥料でも大丈夫です。土のためには有機質が入っていて十分に発酵しているタイプの肥料を選んだほうがいいでしょう。植え付けの際に使う元肥は、できるだけカリ分の割合が多いものを選んでください。量は、チッ素量を基準に計算します。バラに年間必要なチッ素分は30g程度といわれていますが、植え付けの際にはその3分の1〜2分の1くらいの量（10〜15g）でいいでしょう。チッ素：リン酸：カリウム＝4：6：2と表示されている肥料の場合、チッ素の割合は4%なので、250〜375ｇが使用量の目安です。

新苗はまず鉢植えにすべき?

よく、バラの栽培書では、新苗はまず鉢植えで育ててある程度大きくなってから地面に植えなさいと指導しています。これは、鉢植えのほうが乾湿の差をつける水管理がしやすく、バラの根を素直に伸ばしやすいからです。それに鉢植えなら、雨風のときに軒下や室内に取り込むことができ、まだ弱い苗をしっかり守ることができます。ある程度成長するまで、苗にきめ細やかな管理ができるのが、はじめに鉢植えにする長所です。

ただ実際には、根づまりして大きな鉢への植え替え（鉢増し）が必要なのに放っておいたり、夏場に乾燥させてしまったり、あまり丁寧な管理ができない人が多いようです。こまめな管理ができる自信のない方は、スペースがあるなら、はじめから地植えにしてもいいと思います。乾いたら水やりする、という原則を守れば、地植えでも根はしっかり伸びていきます。

大苗は、新苗よりさらに1年環境のよいところで育ててあり根が伸びる力を十分に持っているので、はじめから地植えにすることをおすすめします。

新苗の植え付け方法［地植え］

用意するもの

苗、赤玉土（中粒）、腐葉土、ピートモス、乾燥牛ふん（腐葉土でもいい）、元肥、スコップ、トンカチ、杭、ふるい、シャワーつきのジョウロかホース、ミリオン

①苗は接ぎ口がグラグラしていないか、枝がしおれていないかチェックする

②植え場所を決めたら、地表面をトンカチで杭打ちして崩しておくと、深く掘れる

③深さ50cm、直径50cmを目安として穴をしっかり掘る。石が出てきたら、除いておく

④粗目のふるいで掘った土をふるい、小石や砂利を取り除く

⑤一輪車の上はすべて石。こんなにたくさんの石が出てきた。水はけの悪い場所なら、穴の底にこれらの小石を入れるとよい

⑥ふるった土3：赤玉土3：腐葉土3：ピートモス1の割合で混ぜたものと、元肥（バイオゴールドの元肥500g、または発酵油かす肥料約300g）、ミリオン（土壌改良剤、用土の1割以下）を用意する

⑦⑥をよく混ぜ合わせ、改良用土をつくる

⑧牛ふん15ℓを土底に入れ、底の土とよくなじませる。その上に、混ぜた用土を地表面と同じ高さまで入れていく

一度バラを植えると、穴の底の土を変えることはもうできません。そこで穴底にはとくに有機質を多めに入れて改良しておきます。排水の悪い土の場合は、もっと多めに入れてもいいでしょう。

⑨ポットを外す。新苗が出回る時期は、バラの根は活発に活動しているので、根を傷つけると成育がとまってしまう。根鉢を崩さないように、そっと扱う。接ぎ口が外れやすいので根元の台木部分を持つ

ここがポイント!

⑩接ぎ口が土の上に出るように植え、少し押さえて固定させる

⑪苗がぐらつかないように支柱を立てる。苗のそばに、苗と平行になるようにまっすぐ支柱を50cmくらい刺し、苗と支柱をビニタイかシュロヒモで固定する。水がたまりやすいよう、掘った穴の周りに3～5cmくらいの高さの土手（水鉢）をつくる。斜面ではとくに高めの土手をつくる

支柱は50cmくらい深めにさします。浅いと、強風のときに倒れ、バラの苗を引っこ抜いてしまうこともあります。風の少ない地域では、買ったときについていた仮支柱だけで大丈夫です。また、支柱の棒でなくても、おしゃれで丈夫なアイアンの低めのトレリスなどを使ってもいいですね。

⑫しっかりと水を流し込む（10ℓ以上）。このとき、土を落ち着かせるようシャワーでかけるとよい

新苗植え付け方法[鉢植え]

用意するもの

新苗、鉢（6号鉢程度の素焼鉢）、用土（ここではバイオゴールドの土を利用）、元肥（バイオゴールドの元肥50g）、軽石、ニームケーキ（全用土の0.5割程度混ぜる）、ハイフレッシュ、鉢底ネット、土入れ、シャワー付きのジョウロまたはホース

＊ニームケーキはニームオイルの絞りかすです。害虫防止に効果的。植え付け後地表面に敷くのもおすすめ

＊バイオゴールドの土はバラの根を支えられる重みがあり、通気性、保水性、保肥性も優秀。バイオゴールドの肥料が表示どおりの量でちょうど効くように試験済みなので、初心者の方にとくにおすすめ

①鉢底に、ナメクジの侵入防止のため、ネットを入れる。ネットは穴を覆うくらいに切って使う

②鉢底石を2〜3cm入れる。通気性のいい用土なら入れなくてもいい

鉢底石の周りには根が伸びないので、土の量が限られる鉢植えでは基本的に不要です。写真の鉢のように鉢底の穴が小さかったり、用土や鉢などの排水性に不安がある場合のみに使うといいでしょう。

③用土に、元肥とニームケーキを入れ、まんべんなく混ぜ合わせる

④鉢に、混ぜた用土を半分くらい入れる

⑤根鉢を崩さないようにそっとポットから外す

⑥根腐れ防止と発根促進のため、ハイフレッシュを根鉢全体にまぶす

⑦苗をポットに入れて、根鉢の上面が鉢縁より3cm程度下になるように高さを調節する

⑧苗の接ぎ口が土に隠れないように、土を入れる。水がたまるスペースを3cmくらいとっておく

⑨シャワーの水で、土を落ち着かせるようにたっぷり水やりする

大苗の植え付け方法

大苗の植え付けは、新苗と基本的には同じです。ただ、植え付ける時期によって根の扱いに気をつけます。冬の間は根が伸びないので、土を落として植えたほうが根の周りの環境が均一になっていいのですが、暖かくなって葉が出ている苗は、新しい根も出てきているので、根を傷つけないよう、周りの土を崩さずにそっと植えます。

①冬の植え付け（鉢植え）
新しい根が伸びていないので、苗を鉢から出すと、土がこぼれおちる

②根の状態

③鉢底ネットを敷き、用土を3分の1程度入れた素焼きの6号鉢に根を入れてみる。根が多すぎて中に入らない

④もうひと回り大きな鉢があればそれを使うといいが、ないときは、根を少し短く切って、接ぎ木部分が鉢縁より3㎝ほど下にくるまで根が入るようにする。根を一度洗って土を落とすと、根が見やすくなる

⑤整理した根

⑥根を鉢に入れる。鉢底に向かって均一に根が広がるように調節する

⑦鉢の半分くらいまで用土を足す。根と根の間がすきまになりやすいので、細い棒を何度も突き刺して、丁寧にすきまを埋めていく。突き固めすぎないように

⑧接ぎ木部分が土に埋まらないように気をつけ、⑦の要領で鉢縁3㎝くらい下まで土をしっかり入れたら完成（水のたまるスペースを取る）。土の表面をかためないよう、細かいシャワーの水をたっぷり与える

通気性がない土だと根腐れで枯れることも

写真は植えつけて20日後に根腐れで枯れてしまった苗木です。原因は土のせいでした。一見、良質な土に見えますが、にぎってみるとぐちゃっと湿っていて、どぶのようなにおいもしました。根はまったく伸びておらず、ところどころ腐っています。通気性が悪かったり未熟有機物が入っているような粗悪な土が販売されていることもあるので、培養土を使うときは安すぎるものは避け、信頼できるメーカー品を選んだほうがいいでしょう。

植え付け一年目の管理

とにかく日当たりよくして光合成をたくさんさせる！

新苗を植えて一年目は、来年以降美しい樹形をつくっていくための充実した主幹をつくり、そこに養分をたくわえる大事な年です。ここでつまづくと、二年目、三年目と苦労することになるので、人間の赤ちゃんと思って大切に育ててください。日当たりのいいところで育て、乾燥や病害虫の被害を防いで、葉を枯らしたり落としたりせずに管理します。

まずは何よりも日光です。五時間以上日の当たる場所を選びます。地植えで育てたいとき、植える場所の日当たりが思わしくないなら、一年目だけでも鉢植えで日当たりのいいところで育てたほうが、二年目以降の勢いがつきます。

枝は、出たばっかりのときはやわらかく水分が多いですが、充実してくると硬く木質化してきます。このことを〝枝が固まる〟と私たちは言っています。光合成を十分して枝が冬までに固まると、冬に枯れ上がることもなく、来年たくさんの花を咲かせ、新しい枝もどんどん出してくれる主幹となるのです。

次に必要なことは、来年以降の樹形をイメージしながら、シュートなどの枝を伸ばし、樹形の基本をつくることです。アーチやフェンス、壁面、パーゴラなどへつるバラを誘引させるときの枝の伸ばし方は、パート2で詳しく解説しています。

花壇やベランダなどで育てる木立性品種は、特別なせん定をする必要はありません。ただ、花が咲いている間は養分が花にとられ、枝の成長や充実は止まってしまいます。花を咲かせたらなるべく早めに一五cmほど切り戻しをしてあげます。こうすると養分が枝の成長や充実にまわり、しっかりした枝になっていきます。

大苗は新苗をさらに一年間しっかりと畑で育てあげたものです。すでにしっかりと充実した枝になっていて、春には勢いよく新梢が出て立派な花が咲きます。新苗よりは丈夫で育てやすいですが、根がまだ少ないので水切れにはくれぐれも注意します。

一年目は根を伸ばす水管理を！

新苗でも大苗でも、植えて一年目はまだ根も広がっていないため、水を吸う力が弱く、しおれやすい状態です。

地植えでも鉢植えでも、土に指を少し入れてみて乾いたな、と感じたら、地中深くまでしみこむようにたっぷり水やりします。地植えなら一〇ℓ以上、鉢植えは底から水が出てくるまでです。

水やりでありがちな失敗が、水やりの量が足りない場合と、かけすぎて過湿になる場合です。表面が湿るくらいの水やりでは、表面は湿っていても中は乾燥気味になり、根が表層にしか伸びず、乾燥に弱い木になります。逆に、毎日毎日水やりをするのも、根が甘えてしまい、よく伸

フロリバンダ種の新苗の夏の姿。右側のベーサルシュートの先に花が咲いた。花を楽しんだら早めに花がら切りをして、樹に負担がかからないようにする

びません。土のなかが過湿で酸欠状態になり、根ぐされするおそれもあります。

根は、土が乾き気味の状態になると、水を求めて深く広く伸びていきます。ただし、乾燥させすぎは生育不良の原因なので禁物。下葉がいっせいに黄変したり、葉先が茶色になったりします。成木よりはこまめな水やりが必要です。乾湿の差を繰り返すことで、根が徐々に広がっていき、乾燥に強く樹勢の強いたくましい木になっていくのです。植え付け一年目こそ、こまめな観察と、ある程度乾くまで待つガマンがとても大切です。

一年目のバラの管理のポイント五箇条

1 鉢植えでもいいので、日当たりのいいところで一年育てる
2 土の表面が乾くまで水やりは控え、根を深く伸ばす
3 一年目だけでも消毒はきっちりとして、葉を落とさない
4 周りの雑草をこまめにとる
5 花が咲いたら早めに切り戻して枝に養分を集中させる

細かなシャワーで土を固めず酸素たっぷり

水やりには、細かなシャワーをふんわりとかけてあげるのがベストです。慣れてくると、ホースの水をそのままドバーっとかける人がいますが、土がえぐれたり、土の表面が締まって通気性が悪くなってしまうおそれがあるので、なるべく避けたほうがいいですね。シャワー状の水には、空気がたっぷり含まれているので、水と一緒に土に酸素が行きわたり、バラの根もよろこびます。

二年目以降、水やりは楽になる

二年目になると、ある程度根が広がってきているので、一年目よりは乾燥しにくくなります。雨が少ない時期、夏の強い暑さでバラがしおれ気味のときなどに、補助的に水やりをする程度でよくなります。ただし、春の芽だしの時期（温暖地では三〜四月）だけは、水を多く必要とするので、週に一回の水やりをしたほうがいいでしょう。

順調に育っていれば、三年目になると、芽だしの時期の水やりも必要なくなります。夏場の水やりの間隔も二年目より長くなります。こうした手のかからない木に育てるためには、やはり一年目の水管理が大切なのです。

とにかく、いつもよく観察して、バラに水が必要そうなときは、たっぷりと与えることを心がけてくださいね。

一年目は消毒は手抜きナシ

植えつけたばかりの苗は、人間で言えば幼児。新苗は葉数も少なく、病害虫への抵抗力も弱いです。一年目で病害虫にやられて葉を落としてしまうと、光合成ができないので体も大きくならず、根も伸びず、茎もひ弱でますます病害虫に弱くなってしまい、翌年になっても花がほとんど咲かないなどと、とてもかわいそうなことになってしまいます。だからこそ、しっかりと消毒して、葉を落とさないようにすることが大切。新苗を守る自信のない方、どうしても無農薬でやりたい方はある程度しっかりしている大苗や鉢苗を買ったほうがいいかもしれません。

病害虫から守るには、一〇九ページから紹介する消毒を、定期的に欠かさず行なうことです。二年目、三年目と木が充実してくるにつれて、抵抗力もついてきて、多少の病害虫ではやられにくくなり、被害を受けても致命傷となることが少なくなり、減農薬、無農薬も可能になってきます。自然派でやりたい人も、一年目はかわいい苗木のために、効果に信頼のある農薬を使うことをおすすめします。

小さいうちは雑草に注意

とくに新苗の場合、一年目は枝の伸びが遅いので、地表面に日が当たりやすく、雑草が茂りやすくなります。根元に茂ると、風通しが悪くなって病気や虫の被害の元になるので、こまめに雑草を取り除きます。

冬のせん定

どんなふうに咲かせたいか、イメージをもつ

冬のせん定は、バラの来年の樹形をデザインする作業です。休眠期の冬は、せん定がもっともやりやすい時期です。葉がほとんど落ちるので樹形が見やすく、どこにどんな向きの芽があるのかもわかりやすく、休眠で水分の移動が少なくなっているので、枝をかなり短く切っても切り口から水分が抜けるなどのダメージもないためです。

切る前に、そのバラを来年どんな高さや樹形で咲かせたいか、イメージすることが大切。そうすると慣れてくればどこで切ったらよいか見えるようになります。まずはその品種の特徴をおさえておくこと。芽が出てから花が咲くまでどれくらい枝が伸びるか、枝の伸び方は横張りか直立型か、房咲きになりやすいかなど、要素はいろいろあります。

といっても、最初は何もわからなくて当然です。まずは以下の基本の作業の手順をおさえて、とにかくやってみることです。その後、成長してどんな樹形でどんな花を咲かせたかをチェックして、うまくいかなかったところは原因を考え、同じことは繰り返さない。経験を積むことが大事。そして上手に咲かせている人のせん定を見せてもらったり、自分のせん定をその人に見てもらったりすることも上達への近道です。

せん定に正解はありません。自分が思い通りに咲かせられればいいのですから、自由にいろいろと試してみてくださいね。

バラの各部の名称

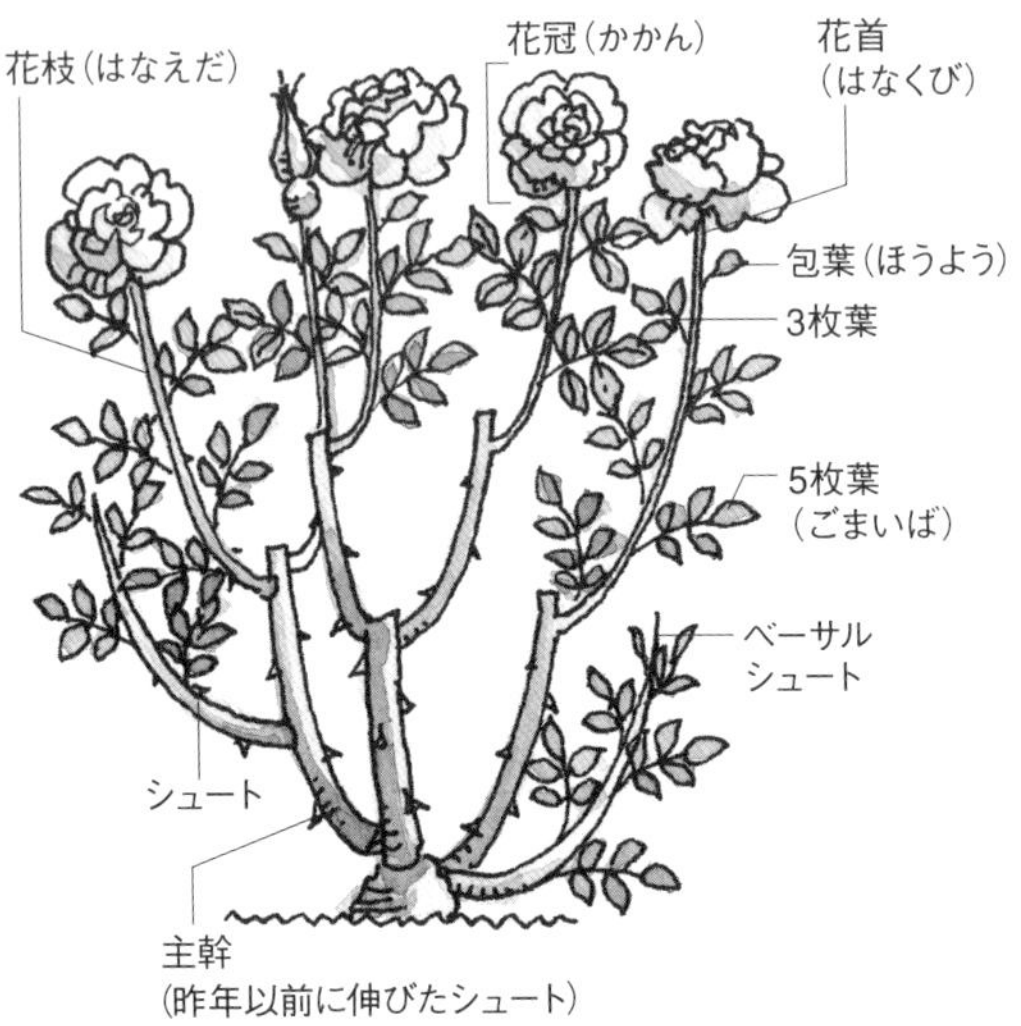

花枝（はなえだ）
花冠（かかん）
花首
（はなくび）
包葉（ほうよう）
3枚葉
5枚葉
（ごまいば）
ベーサル
シュート
シュート
主幹
（昨年以前に伸びたシュート）

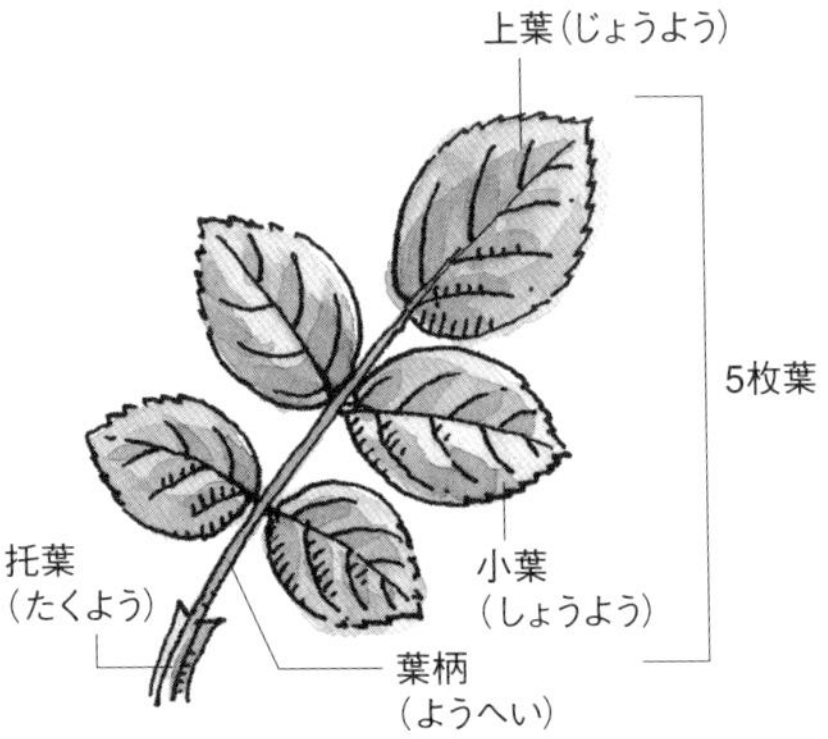

上葉（じょうよう）
5枚葉
托葉
（たくよう）
小葉
（しょうよう）
葉柄
（ようへい）

バラは、3、5、7、9など奇数の枚数の小葉がまとまって一つの「葉」になっています。葉のつけ根にはかならず芽がありますが、小葉の数が多い葉のつけ根にあるわき芽ほど、充実したよい芽になりやすいです。切り戻しせん定をするときは、5枚葉以上の葉の上で切ります
せん定した場所の下の芽が伸びて、花が咲くまでの部分を花枝といいます

つるバラ　枝先の処理

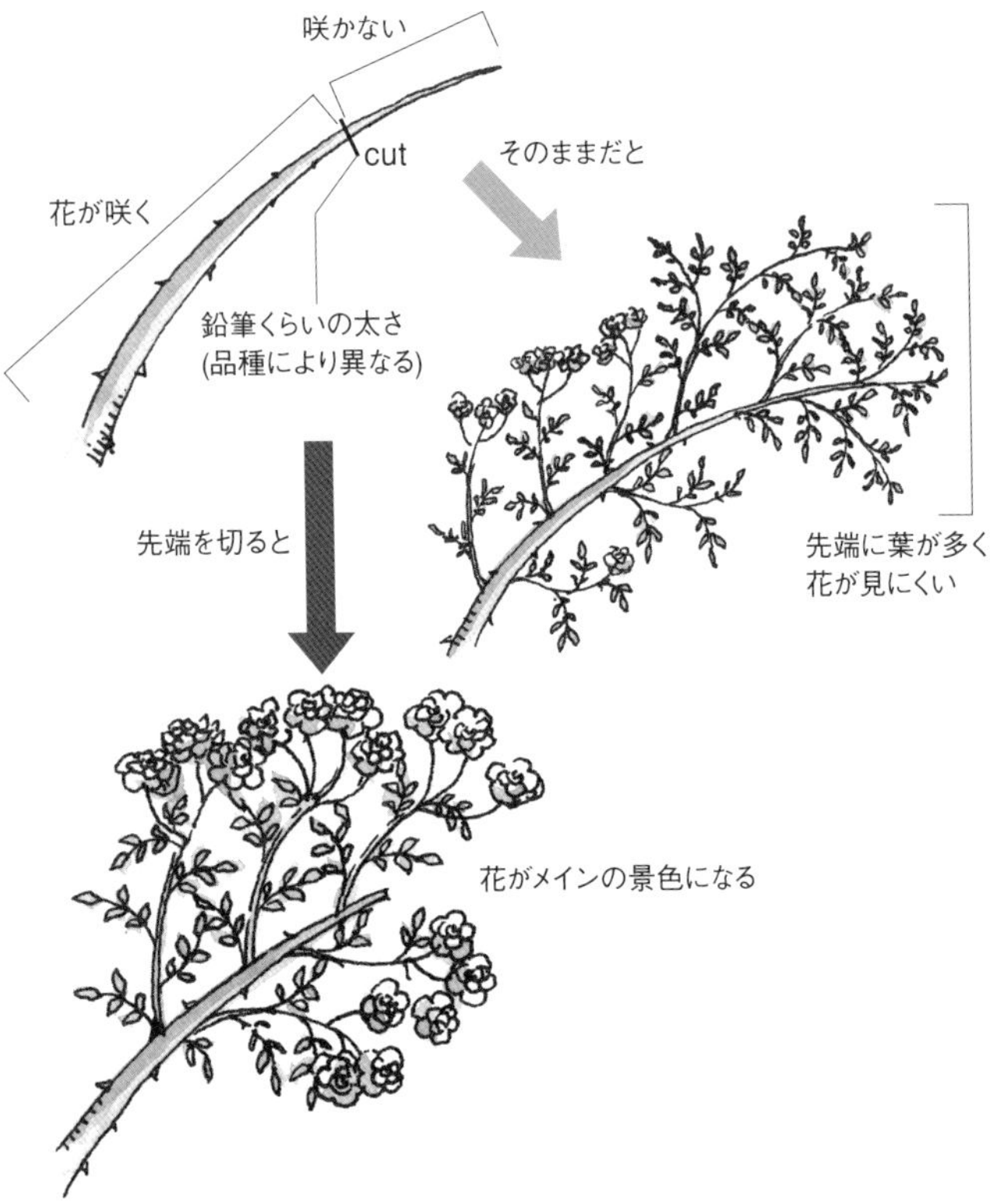

咲かない
cut
花が咲く
鉛筆くらいの太さ
(品種により異なる)
そのままだと
先端に葉が多く
花が見にくい
先端を切ると
花がメインの景色になる

まず、古い枝、貧弱な枝、内側に向く枝を取る

どの樹種の冬せん定でも最初に必ず行なうのが、不要な枝を取り除くことです。三年以上たって花が咲きにくくなった枝、十月以降に伸びた未熟なシュート、鉛筆よりも細くて貧弱な枝、株の内側に向かって伸びて風通しを悪くしている枝などを、その根元から切除します。このようなせん定を「間引きせん定」といって、冬のみならず、成育期にも気付いたときに行ないます。ただし、植え付けから二年以上たって枝数が増えて込み合ってきたときからです。

木立性品種や半つる性品種など、ある程度切り戻すものは、はじめに株全体を軽くざっくりと切っておくと、枝数が減るので間引きせん定はかなり楽になります。

木立性品種、半つる性品種は好みの高さに切り戻し

間引きせん定の後は、目的によって作業は変わります。花壇や鉢植えなどでこんもりと咲かせる場合、咲かせたい高さをイメージして枝を切り詰めていきます。このように枝を短くするせん定を「切り戻しせん定」と呼びます。この作業は冬がメインですが、成育期でも、二番花を咲かせたいとき、秋花を咲かせるときの夏のせん定など、ときどき行ないます。

ポイントは次の通り。

①咲かせたい高さをイメージする

三五ページで説明した頂芽優勢の原則のとおり、春はせん定で切った場所にいちばん近い芽から伸びていきます。芽が成長した先端に花が咲きますが、何cm伸びて咲くか（花枝の長さ）は品種や咲く時期や木の元気さによって違います。何度か試してみて、その木のクセを覚えてください。最初はおおまかに、低く咲かせたいときは短く切る、高く咲かせたいときは枝を長めに残すという方針で大丈夫です。

②外側を向いている芽（外芽）の上で切るのが原則

外芽の上で切ると、株の外側に枝が伸びていくバランスの取れた樹形になり、どの枝にも光が当たり成育もよくなります。株元にも日が当たるのでシュートも出やすいです。内向きの芽を残すと、枝が内側でぶつかったり重なったりして日陰になり、風通しが悪くなって病気になりやすくなります。横に寝た枝の場合は、上を向いた芽を選びます。芽の質も大事。傷がなくまだ伸びだしていないが形のしっかりした芽は、成長すると素晴らしい花を咲かせるので、できるだけ芽は選びます。

③芽の少し上で斜めに切る

切り口にいちばん近い芽より切り口までは、翌年は葉は生えません。あまり長く残しておくと、そこだけ枝が飛び出して美しくないので、切りたい芽のすぐ上を、芽のある方を上側にして斜めに切ります（雨が降ったときに芽に水がたまらないようにするため）。

④昨年伸びた新しい枝で切る

二年以上たって木質化した古い枝は、老化して養分の流れが悪くなってきています。ここで切っても、花が咲かないことが多いです。芽が出ないこともあります。どんなに短く切るときも、前年に伸びた新しい枝で切ってください。

つるバラは細い枝の先端を切る

つるバラは、切り戻しせん定はほとんど必要ありません。むしろ成育期になるべく枝を長く伸ばして、それを利用して広い面積に花を咲かせることを目標とします。枝先を曲げると、曲げた場所に養分が集まり、多くの芽から花が咲きます。

ただし、枝の先端に近い細すぎる枝の芽からは葉しか出ません。枝先には人の目が向きやすいので、鉛筆くらいの太さを目安に、それより細い枝は切って先端に花を咲かせたほうが、より美しい景色に感じられるのです。例外として、キモッコウバラなど、かなり細い枝にも花を咲かせる品種もあります。

太すぎるところで切っても花が咲かない場合があります。四季咲きの大輪種など、枝が太くゴツゴツした品種や、シュートがかなり伸びる品種などは、シュートの元に近い太い場所で切ると、やはり花が咲きません。つるバラは基本的に、五～一〇㎜くらいの太さの場所で切ると間違いがありません。

冬のせん定の例

イングリッシュローズを花壇でコンパクトに

［品種］フォールスタッフ（イングリッシュローズ／半つる性）

◆イングリッシュローズはベーサルシュートがたくさん出るが、残しすぎない

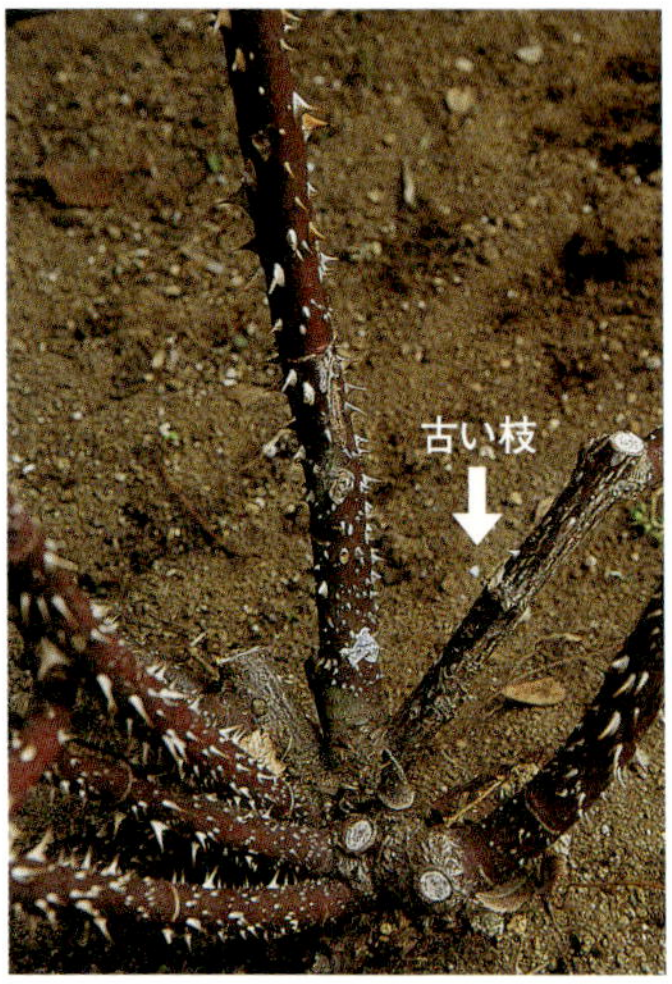

②根元をよく見て古い枝（シュート）と新しい枝を見きわめる。右から2番目の筋張っているのが古い枝

①せん定前
イングリッシュローズの場合根元からのシュート（ベーサルシュート）がたくさん出るタイプが多い。秋になると密集してくる

③古い枝(シュート) を、根元から切り残しのないようにていねいに切る

④枝と枝の間に十分に間隔があくように枝（シュート）を間引く

⑤ある程度枝を間引いたら、枝の上部を少し長めに切り揃える。あまり大きい花が好きでない方は、このように細めの枝を残すといい

⑥細めの枝を残すときの長さの目安

⑦低めにしたい、しっかりした花を咲かせたいときは太いところで切る

⑧枝の切り方のアップ　芽の上5㎜くらいを斜めに切ると雨水が芽にたまりにくい

⑨全体の高さを決めて、1本ずつ芽の方向を見ながら切っていく

⑩仕上がりの写真
かなり強せん定したが、直立性のタイプなのでまた春になるとぐんと伸びてくる

よい芽の選び方

春に立派な花を咲かせるには、小さすぎず、伸びすぎず、形のしっかりした芽を選ぶことが理想です。ただ、あまり厳密でなくても構いません。樹形づくりが優先なので、高さと芽の向きを第一に、そのなかでよりよい芽を選びます。

ふっくらふくらんだよい芽

まだ埋まっている未熟な芽

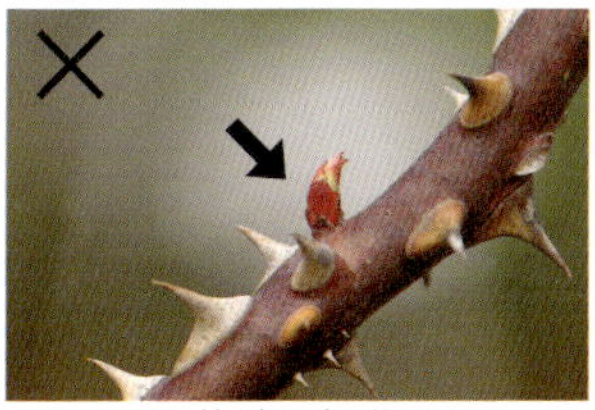

伸びすぎた芽

冬のせん定は前年伸びた枝の芽の上で！

冬のせん定は思い切って枝を短くすることが多いですが、必ず前年に伸びた枝のどこかで切ります。古い枝の途中で切っても、花にならないことが多いです。

古い枝から出た細いがしっかりしている前年の枝の、外側を向いた芽の上で切ってある

半つる性品種を花壇でコンパクトに

［品種］ラベンダードリーム（シュラブ／半つる性）

◆ナチュラル感を出すには細枝を多めに残す◆枝の密度を均等に

①せん定前の全体。ラベンダードリームはシュートの出やすい品種。晩春から晩秋まで咲き続ける。伸ばせば2mまで伸ばせるが、花壇ではショートにせん定してこんもり咲かせている

②1枝のアップ。枝は古くなると白や黄色みを帯びる。古い枝から新しい枝がたくさん出ている。細すぎる枝は元から切り、硬くしっかりした枝を高さを揃えて切る

③芽をよく見て、外側、上側を向いたまだ伸びてない芽のすぐ上でせん定する。この芽は少し伸び気味

④太めの枝のせん定前。弱い枝、内向きの枝を元から切り、全体に枝を切り詰める

⑤④を軽くせん定した姿。細かい枝をさらに切っていく。ナチュラルに仕上げたい時は細かい枝はこのくらい残す

⑥1ヵ所をせん定して高さを決めたら、周囲の枝をこの高さに合わせてせん定していく。全体のバランスを見ながら、どこかが密すぎたり疎すぎたり偏らないように。少し不揃いでも気にしない気にしない

⑦ナチュラル感を出して咲かせたいときはあまりつくり込まないほうがいい

⑧仕上がり。枝の広がりの感じがせん定前に比べるとかなりすっきりしているのが分かる

モダンローズの木立性品種

［品種］イヴ ピアッチェ（ハイブリッド ティー／木立性）

◆ハイブリッド ティーは花枝の長さを覚えて、咲かせたい◆高さをイメージしてせん定

①ハイブリッド ティーのせん定は、まず品種名を見て遠くからその樹型をよく見てみる。暖冬で花が咲いていることも。これは半横張りの枝ぶりなのでそれをいかす

②まず重なり合う枝の中で細めの枝、古い枝はいらないので、仕上がり⑧をイメージして切っていく

③古い枝は根元からバサッと切る。このときグシャグシャと何回も切らない。太い枝は太枝切りかノコギリで

④ある程度切ったら観察。まだ枝数が多く、上の枝を見ると重なりすぎている。もう少し間引きせん定する

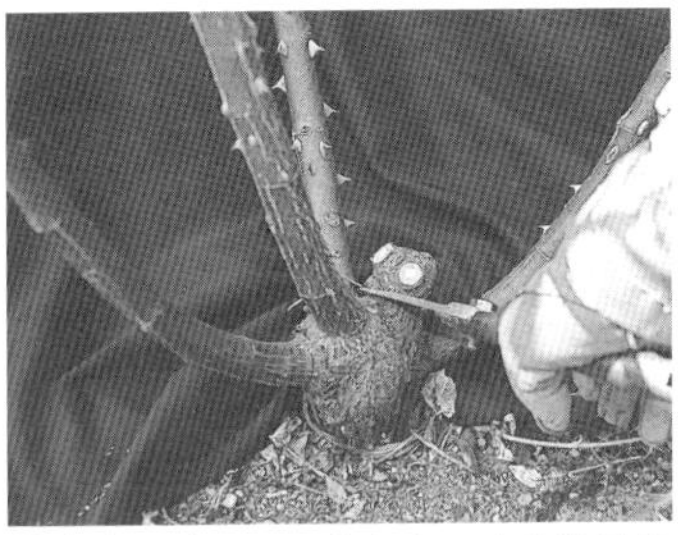

⑤害虫のすみかにならないよう株元のコブもきれいに切って、株まわりはツルッとすっきりさせる

⑥株元近くから出ている主幹(シュート)をその場の広さに応じて残す。これだと上の枝がまだ長くて多い

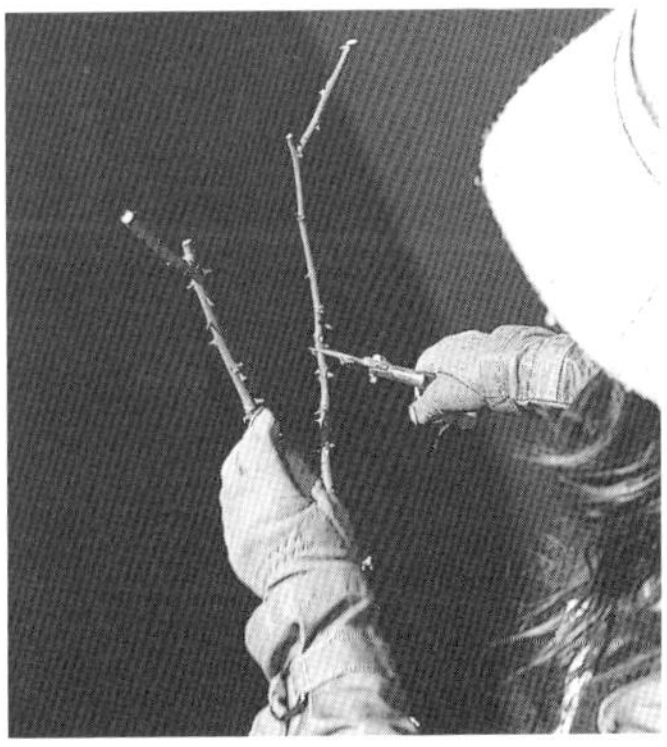

⑦①の花枝の長さを考え、咲かせたい場所から花枝の長さを引いた高さで切る。芽を見て、伸びたとき周りの枝から出た芽とぶつからない向きの芽を選ぶ

⑧この株は花壇の後方なので、花が見えやすいよう少し高く仕上げた。春、切り口から10㎝くらいのところから、花の咲く芽が2本くらい出る

ハイブリッド ティーは大輪で、一輪の花がとても印象的。枝数はできるだけ少なくしたほうがいい花になります。まわりの植物たちとのバランスを考えながら、どれくらいの高さで咲かせたいかを決めて切りましょう。一晩寝て翌日また見てみると切る場所が意外とよく解ってくることもあります。

ミニバラを小ぶりに咲かせる

［品種］グリーンアイス（ミニバラ／木立性）

◆ミニバラは、背を低くして愛らしく咲かせよう

①全体の枝ぶりを見る。少し左に傾いているが、植え替えるとき、傾きを直せばいい。せん定のときは傾きを残して切る

②まず細すぎる枝を元から切ってしまう

③全体を1/3の高さにし、太い枝を中心に広がるように残す

ミニバラを少し大きく仕立てる

［品種］グリーンアイス（ミニバラ／木立性）

◆庭の中で他の植物たちとのバランスを考え、少しボリュームを出したいとき

①せん定前

②先のほうが枝分かれしている未熟なやわらかい枝、細い枝は切ってしまう

③春に咲いたとき大きく見えるよう、太く硬めの枝を長めにせん定する

④シュートやそれに近い太い枝を、少なくてもいいので選んで残す

⑤先のほうは枝分かれしてもいい。中心に日が当たるように内側を向いた枝を切り、残す枝は外芽の上でせん定し、春に太くて長い枝が出るようにしておこう

⑥同じ品種でも違うせん定でイメージを変えるとおもしろい

オールドローズを低めの壁に這わす

［品種］ヨーク アンド ランカスター（オールドローズ／半つる性）

◆壁面に這わせるときは、壁全部をバラで覆うのではなく、空きをつくる

①アンティーク風の壁に誘引する。夏場は全体を伸ばしておく。せん定前、一年目の中太の枝と細かい枝がたくさん出ている。中太の新しい枝をアウトラインに使う

②まず枯れた枝、古い枝、同じところに密集している枝の順で間引いていく

③枝を下に降ろして壁に誘引。曲げやすい長めの枝を壁に沿わせてみて感じをみる。先端から短くても新しい枝がたくさん出ている枝がいい

④壁にビスを打ち誘引した姿。アウトラインを大事に細かい枝がそれに沿って何本か残してある

ここがポイント！

⑤先端はあまり下まで誘引しても咲かないので切り詰める

⑥全体を切って誘引した姿。全部を覆わず、壁面のそのままの姿が見えるように誘引すると、この余白の空間がさらにバラを美しく見せる

⑦壁の背面は北側になるのでさっぱりとさせてある。主幹（シュート）を伸ばして、オールドローズのゆったりとした魅力を表現する

⑧壁にあけられた小窓より枝を出してみた。小花が愛らしく自然に咲くよう、枝数をかなりおさえ、少し下垂するように誘引した

花が咲いた姿。枝を強く曲げる場合、枝が細い品種がおすすめ

花壇に植えた新苗

［品種］マーガレットメリル（フロリバンダ／木立性））

◆成育がよくないときは短く切り、春早めにシュートを出そう！

①半日陰で育った新苗の冬の姿。あまり太いシュートではないが秋にも花を咲かせたのが分かる

②春の早い時期からシュートを出させるために、今年は思い切って短く切ろう。外芽を選んで切る

③芽の方向を見てもう一枝に高さを揃える

④下から20㎝くらいに切り込んだ姿。これでも春になるとたくさんの芽が出てきて花も咲く

写真の株は、新苗を春に花壇に植え付けたものです。周りに宿根草が生い茂り、株元が半日陰になってひょろっと成育してしまい、太く充実した主幹をつくれませんでした。このように半日陰では、生育に半年〜一年の差ができてしまいます。こんなときは思い切って切り戻すと、春早くにシュートが出やすいです。シュートが大きく伸びるよう、冬の元肥と春からの予防消毒もしっかり。

鉢植えにした新苗

［品種］マーガレットメリル（フロリバンダ／木立性）

◆若いうちは枝数が少なくても短く切ったほうが芽吹きがいい

①なるべく太い枝から残すように細い枝から切っていく

②枝を間引き、枝と枝がぶつからないようにする

③枝先も短く詰める。外側を向いた芽の上まで切り込む

④しっかりした硬く太い枝が30cm以上伸びていれば、その1本だけ残して根元から15cmくらいに切ってしまっても大丈夫。春になればきれいに咲いてくれる

新苗を鉢植えにしたけど、植えた時期が遅く日当たりなどの環境が悪かったものです。あまり育たず、ましてや花をつけてしまうと写真のように1本のシュートしか出ないときもあります。
こんなときは思い切って短くせん定すること。さびしいからと枝をたくさん残したくなりますが、短くても太い枝が1本あれば、そこから芽がいくつも伸びて、花を咲かせます。短く切るとシュートの伸びも早いので、シュートの先に咲く花も春に楽しめます。

良好な管理で育った新苗（冬）

せん定前

高さ30cm程度のよい芽の上で切った

オールドローズのせん定

オールドローズは、性質の異なる品種の総称で、品種ごとに枝の伸び方や花の咲き方、せん定の方法もまったく違います。でもその分いろいろな表情が楽しめる、奥の深い世界ともいえます。

ここでは、人気があり、庭でいろいろと使える私のおすすめのオールドローズと、オールドローズを親に持つ品種一〇種のせん定、誘引の仕方の例を紹介します。いくつかのパターンを覚えれば、初めての品種でも観察していくうちに共通点が見えてきます。まずはこの一〇種のうちどれかからチャレンジしてみては？

ポールズ ヒマラヤン ムスク

マダム アルフレッド キャリエール

バフ ビューティー

❶ 1年目夏

新芽からシュートが出たら、支柱に誘引して枝を伸ばす

黄木香《キモッコウ》バラ

一季咲き　原種

［同じようにせん定できる品種］
ランブラー系の一部（キュー ランブラー／ドクター ヒューイ／フェリシテ エ ペルペチュ）
原種系の一部（白木香バラ／ロサ ブルノーニ／ロサ カニナ／ロサ ダヴィデ／ロサ フィリップス／ロサ ルブリフォリア）

◆太い枝には花芽ができない。冬のせん定では10㎜以下の新しい細枝を残す
◆シュートがどんどん出るのでどんな仕立て方もできる
◆成育中でも込み合う枝を随時間引きせん定して、枝に光を当てる

ふつうバラは、鉛筆くらいの太さの枝からでないと花は咲かないと言われますが、キモッコウバラをはじめオールドローズや原種系のなかには、つまようじのような枝のわき芽からも花が咲くものがあります。こうした品種は、かえって直径三㎝以上の太枝からは花を咲かせません。冬のせん定のときには、昨年伸びた一〇㎜以下の細枝を残します。シュートの太いところで切っても、葉ばかり出て花は咲きません。

樹勢が強く、枝数がかなり多くなるので、放っておくと栄養が分散して花数が少なくなります。どの枝にも日があたるよう、重なる枝は元から間引きます。間引きせん定は、冬はもちろん成育期でも随時行ないます。

花が咲かない原因として①新芽の霜害②新芽の伸長時の水不足などがあります。他の品種に比べて早咲きで動き出しが早く、水やりなどの管理が遅れがちなので気をつけます。

❷ 1年目冬

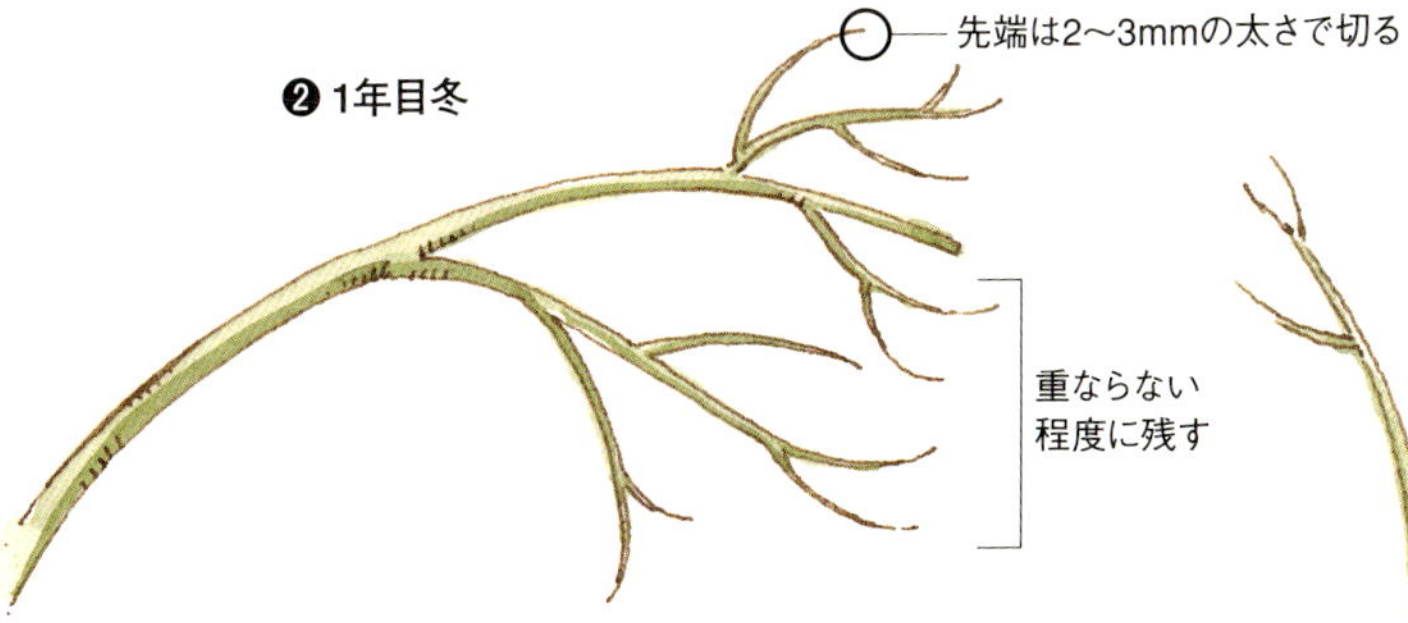
先端は2〜3mmの太さで切る
重ならない
程度に残す

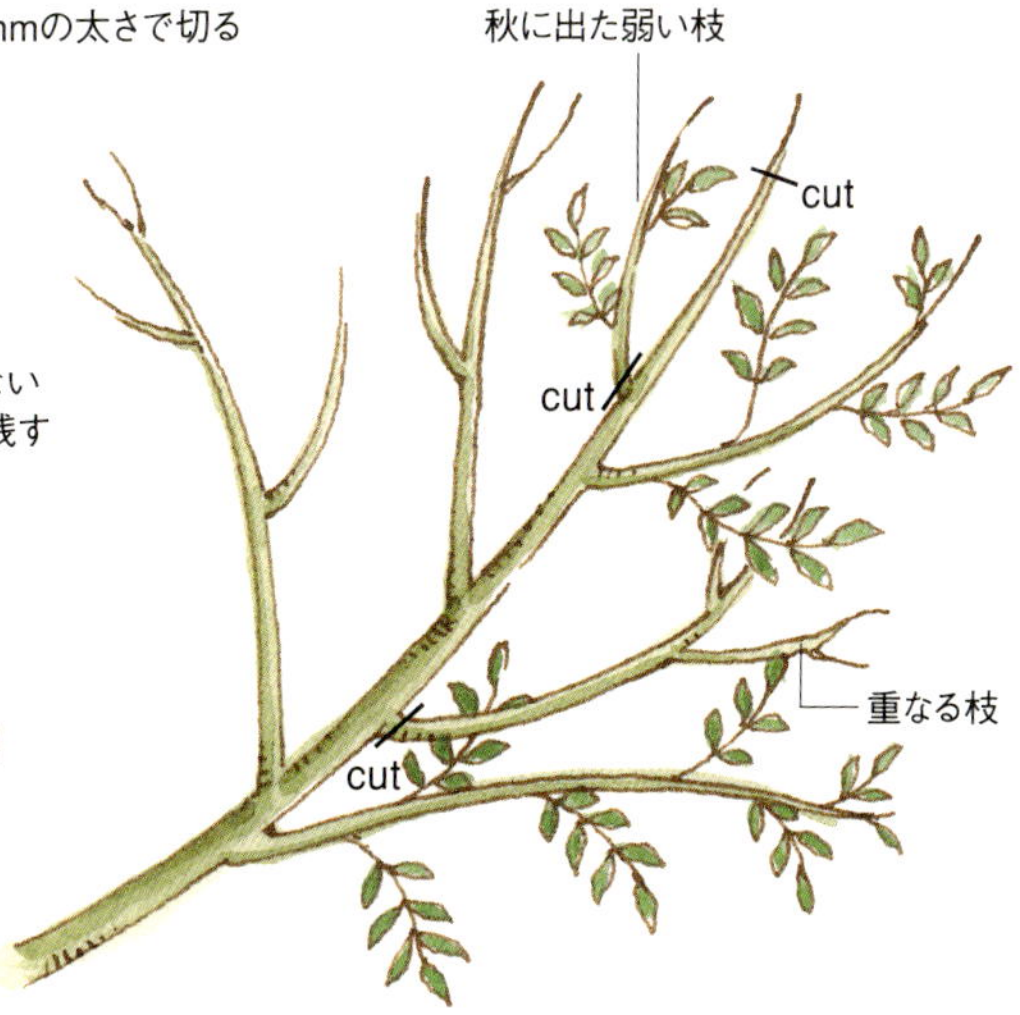
秋に出た弱い枝
cut
cut
cut
重なる枝

シュートの先は枝分れし、ほうき状に細い枝がたくさん出る。秋から出たような弱々しい枝から間引いていき、枝が重なり合わないようにせん定する

❹ 2年目以降の夏

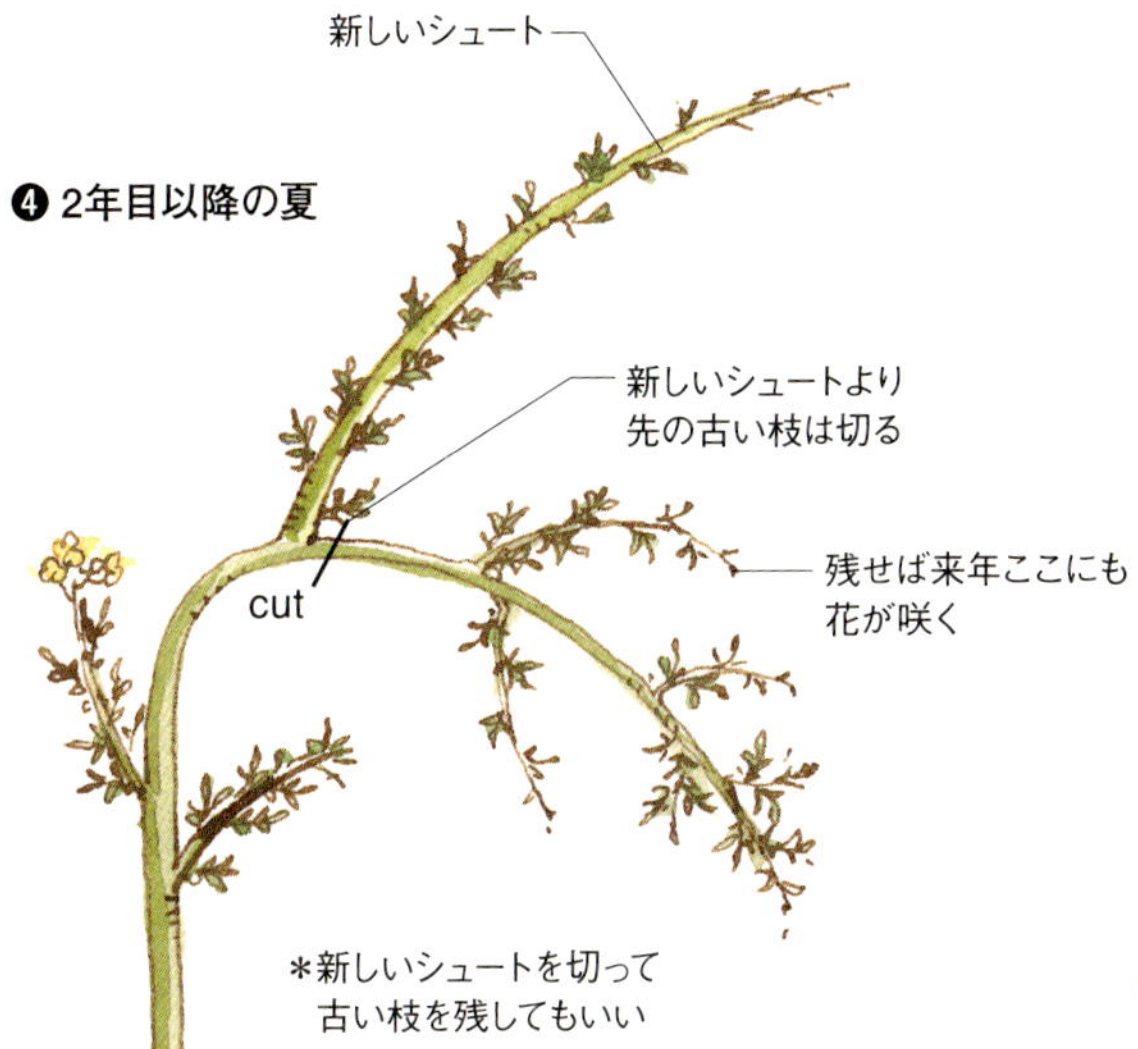
新しいシュート
新しいシュートより
先の古い枝は切る
cut
残せば来年ここにも
花が咲く
*新しいシュートを切って
古い枝を残してもいい

水平に誘引したり自然にたれ下がった枝の元近くから、夏に新シュートが出てくる。その場所より先の古い枝を、夏のうちに切って枝を更新する（逆に、5年くらいなら新シュートを切って古い枝を残してもいい）

❸ 1〜2年目冬

フェンスに這わせたときのせん定例。低い位置に花を咲かせたいときは、根元から出たシュートを夏に20〜30cmくらいの高さで切ると、そこからボサボサと細枝が短く出て、来年の花枝になる

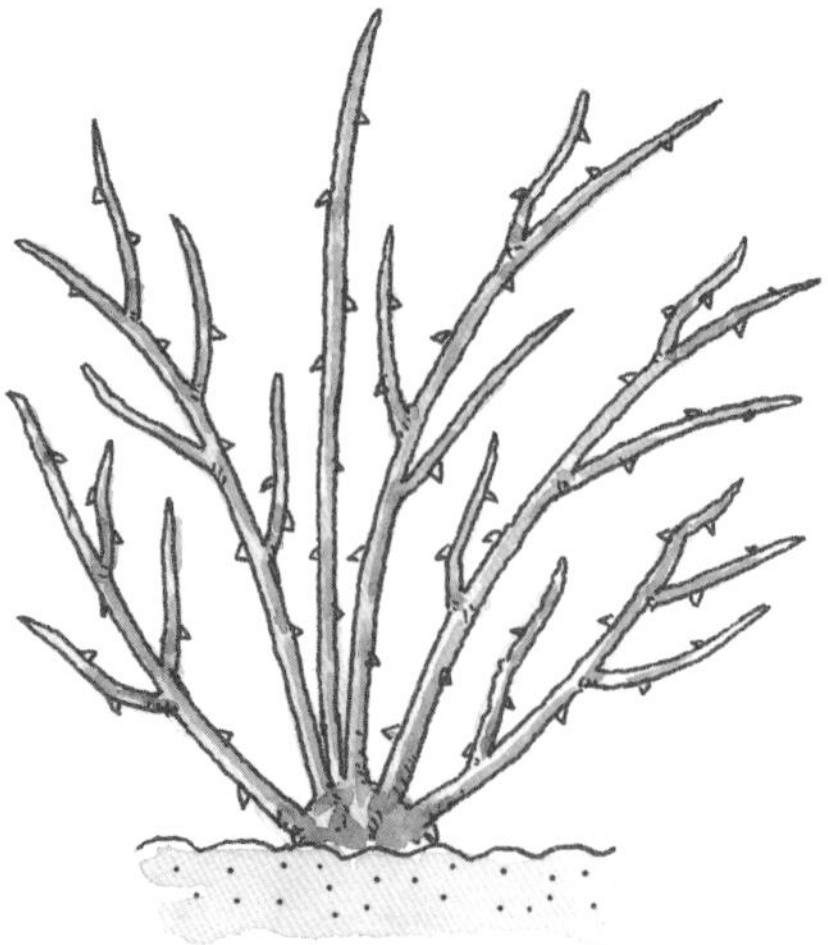

❶1年目の冬

1〜1.5mくらいの長さの細めのシュートが根元から何本か出て、先が枝分かれしている

レーヌ ヴィクトリア

返り咲き ブルボン系

[同じようにせん定できる品種]
ブルボン系の一部（マダム ピエール オジェ／マダム イザーク ペレール／ブルボン クイーン／ルイーズ オジェ）
アルバ系の一部（マキシマ／セミプレナ）

◆木立性品種風にコンパクトにできる
◆4月に桜が咲くような暖地は枝伸びがよく、つるバラ的に大きくできる
◆あまり細い枝先には花芽ができないので、冬のせん定は鉛筆くらいの太さの場所で切る

❸2年目春

花束のようにコンパクトに咲く。花の後、今年伸びた花枝を半分くらい切り戻すと、いくらか返り咲きする

小さく仕立てるとき

❷1年目冬

咲かせたい場所の25〜30cmくらい下の芽の上でせん定。各枝の高さをなるべく揃える

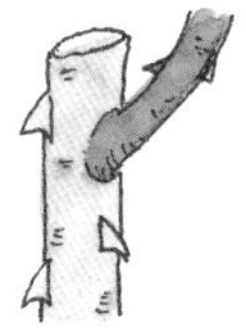

花後、太い枝でせん定すると太い新しい枝が出る

翌春咲く花
翌春の花後のせん定後に伸びる枝

❸の葉は省略しています

❸1年目の冬②

いちばん太い枝を、主幹にするのでまっすぐアーチに固定する。その他の枝は、横に広げてなるべく均一に誘引する。枝先を水平に曲げると花が咲きやすい。

花の後、主幹を少し切り戻すとそこから新しいシュートが出るのでまっすぐ上へ向けて固定して伸ばす。枝分かれしたら、その下まで切り戻すとまた太い枝が出て伸びる

大きく伸ばすとき（アーチの例）

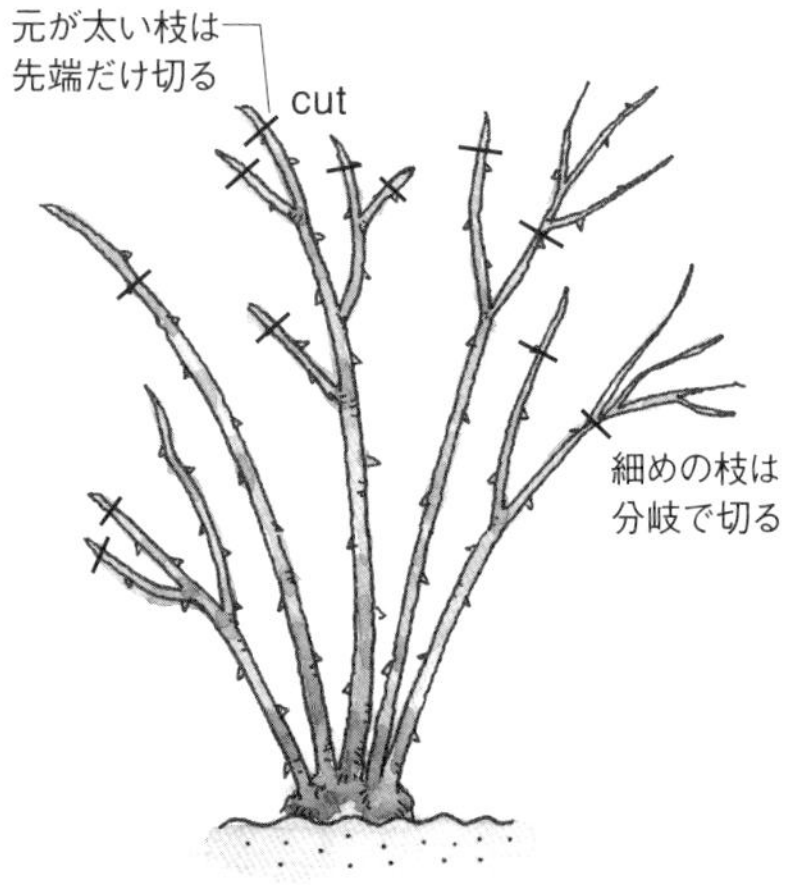

元が太い枝は先端だけ切る
cut
細めの枝は分岐で切る

❷1年目の冬①

枝をなるべく長く残す。2mm以下の細い枝は切る。分岐した後に細枝になるところは分岐のところで切る

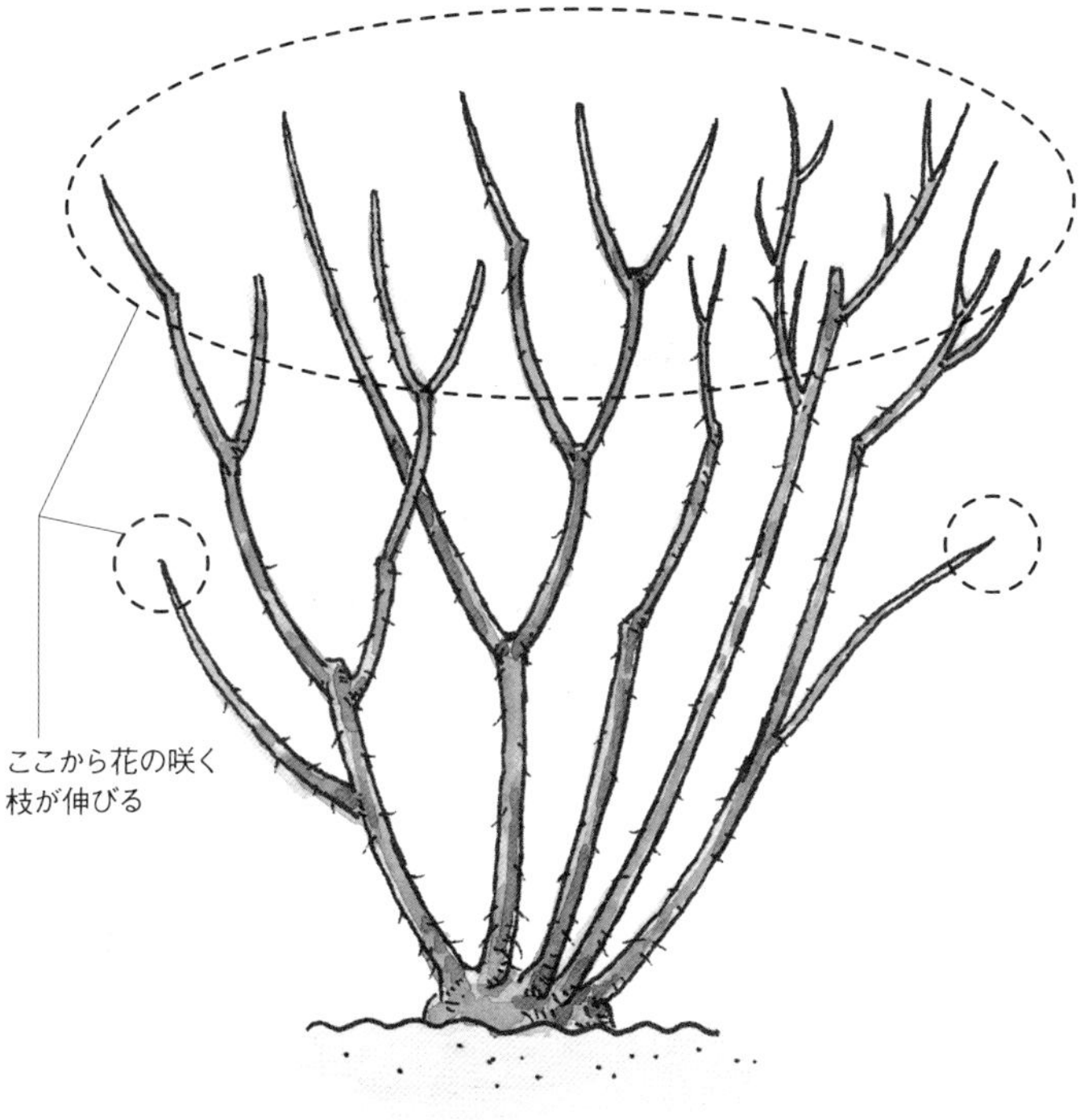

❶2〜3年目の冬

自立した樹形になる。太いシュートが伸び、先で細く枝分かれする。この細い枝に花が咲く。だからコンパクトには仕立てられない

マダム ハーディ
一季咲き　ダマスク系

［同じようにせん定できる品種］
ダマスク系の一部（カザンリク／セルシアーナ／レダ）
ケンティフォリア系の一部（シャポー ド ナポレオン／ジュノー／ロサ ケンティフォーリア ブラータ）

◆シュートが出やすく老化しやすいので、毎年新しいシュートに更新する
◆鉛筆かそれより細めの枝のわき芽から花が咲きやすい
◆背が高くなるので、花壇に植えるときには後ろ側に。トレリスやフェンスに誘引してもいい

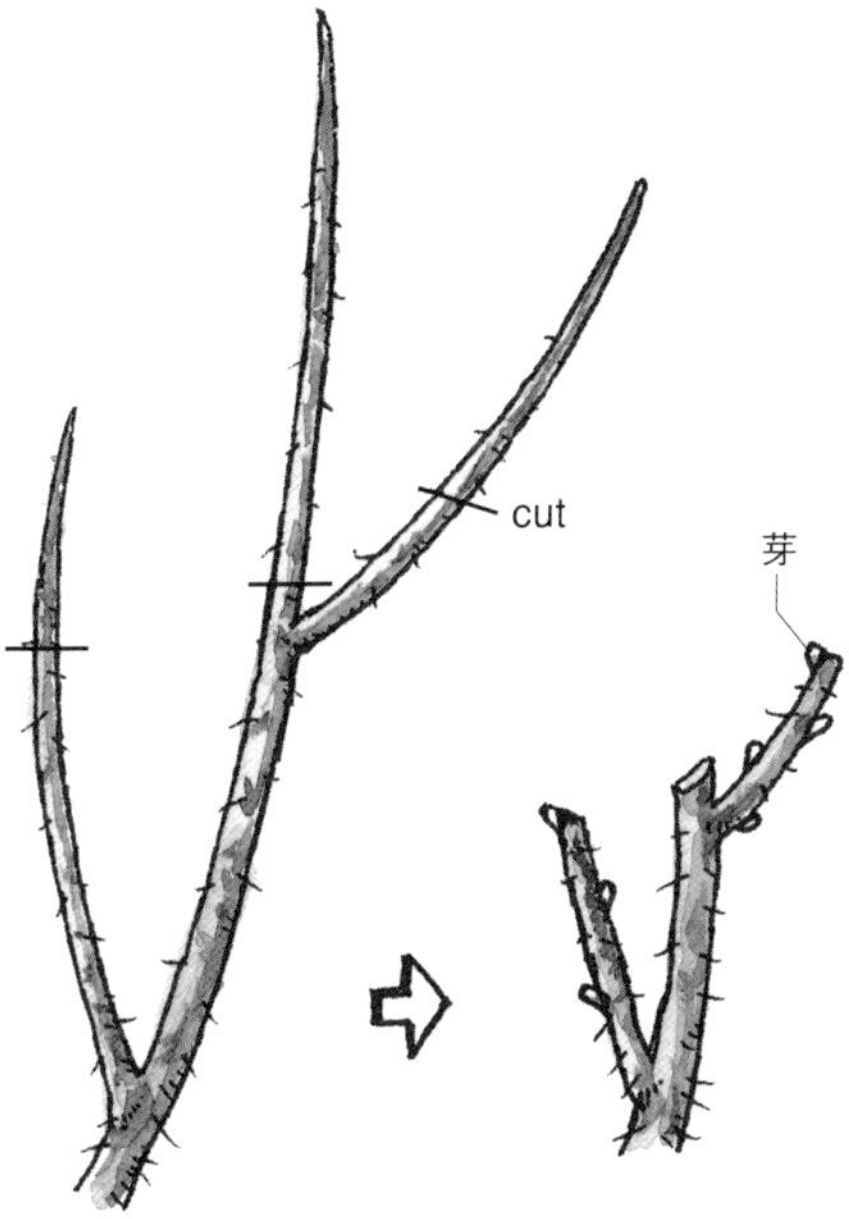

❷花が咲きやすいのは、前年の6〜9月に発生したシュートの先の、細くても硬くしっかりした枝。細すぎても咲きづらく、花の重みで垂れ下がってくるので、鉛筆くらいの太さまで切る

❸枝先が分かれてないところは、先を弓なりに曲げるとたくさん花が咲く

ポールズ ヒマラヤン ムスク
一季咲き　ハイブリッド ムスク系

［同じようにせん定できる品種］
ランブラー系の一部（ボビー ジェイムス）
ハイブッリッド ムスク系の一部（モーツァルト／ザ ガーランド／ペネロペ）

◆枝の太いところで切っても花が咲かない
◆シュートは1.5m以上伸ばし、誘引するとよく花が咲く
◆2～3年目の若い株では、開花前にシュートが出たら切ると花が咲きやすい

とにかく枝伸びがいいバラ。花つきもすごくいいのですが、二～三年目の若い株の場合、枝葉の成長に根の成長が追いつかず、蕾がついても咲く前に落ちてしまう現象がおこりがちです。

　この品種は、枝先に蕾がついた後、開花する前に花の咲かない太い枝が出ることがあります。こまめに観察して、こうした太い枝が出たら切る、蕾を少し取って数を減らすなど、株の負担を少なくすれば、二～三年目でもたくさんの花を楽しめます。五年目くらいになって木が充実してくれば、こうした作業は必要ありません。

　この品種のような伸長力の強い品種（ハイブリッド ムスク系、ランブラー系など）は、冬に枝の太い場所でせん定しても、春に葉枝が出るばかりで花が咲かないことが多いです。冬のせん定のときには、枝先の細く分かれたところを残すことが大切。必然的に、コンパクト仕立てには向かないということになります。枝を自由に伸ばせる広い場所向きです。

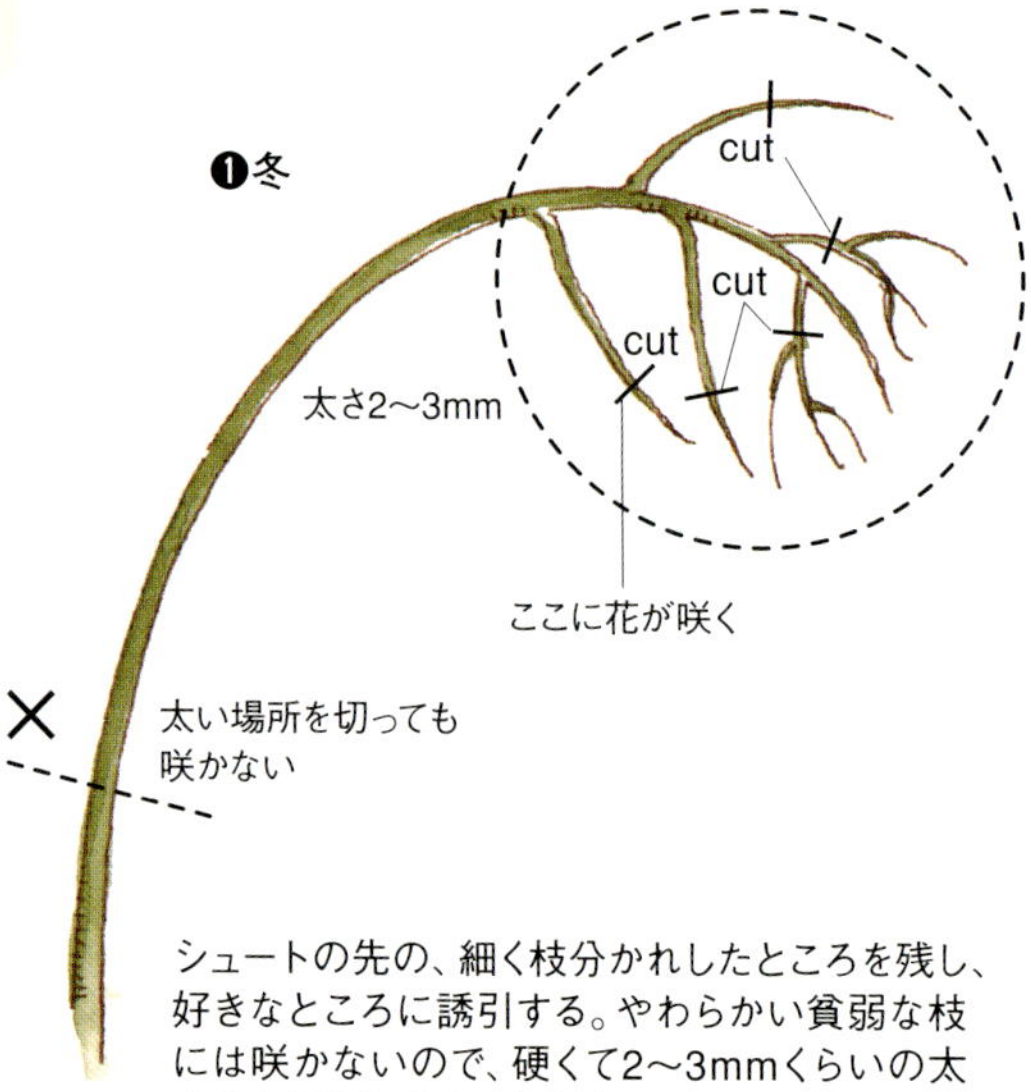
❶冬
cut
cut
cut
太さ2～3mm
ここに花が咲く
太い場所を切っても咲かない

シュートの先の、細く枝分かれしたところを残し、好きなところに誘引する。やわらかい貧弱な枝には咲かないので、硬くて2～3mmくらいの太さのところまでせん定する

❷春
花咲く前に出たシュートは切る
cut

❶が開花した姿。枝の先が分かれて、たくさんの花が咲く。花が咲く前から枝がカーブしたところから新しい枝が出てきて花の景色のじゃまをするので、開花が終わるまではできるだけ切る

ロサ キネンシス ムタビリス
四季咲き チャイナ系

［同じようにせん定できる品種］
四季咲きチャイナ系の一部（紫燕飛舞（ツーイェン フェイ ウー））
四季咲きブルボン系の一部（ブール ドゥ ネージュ／スーヴニール ドゥ ラ マルメゾン／スーヴニール ドゥ セント アンズ）
ティー系の一部（レディ ヒリンドン）

◆1.5mくらいの木バラになる。せん定の基本はフロリバンダと同じ
◆細枝にも花が咲く。枝を長めに残して冬せん定したほうがナチュラルな樹形に
◆2番花をいっせいに咲かせたいときには、花が終わる前に3〜4芽下まで切り戻す
◆枝がどんどん出て込み合うので、内側を向いた下枝を成育期にもどんどん元から切って風通しをよくする

❶春の開花

花が咲き終わるころ、その下2芽くらいは動き出している。早めに花がらを切るとよく咲く。2番花をいっせいに咲かせたいときは、花後にまだ芽の動いていない3〜4芽下まで切り戻す

❷夏

枝がどこからでも出てきて藪のようになる。内向きの枝をどんどん元から切ってさっぱりさせると、見た目がよく病気にもならない

❸冬のせん定

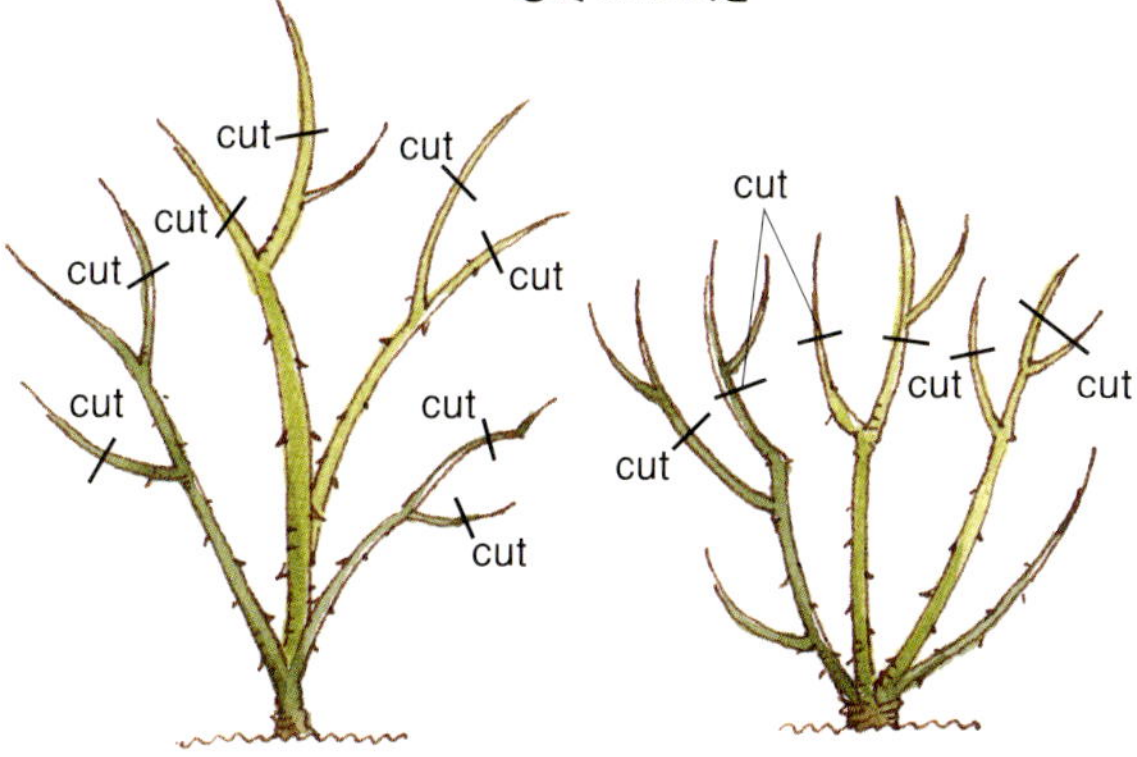

ロサ キネンシス ムタビリス　　フロリバンダ

フロリバンダのように同じ高さで切るよりも、曲線がわかるくらいに長く、ある程度不揃いの高さに切ったほうが、この品種らしい自然な雰囲気になる

❹春の開花

❸のように切るとふんわりと広がるように咲く

紫玉
一季咲き　ガリカ系

［同じようにせん定できる品種］
ガリカ系の一部（ロサ ガリカ オフィキナリス／ヴェルシコロール／ベル ド クレイシー／カーディナル ドゥ リシュリュー／ベル イジス／シャルル ドゥ ミュ）
ケンティフォリア系／ポートランド系／モス系／ルゴサ系の一部（ロサ ケンティフォーリア／ケンティフォーリア ムスコーサ／ロサ ルゴサ）

◆シュートが地際から出やすいので、古いシュートを元から切って更新
◆高く伸ばしたいときは、冬にシュートを曲げて、途中から新しいシュートを出すことを繰り返す

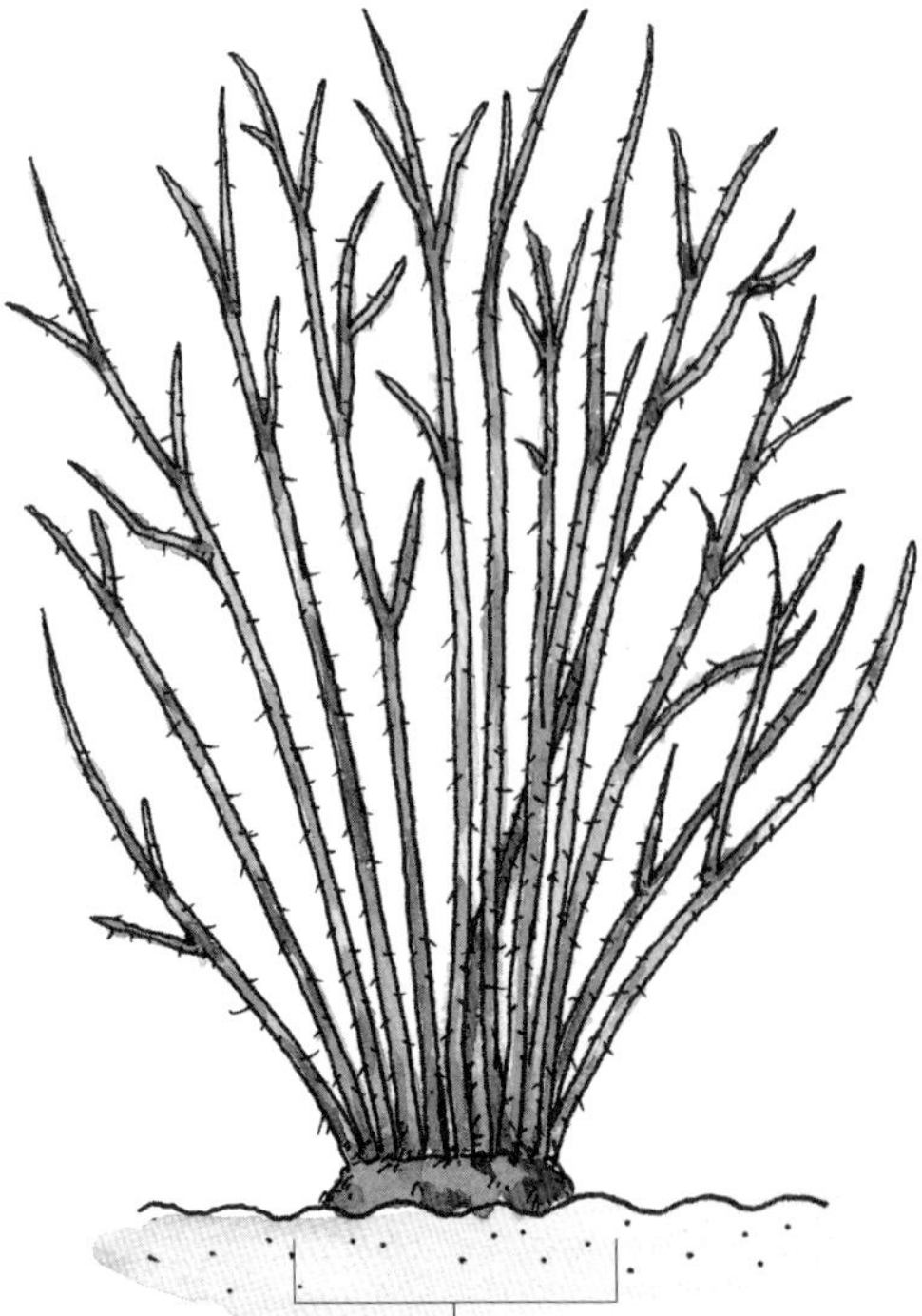
古いシュートを根元から切り、
❷のようにすっきりとさせる

❶春の開花後

3年以上たった古いシュートは地際から切る。こうすると新しいシュートに栄養が行き届き、よく伸びる。低く咲かせていきたいときは、新しいシュートが出たら、低い位置で1度ピンチをして細い枝を出しておく

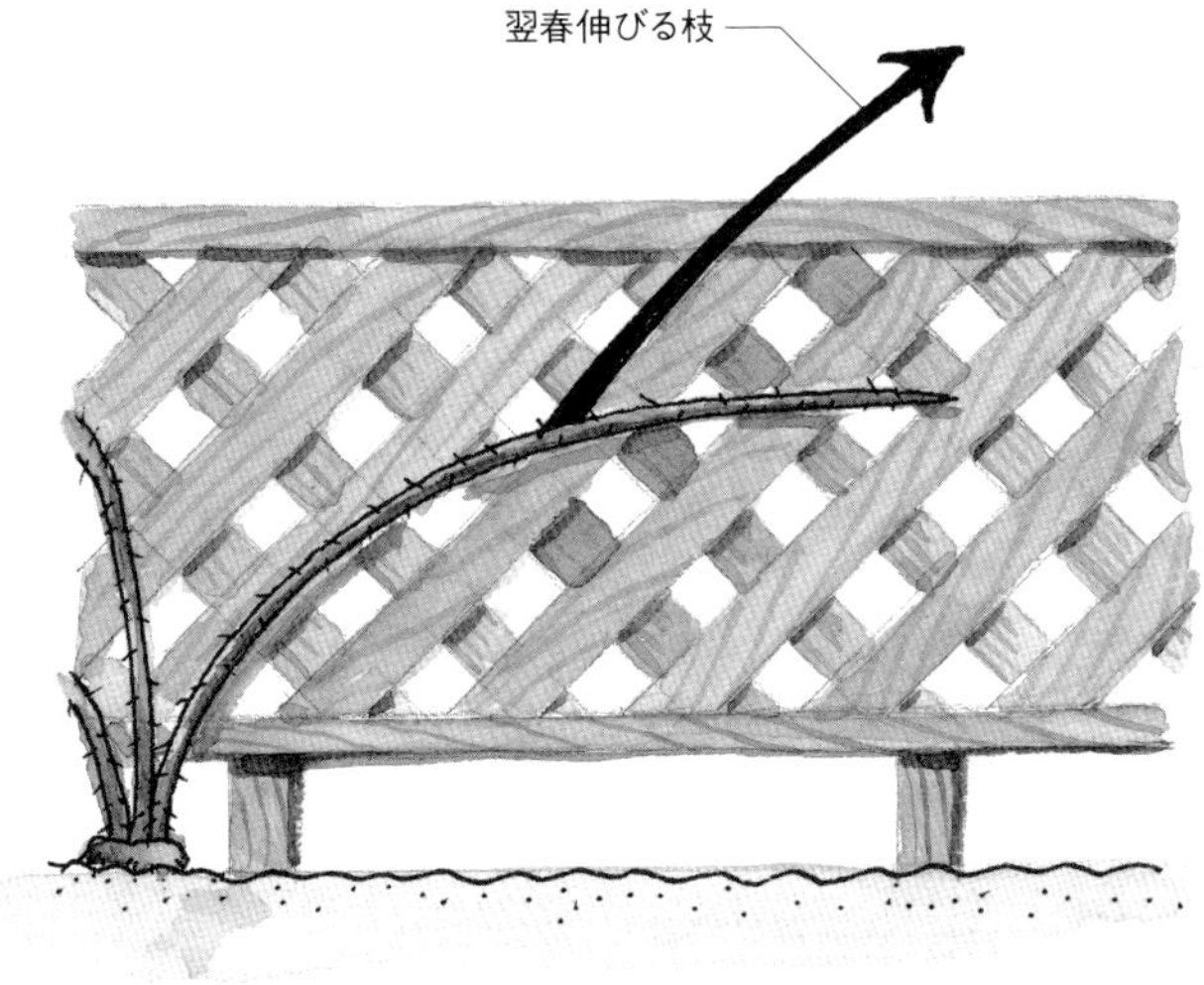
翌春伸びる枝

❸大きく育てたい場合

自然樹高は2mくらい。もっと大きくしたい場合は、シュートの先端に花がついたら20cmほど切って、わき芽を伸ばす。先端を曲げるとシュートがさらに早く出やすい。

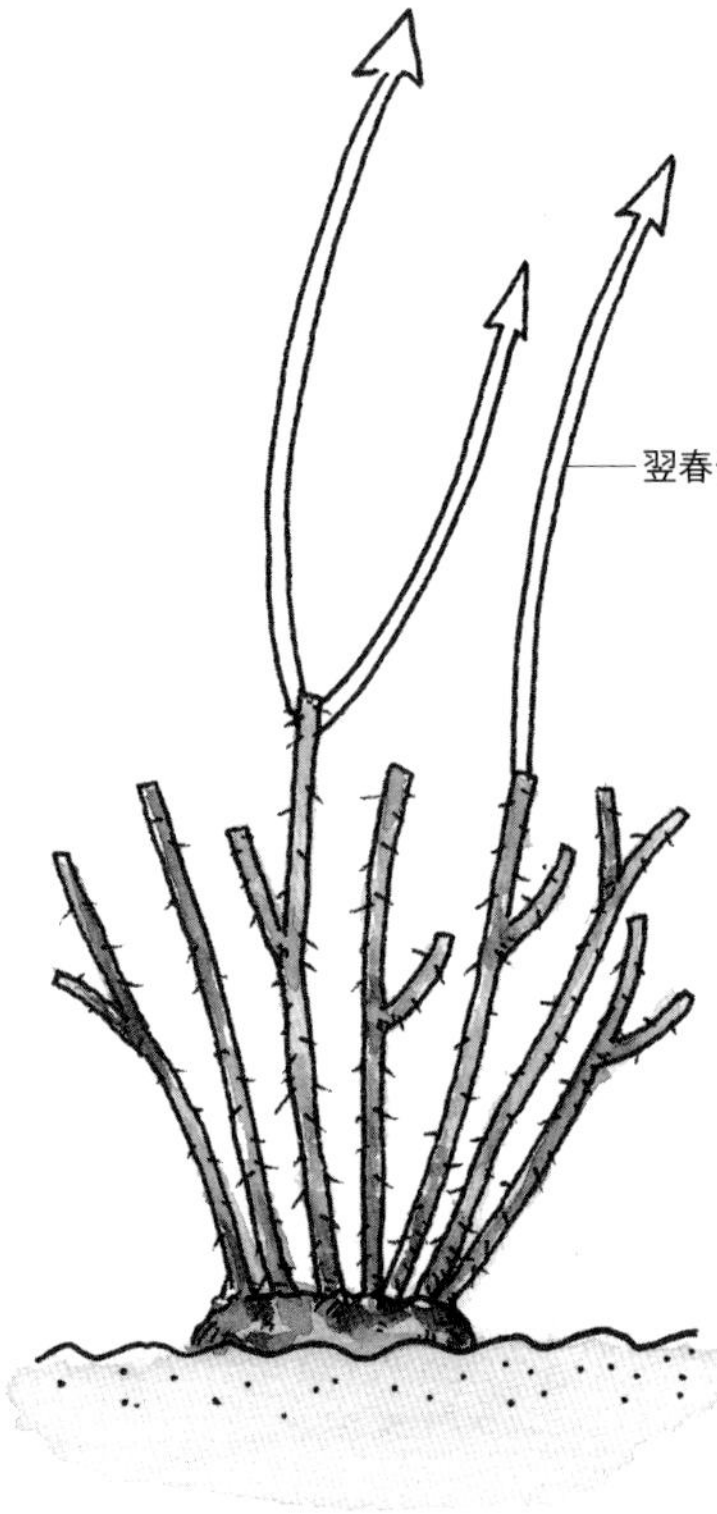
翌春伸びる枝

❷冬

毎年同じ高さ（低め）に咲かせたいときは、枝の低いところでせん定する。切り口が太すぎると花が咲かないので、ピンチしたあとに伸びた細枝で切る

❶❸の葉は省略しています

枝先はいい2番花が
咲きにくいので切る
低い位置で切る
じゃまになるわき
枝を切る
1番花
2番花

マダム アルフレッド キャリエール
返り咲き ノアゼット系

［同じようにせん定できる品種］
ノアゼット系の一部（エメ　ビベール／マーシャル ニール／デュプレ ア フルール ジョーン／ラマルク／クレール ジャッキェ／レーブ ドール）

◆春も秋も返り咲くので、タイミングよくせん定
◆2番花は長く伸びる。1番花は短く切り戻す
◆少しでも栄養を2番花に集中させるため、咲き終わった枝から順に切り戻す
◆枝の途中から花の咲かないわき枝がたくさん出る。多すぎると樹形を乱すので切る
◆わき枝は秋の開花と翌年の花枝にも使う

❶2番花を咲かせるには

1番花が咲き終わった枝から順次切り戻す。2番花は気温が高くて花枝が長く伸びて形が乱れるので、少しでも短く咲かせるため、2〜3葉だけ残してなるべく短く切る

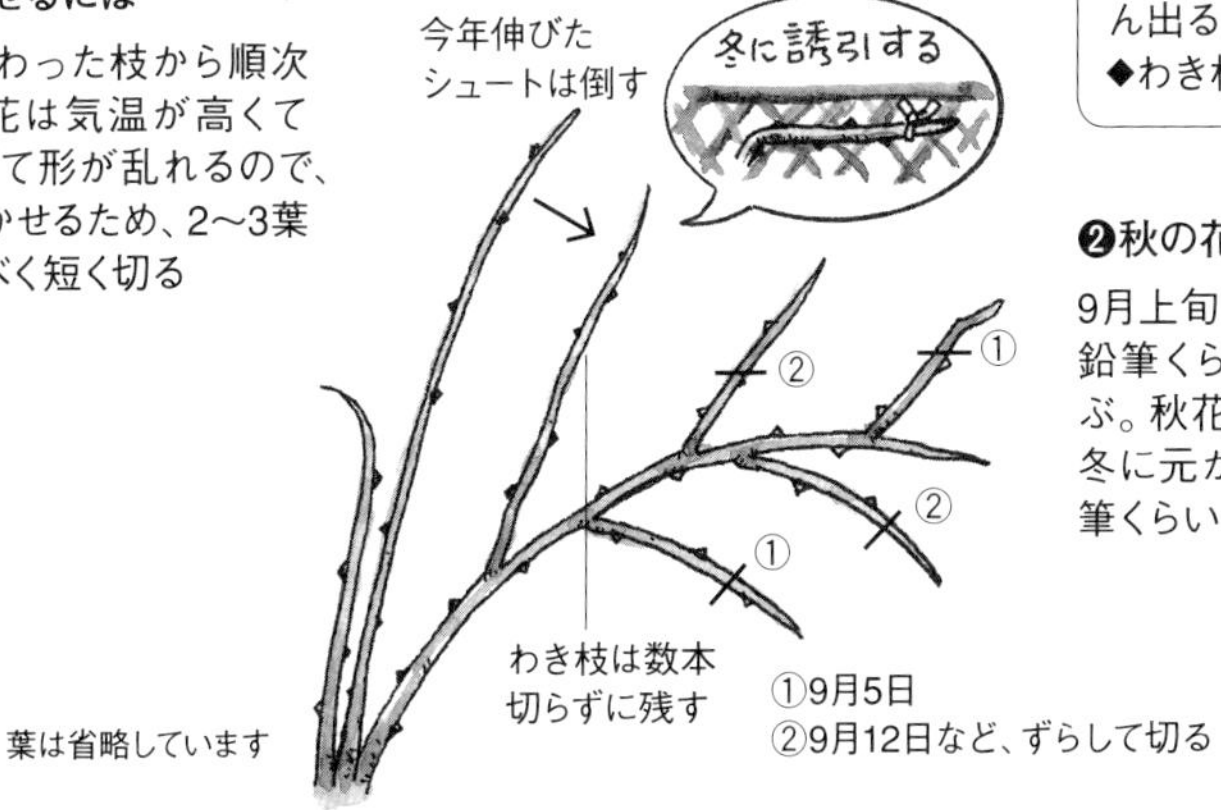
今年伸びた
シュートは倒す
冬に誘引する
①
②
②
①
わき枝は数本
切らずに残す
①9月5日
②9月12日など、ずらして切る
葉は省略しています

❷秋の花を咲かせるには

9月上旬、朝晩涼しくなったら、わき枝をせん定。鉛筆くらいの太さで芽がふいてないところを選ぶ。秋花を咲かせた枝は翌年は咲きにくいので、冬に元から切る。わき枝の一部は残し、冬に鉛筆くらいの太さのところで切ると、春開花する

バフ ビューティー
返り咲き ハイブリッド ムスク系

［同じようにせん定できる品種］
ハイブッリッド ムスク系の一部（フェリシア／コーネリア／ダナエ／エルフルト／ラベンダーラッシー／ムーンライト）

◆1番花の後、昨年伸びた枝の充実した芽の上で切り戻すと2番花が咲く
◆新しいシュートの先は放っておくと咲かないが、伸びている途中で切り戻すと咲く
◆冬せん定は伸びてない芽の上まで切り戻す

❶春の1番花の開花

今年伸びた枝の途中で切っても2番花は咲きにくい。昨年伸びた枝の充実した芽の上まで切り戻す。シュートも途中で切る

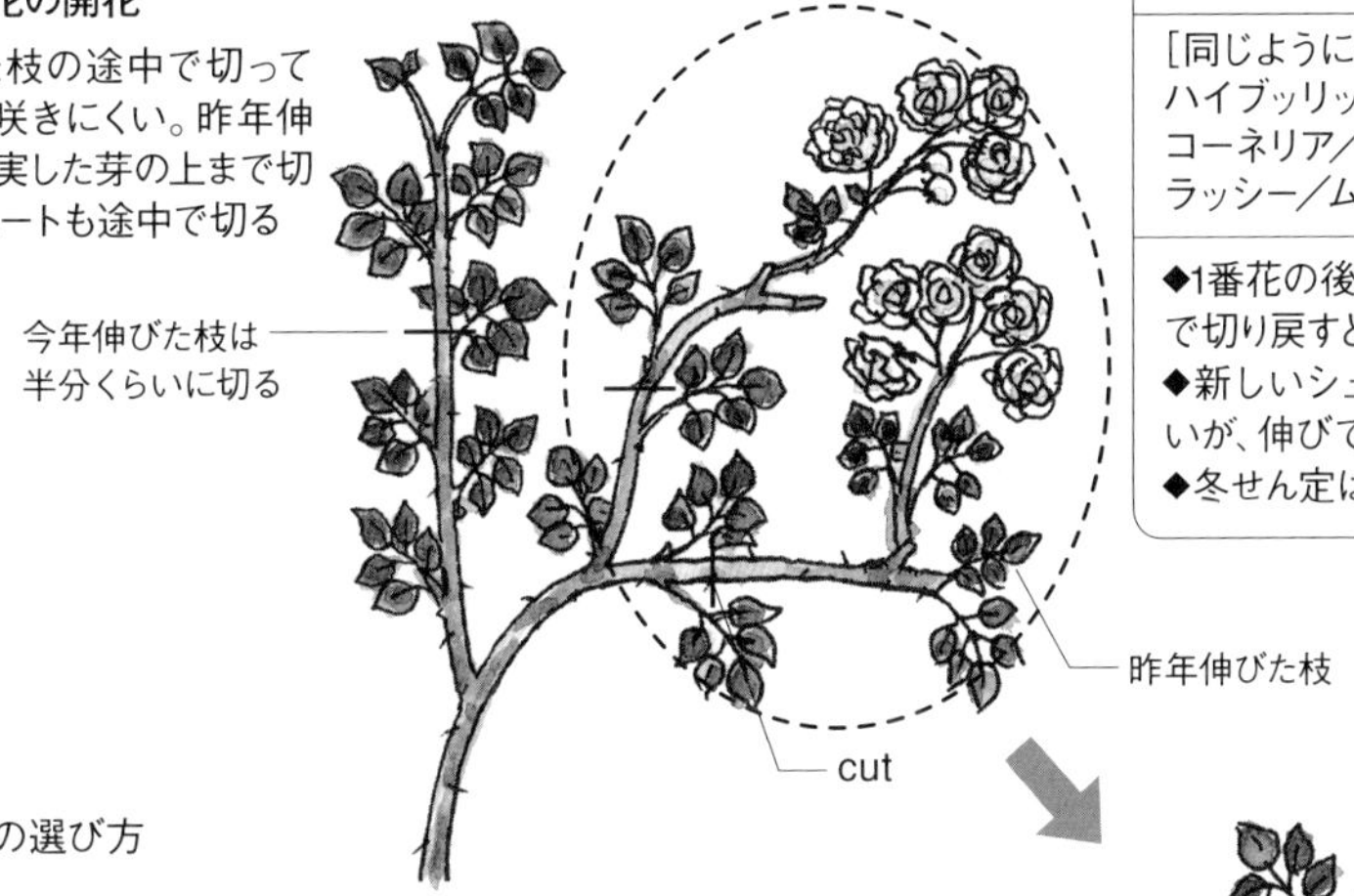
今年伸びた枝は
半分くらいに切る
昨年伸びた枝
cut

芽の選び方

×
○
伸びすぎ
いい芽

冬のせん定

枝伸びがよく、つるバラとしてどんな風にも仕立てられる。芽が出やすいので、芽吹いてない芽の上まで切り戻す

❷2番花の開花

花枝が長く伸びて房咲きになる

先端を長く曲げる
鉛筆くらいの
太さで切る
先端をたくさんつくる

❶花をたくさん咲かせるには（春の開花の姿）

冬は、枝の先端1mを水平に誘引するか、枝をたくさん残して木立性品種のように短くせん定すると花がたくさん咲く

バロン ジロー ドゥ ラン

返り咲き

ハイブリッド パーペチュアル系

［同じようにせん定できる品種］
ハイブリッド パーペチュアル系の一部（ヘンリー ネヴァード／バロンヌ プレボスト／ロジャー ランベリン／メイベル モリソン／バロネス ロスチャイルド）

◆枝数を少なくして1枝に充実した花を咲かせるほうが美しい
◆2番花は、昨年伸びた少し硬めの枝で切ると咲きやすい
◆枝を長く伸ばしても、翌年は先端からしか咲かない
◆花枝が長く伸びるので、冬のせん定のときは短めに切る

❷先端しか花が咲きにくい

枝は長く伸びるが、まっすぐ伸ばしても、S字型に曲げても、上部しか咲かない

20〜40cm

❸花枝が長い

春に伸びる花枝は節間が長く、20〜30cmと長く伸びる。太い枝から出た花枝ほど長くなりやすい。冬のせん定のときは、短めに切ると形よく見える

1番花
cut
硬くしっかりした枝

❹2番花の咲かせ方

その年に出た枝の途中で切っても咲きにくい。1番花が咲き終わったら、前年伸びた硬くしっかりした枝の芽の上まで切り戻す

シュートの先にも花が咲く
50～60cm

❶春の開花

せん定した枝の先だけでなく、今年伸びたシュートの先端にも花が咲く。シュートは株元から出やすい

バレリーナ
四季咲き ハイブリッド ムスク系

［同じようにせん定できる品種］
ポリアンサ系の一部（ベビー フォーラックス／ファイヤー グロー）
ハイブリッド スピーシーズの一部（マーメイド）
ポートランド系の一部（コント ドゥ シャンボード／ジャック カルチェ）
ハイブリッド ムスク系の一部（デイ ブレイク）

◆高くしたいときは、シュートを曲げて途中から新しいシュートを出す
◆短い場所でせん定すれば木立性品種のようにコンパクトにも咲かせられる
◆四季咲き種なのでシュートの先にも花を咲かせる

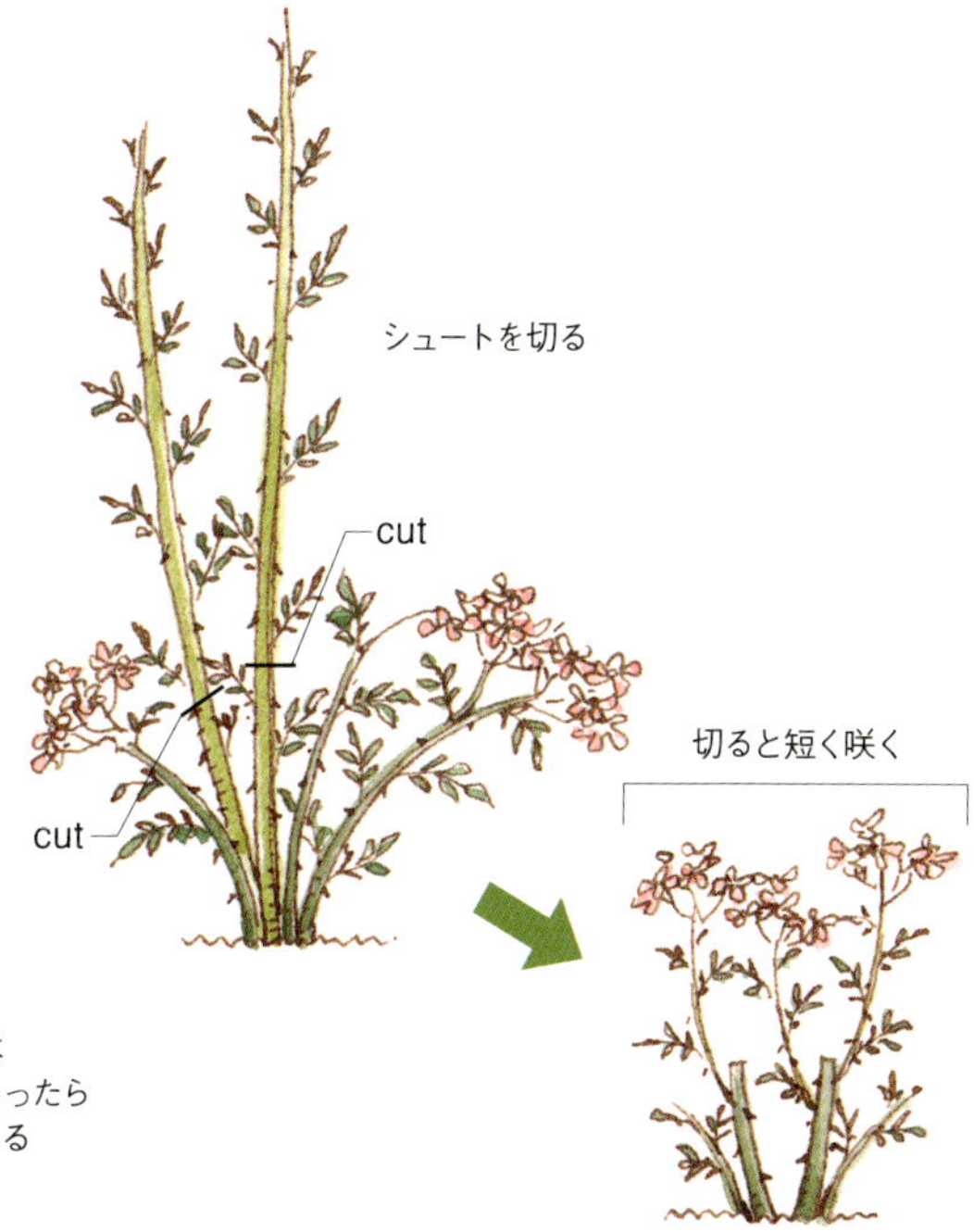
シュートを切る
cut
cut
切ると短く咲く

❷コンパクトに仕立てたいとき

冬のせん定は、花を咲かせたい場所の30cmくらい下の芽の上で切る。春に伸びるシュートは、ある程度伸びたときに周りの枝より低くせん定すると、周りと同じ高さに花を咲かせる

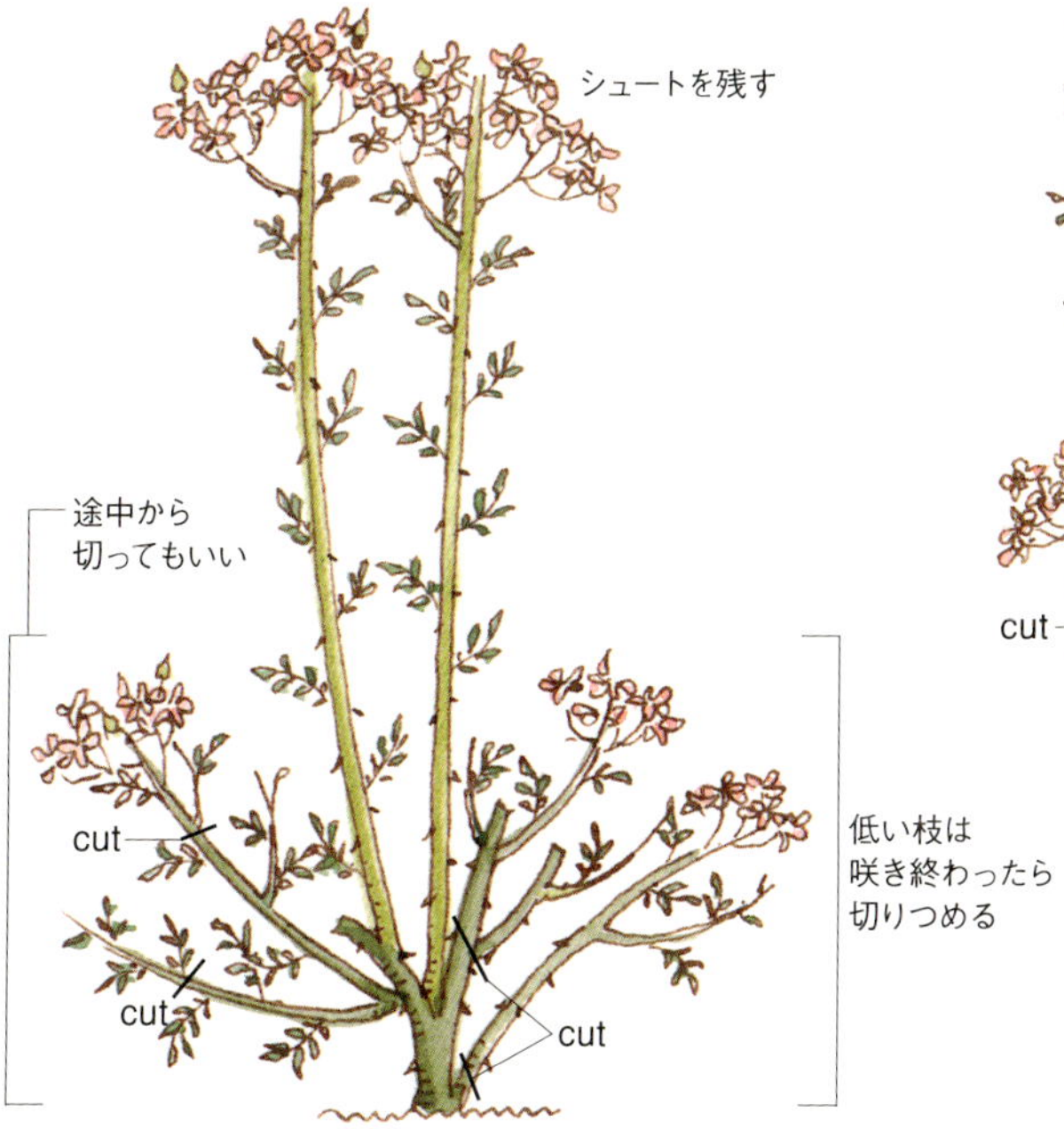
シュートを残す
途中から
切ってもいい
cut
cut
cut
低い枝は
咲き終わったら
切りつめる

❸高く伸ばしたいとき

春～夏、根元から出てくるシュートを2～3本伸ばす。下から出てくる弱い枝は元から切るか短く切って、養分を伸ばす枝に集中させる。シュートに花が咲いたら、切って先端を曲げると、そこから新しいシュートが出るので上へ向けてもっと伸ばす

冬のお手入れ

中耕《ちゅうこう》と元肥《もとひ》、鉢植えの植え替え、水やり

中耕 やるとやらないで大違い！

バラの周りの土は、踏み固めたり、水やりや雨で締まってきます。根も増えて地中は通気性が悪くなりがち。そこで、周りの土を耕して土を改善します（中耕）。大変ですが効果抜群！ 生き返ったようにいい花が咲くので毎年ぜひやってほしい作業です。このとき元肥も入れます。

やり方は図の通り。バラの根が密に生えている直径四〇～五〇cmより外側の土を掘り、土を改良して埋め戻します。多少根を切ることが、いい刺激になって新しい根が伸びます。でもあまり根の密度が濃いところを切り過ぎないように。乾燥しやすくなります。元肥は、バラ専用の元肥か、リン酸とカリの多い肥料を使います。量は肥料袋の規定に従い、あまり多くしすぎないように。

鉢植えは年に一回植え替えを

鉢植えは、一年育てると鉢の中に根がいっぱいに広がっています。定期的に植え替えをしないと根づまりして成長が止まったり、花が少なくなってしまいます。できれば年に一回植え替えをしてあげましょう。

鉢からバラの根を土ごと出し、土を落とします。茶色になった古い根は切って整理してから、元肥を混ぜた新しい土で植え直します（八一ページ参照）。

冬も水やりを

休眠期も水は必要です。鉢植えは週に一度、土を見てあげます。午前中は凍って表面が乾いて見えるので昼に見たほうがわかりやすいです。乾いていたら冬でも鉢底から水が抜けてくるくらいかけてください。

地植えは基本的に必要ありませんが、バラが夏場の乾燥でしおれたり、冬に乾燥が続くときは水やりします。つるバラを伸ばしたいときは水やりを多めにすると効果的。

中耕と元肥入れ

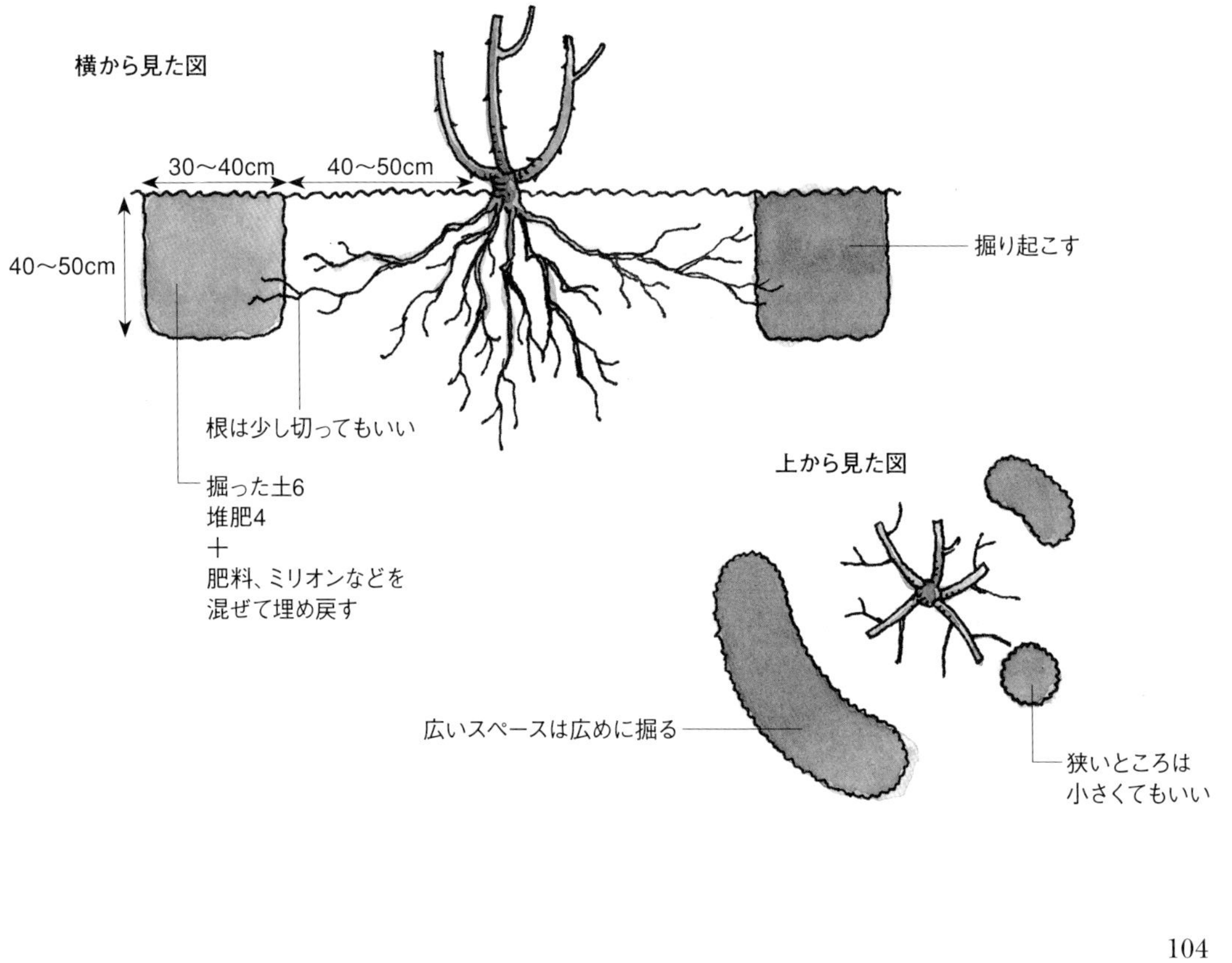
横から見た図
30～40cm
40～50cm
40～50cm
掘り起こす
根は少し切ってもいい
掘った土6
堆肥4
＋
肥料、ミリオンなどを
混ぜて埋め戻す
上から見た図
広いスペースは広めに掘る
狭いところは
小さくてもいい

バラにとって肥料とは

花を咲かせるには、絶えず成長し続ける新しい枝が必要です。
その丈夫な枝つくりとボリュームのある花の形成に、肥料は必要なのです。

●冬の元肥は根づくり、枝づくり

バラの肥料は、冬の休眠期に与える元肥と、成育期に与える追肥《ついひ》（お礼肥《ごえ》）に分かれます。元肥は、根の生育を補い、春一番花の栄養とその後の根や枝を育てるために十分な量を施します。中耕とともに土のなかに入れ込んでやると効果的です。鉢植えには、植え替えのときに、新しい土の中に入れておきます。チッ素とリン酸とカリの比率がおよそ1：2〜3：1くらいの、根を育てるリン酸とカリがしっかり取れる肥料がおすすめです。まずは、バラ専用の肥料が無難です。量は株の大きさにもよりますが、バラ専用肥料なら、袋の表示を基準に、株の大きさによって調整してください。

●お礼肥は次の花を咲かせたいときに

バラは春一回しか咲かない一季咲きの品種と、温度と光があれば繰り返し開花する四季咲き品種があります。お礼肥は、繰り返し咲く四季咲きの品種に与えるものです。一季咲きは基本的に元肥のみで大丈夫。成育途中で葉の色が薄緑色になってきたり、全体的に成長の勢いが止まってきたときは、少量の肥料を補ってやります。

お礼肥は、花が咲き終わるたびに、地植え、鉢植えともに与えます。これは、次の花を咲かせるための肥料です。バラ用肥料を与えますが、それ以外の肥料を使うときは、チッ素とリン酸とカリの比率は2：3：2くらいがいいでしょう。春の一番花の後はシュートなど枝の成長期でもあるので、チッ素分が多めの肥料が向いています。

●秋は枝を締める時期。チッ素は控えめに

お礼肥は10月ごろまで与えますが、秋口になったら肥料の量、とくにチッ素を控えます。できればカリ分の多い肥料で枝を充実させ、硬くします。チッ素が多いとやわらかい枝がよく伸びますが、枝が充実して硬くなる前に冬になり、寒さで枯れこんでしまうこともあります。石灰などカルシウム肥料を少し与えてもいいでしょう。

●バラに必要な栄養

バラにとって肥料は食事のようなもの。生育段階や季節によって、それぞれの栄養素の配合や必要量は微妙に違っています。少し説明したようにさまざまな有機肥料とその材料や化学肥料などを自分流に配合してやるのも一つの楽しみ方ですが、ある程度の知識と相当の試行錯誤は覚悟しなければなりません。初心者の方にはとくに、私はバイオゴールドの「元肥」と「セレクション薔薇（追肥）」をおすすめしています。後者はお礼肥としてどのシーズンでも使えます。

栄養の三要素

- **◆チッ素（N）**── 葉や茎の生育を促進し植物を大きく育てる
- **◆リン酸（P）**── 花つきや花色、実のなりをよくし、根の生育を促進
- **◆カリ（K）**── 根を丈夫にし、耐寒性耐暑性、病害虫への抵抗性を向上させる

その他の要素

- **◆カルシウム（Ca／細胞の強化）**
- **◆マグネシウム（Mg／酵素の活性化・葉緑素の成分）**
- **◆イオウ（S／根の発達と蛋白質の合成に関わる）**

（以上3つ）── 3要素とともに大事な要素

- **◆鉄・マンガン・銅・ホウ素・亜鉛・モリブデン、塩素、ニッケルなど** ── 微量要素として必要

栄養成分はバランスが大事

- **◆チッ素過多になるとミネラルの吸収が悪くなる**
- **◆カリ過多ではマグネシウムの吸収が悪くなるなど**

病害虫対策——バラに出やすい病気と害虫

病気

うどんこ病

カビの仲間で発生時期は4～11月、胞子が風に飛ばされて伝染します。やや乾いた日中に胞子が飛散し、湿度が高くなる夜に葉に侵入して広がっていきます。30℃以上では発生しません。水に弱く、葉面が濡れていると発芽できません。
うどんこ病は、毎年春、同じ品種、同じ株から始まります。新しい枝や葉、蕾ができると、バラは光合成で生産した有機化合物（糖）を送り込みますが、チッ素肥料が多すぎると送られる糖が過剰になり、余った栄養が狙われます。うどんこ病になりやすい品種はチッ素肥料を控えめに

黒点病（黒星病）

葉に黒い病斑が出て、黄色くなって落葉します。胞子の発芽には22℃～26℃の温度と数分間の濡れが必要で、梅雨期や台風のあと多発します。病原菌は越冬し、春の雨水滴などで伝染します。株元の古い葉を取って風通しをよくして予防します

根頭がんしゅ病

土壌中に潜伏していた病原細菌が根の傷から侵入、発病します。高温多湿条件で発生しやすいです。根の一部がデコボコとこぶのように膨らんできてバラの栄養を奪い続けるために、株全体の元気がなくなってしまいます。まずは苗を買うときに接ぎ目と根元をチェックしておくことが大事

べと病

発芽には水滴が必要で、水があると3時間で発芽、6時間ほどで感染します。防ぐには雨前に予防薬をていねいに、散布することが大切です。肥料切れで生育が鈍っている場合や逆にチッ素肥料過多のときに、より発生しやすくなります

灰色かび病

開花期に雨の日が続くと出やすい、花がカビていく病気。開花前の予防消毒で防げます

枝枯れ病

別名キャンカー。夏から秋にかけて出やすく、枝が切り口から枯れあがっていきます。枝の切り口や接ぎ目などの傷から感染します。有効な対処法はないのですが、弱っている木に多く発生するようです

害虫

バラの汁を吸うもの

カイガラムシ
枝の地際から発生。日陰で風通しの悪い場所に出やすいです

スリップス
蕾に侵入して花を汚します。黒く短い線のような極小の虫です

ハダニ類
目に見えないほどの小さな虫が、葉裏につきます。真夏に大量発生しやすい

アブラムシ
新芽、新葉、蕾、がくなど、新しい部分に集団で張り付き、汁を吸います

花や葉を食害するもの

ハスモンヨトウ、ヨトウムシ
幼虫が小さいときは葉を薄く透かすように食べ、大きくなると花も食べます

ホソオビアシブトクチバ
成長が早く花や葉を食べます。枝に張り付いて見つけづらい

オオタバコガ
花を貫くように食い荒らします

コガネムシ
成虫はおもに夏に発生し、花を食べてしまいます

バラの茎や根を食害するもの

バラゾウムシ
別名クロケシツブチョッキリ。枝の先端近くのやわらかい茎に卵を産みつけ、蕾や枝先をしおれさせます

ゴマダラカミキリ
幼虫の別名はテッポウムシ。バラの枝から侵入し、根まで食い荒らして枯らしてしまうときがあります。オガクズのような食べカスが根元に出ます

チュウレンジハバチ
成虫はバラの茎に卵を産みつけ、幼虫がそこから出てきてバラの葉を葉脈を残して食べてしまいます

うどんこ病、黒点病、ヨトウムシ類にとくに注意！

これらはバラの見た目を悪くする3大病害虫です。必ずといっていいほどバラに現われます。病害虫対策は、この3種類を中心に対処していくと、きれいにバラを保ちやすくなります。

常に見守り、ときに助けてあげよう

バラに病気と害虫はつきもの。放っておくと、とてもかわいそうなことになります。被害が見えたら、早いうちに治療してあげて。子育てと同じです。でも、あせったり、過保護になることはありません。バラはある程度大きくなれば、何度葉を落としても葉を再生させる丈夫な植物です。少しずつ、病害虫たちとの付き合い方に慣れていきましょう。

私の取り組み方としては、昔ながらの土（保水性、通気性のバランスがよく有機物豊富で活力ある土）にバラを植え、観察し（美しさを見る目と、異常がないかを見る目で）、異常が出たらすばやく対処します。そしてまた見続け、見守る、それにつきます。優しいバラづくりは、時間がかかります。その時間を楽しみとして感じることができるのは、バラに慣れ親しんだころかもしれません。

バラを栽培するときの安全で安心な方法を常に考えていますが、本当に難しい問題です。できるなら無農薬で育てたい、そう思って試行錯誤を続けてきましたが、ある程度バラを元気に維持し、美しくたくさんの花を咲かせるには、今の段階では農薬を使わざるを得ない、と思っています。それでも、安全性が高い農薬を厳選し、使用回数を最低限に抑えられるように工夫を重ねています。

ここでは、病気や害虫の予防方法、現段階でおすすめできる安全な農薬の選び方や使い方を紹介します。

バラの栽培がはじめての方は、一度は農薬を使ってバラを健全に育ててみて、バラってこんなに丈夫に育つものなんだ、病気や害虫は怖くないんだ、バラ栽培って、こんなに楽なんだ、ということを実感してみることをおすすめします。そこから、少しずつ減らす工夫をはじめてみてはいかがでしょうか。なによりも、バラが本当に元気に育ったときの美しく立派な花を、一度は見てほしいのです。

まずは庭の環境整備

バラと長く接しているうちに、病気や害虫が出そうな場所がわかるようになってきます。おもに、日当たりと水はけ、風通しのいずれかが悪くなっている場所の周辺です。もう一度環境をチェックしてみましょう。

①日当たり

植え付けたときにはよかったはずの日当たり、庭木が茂って日陰になっていませんか。太陽の軌道は季節によって大きく変化し、気づかないうちに陰になってしまっていることもあります。十分な日照がないと光合成によってつくられる栄養が不足して新芽が出にくくなり、ようやく出た新しい枝はひ弱でうどんこ病にかかりやすくなってしまいます。庭木の枝を透かすなどの工夫が必要です。長く伸びたバラの枝を日当たりのいいほうへ誘引しなおすのもいいでしょう。一番花が終わる頃から秋の花が咲く頃まで、月に一度くらいは日照確保のための手入れをしてあげたいですね。

②水はけ

雨の日、ときには庭を一回りしてみてください。バラの周りに水溜りができていませんか。水はけが悪くなると根が弱り、病気にかかりやすくなります。硬くなった土の表面を軽く耕し、水の流れる道をつくって

おもな病害虫観察のポイント

被害の場所	病気と害虫	多発時期
花首や新しい葉	うどんこ病とアブラムシ、バラゾウムシ	バラの蕾が色づく頃から気温17℃〜25℃くらいの時期
花	スリップス、灰色かび病、コガネムシ、マメコガネ、ハスモンヨトウ、オオタバコガ、ホソオビアシブトクチバ	開花期。ハスモンヨトウ、オオタバコガなどは秋からの被害がより大きい
やわらかい葉や新芽	ホソオビアシブトクチバ、ハスモンヨトウの幼虫	4月末〜5月初旬、梅雨の終わりごろ、お盆明けごろと、新芽がぐんぐん伸びる頃
新枝の先端近い葉	チュウレンジハバチの幼虫	産卵後6〜7週間くらいの周期で多発
新しいシュートの先端近く	バラクキバチ	5月末〜7月上旬のシュート発生期。先端から20〜30cmくらい下〜その20cm下までによく産卵
株下の古い葉	黒点病	咲き終わった後や雨が多い時期
充実してきた葉	ハダニ	梅雨明けの真夏〜初秋
新しい枝のやわらかい部分	チュウレンジハバチ	春〜秋。産卵場所はスジが入ったように見える
地際に近い枝	カイガラムシ	成育期。古い枝、日陰、風通しの悪い部分に多い

応急処置。冬には有機物をたくさんすき込んで、根本的に改良します。

鉢植えのバラ、水はけが悪くなっていませんか。根づまりがおもな原因です。根鉢を崩さないように抜き取って、一回り大きい鉢に植え替えます。

③風通し

病害虫は空気の動きが鈍いところが大好き。株元の葉が茂って通風を妨げてはいませんか。いつの間にか周りの草花が伸び過ぎている場合も。植物を切り詰め、陰になり不要になったバラの葉を切って、株元はいつもすっきりさせておきましょう。

庭は生きていて、季節とともに変化しています。それをを日々感じながら、環境の悪くなった部分を補修してやることが病害虫対策の第一歩。お庭はすっきりし、庭全体が生き生きとしてくるはず。

基本の仕事は観察

地域や庭の環境、育て方、品種などによって、病気や害虫の出方はまったく違います。自分だけの自分の庭の観察眼を身につけられるように、成育期は時間の許す限り、すみずみまでよく観察してみてください。

病気も害虫も、発生した初期に対処するのが一番。はじめは観察のポイントがわからず苦労するかもしれませんが、慣れてくると、ある病気にかかりやすい木、ある病気になりやすいバラの部位、ある季節になると必ず現われる虫など、観察の勘どころが見えてきます。

少しでも被害を見つけたら、病気の葉は取り、害虫の卵や幼虫・成虫は取ってつぶします。丁寧に観察ができていれば、実はこれだけで病害虫の被害はかなり抑えられるのです。

治療法は覚えておこう

それでも、いろいろな条件で、病気や害虫の被害が広がってしまうときがあります。確実に止める治療法を覚えておくと安心です。被害の初期にやるほど楽に確実に止められるので、早めの判断が肝心です。

①病気の場合

症状が見えるころには、病気はかなり進行しています。黒点病の症状が出た葉は落葉するしかありません。残しておくと、そこからさらに感染が広がってしまいます。症状のある葉と、その上下の葉をまず取ります。すでに感染しているおそれがあるからです。うどんこ病は、症状の初期段階なら治療で治ることもありますが、見た目も悪いので、ひどい場合には取ったほうがいいでしょう。

葉を整理したら、その病気に対して治療効果のある農薬を被害のあった木とその周辺の木に丁寧に散布します（葉の表、裏両方に）。病気用の農薬には予防薬、治療薬の二種類ありますが、このときは必ず治療薬を選んでください。ひどくなると黒点病は一回では症状が止まらないことが多いので、サプロールなら三〜四日おきに三回かけて、後は様子を見ます。そのほかの病気は、一回かけて様子をみて、まだ止まらないようなら数回散布します。

②害虫の場合

まずは何の虫にやられたかをつきとめます。本やインターネットで調べたり、バラ栽培のベテランや農協などに被害場所や虫を見せて教えてもらってもいいでしょう。何の虫かわかったら、その虫に適用のある農薬を選んで、被害のあった場所とその周辺に丁寧に散布します（葉の裏表）。その後数日様子を見て、まだ出るようならもう一度散布します。

なお、治療薬は効果が高い反面、使い続けると薬の効かない病害虫が発生します。観察や予防消毒を中心にし、治療薬の使用は最低限にすることが肝心です。

本数が少ないなら、スプレー式農薬もおすすめ

ベランダなどで5〜6本くらいをコンパクトに栽培するなら、スプレー式の農薬もおすすめ。少量の農薬を計量するのは大変で、ベランダだと余った薬液の捨て場にも困ってしまいます。スプレー式なら、あらかじめ希釈してあるので楽です。

いろいろな種類がありますが、バラには、さまざまな病気、害虫に効果があるオルトランCやサンヨール液剤ＡＬが最適です。予防剤として、7〜10日に一回かけます。

オルトランCのようなエアゾール（噴射）式の場合、近すぎると凍害になることがあります。50cm以上離して、同じところに何秒もかけずに全体にまんべんなくスプレーします。

用意するもの
噴霧器（写真は容量10ℓの電池式噴霧器）、スポイト、計量カップ、農薬（殺菌剤はダコニール1000水和剤、殺虫剤はベストガード水溶剤、展着剤はアビオンE）、マスク、手袋、ゴーグルなど体を保護するもの

農薬の散布方法

ここでは、予防消毒の方法を紹介します（詳しくは112ページ）。開花2〜3週間前だったので、病気予防の殺菌剤「ダコニール100」と、この時期に多くなるアブラムシ、スリップスなどに効く殺虫剤「ベストガード」を混合して散布しました。

①はじめる前に確認する
- 体調は万全か
- 使う道具は揃っているか
- 時間帯は適切か（暑い日の日中は避ける）
- 各農薬の使用量は計算してあるか（ラベルの表示を確認）

作業をはじめる前に、農薬から体を守るケアを。帽子、ゴーグル、マスク、手袋、水をはじく上着などを着る（農薬散布専用にする）

②噴霧器のタンクに、容量の半分くらいの水をあらかじめ入れておく

③まず、タンクに展着剤アビオンEを規定の量入れる（散布のとき薬液がバラの葉に付着しやすくなる）。計量カップにタンクの液を多めに出す

④ベストガード水溶剤を規定の量計量カップに入れ、棒で混ぜて溶かす

⑤④をタンクに戻す。ダコニール水和剤は、111ページのやり方で乳濁させてからタンクに入れる。タンクに水をいっぱいになるまで入れ、噴霧器を揺らして均一にする

⑥まずは噴霧器のノズルを下に向けて、上から葉の表に向けて軽く散布する。こうすると葉が重くなり、葉裏にかけるとき葉が裏返らない

⑦次にノズルを上に向けて、葉裏に散布する。病害虫の多くは葉裏から侵入するので、まんべんなくかかるように全方向からしっかり散布する

花にも散布するのを忘れない

水和剤の溶かし方

乳剤、フロアブル、ドライフロアブル、水溶剤などは水に溶けやすいですが、水和剤は粉のまま大量の水の中に入れてしまうと、ダマになってしまいます。

小さな容器の中に計量した水和剤を入れ、展着剤のダインを規定量溶かした液をほんの少し入れ、なめらかに乳濁するまで棒でかき混ぜる

▼

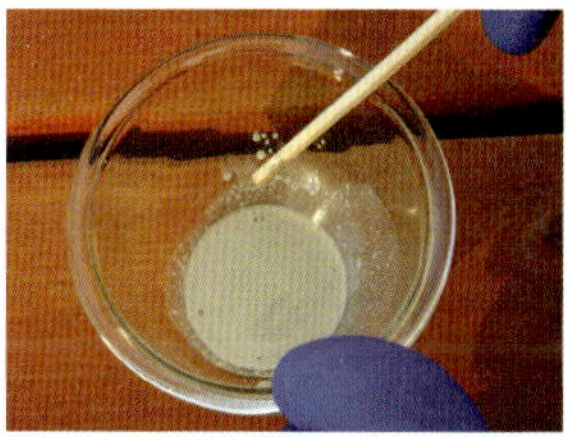

ダマや溶かし残りがなくなったら、さらに上記の液を少し多めに入れてよくかき混ぜる

▼

均一になったら、薬液タンクのなかに入れる。水和剤は沈殿しやすいので、タンクをよく振って使う

薬害に注意！

農薬を規定以上に濃く使ったり、薬液が急激に乾きやすい真夏の昼間に散布すると、写真のように葉が焼けたような薬害の症状を起こすことがあります。光合成能力が落ちるので、倍率を守り、夏は朝か夕方の涼しい時間帯に散布します。

薬液がたまりやすい葉先は薬害が出やすい。葉全体に薄く症状が出ることも

少量の農薬を正確にはかるには？

正しい倍率で農薬を希釈するには、正確な農薬の計量が決めてです。とくに少量の計量はしっかりやります。写真の天秤はかりは、粉状の農薬を0.5gまで計量することができ便利。0.1gまで計れる電気計量機もあります。

病気は定期的予防散布で抑える

病気の菌は空気中にさまよっていて、繁殖に必要な条件さえ揃えばいつでも発生します。そこで、病気に関しては、観察に加えて「予防消毒」をおすすめします。バラ全体に定期的に散布することで、バラについた病原菌の繁殖や植物体内への侵入を抑制する効果があります。

予防消毒には、多くの種類の病原菌に対して効果があり、安全で、何度使っても耐性菌（薬の効かない菌）が発生しにくい農薬を使います。ただし、菌を殺す力は弱く、発病してから退治する力はほとんど期待できません。

優れた予防剤は「ダコニール一〇〇〇」です。液状で溶かしやすく、残効性は一〇日ほど。五〇〇倍～二〇〇〇倍が規定の倍率ですが、葉が白っぽくなるのが嫌な人は一〇〇〇～二〇〇〇倍で使います。

注意点は、高温時の薬害（葉の縁が枯れたように茶色くなる）。薬液の水分が高温で急に蒸発して濃くなると発生します。日中暑くなる時期には、朝株元にたっぷりと水やりして葉の水分を増やし、気温の下がった日没直前に散布すると、薬害を減らせます。暑い時期ほど薄く（二〇〇〇倍）たっぷりかけるのがコツです。

もう一つのおすすめは「サンヨール」です。病気はもちろん、アブラムシなどにも効果があり、銅が基本材料なので安全性も高い薬です。ただ薬害が出やすいので、ダコニール同様に夏場は夕方に薄く（四〇〇〇倍）散布するよう気をつけます。

夏場は、薬害が出にくい薬「オーソサイド八〇」に替えるのも有効です。予防薬として「ダコニール一〇〇〇」と同じ効果が得られ、高温時でも薬害が出にくいのですが、粉状の水和剤なので計量しにくく溶かしにくいのが欠点。一一一ページを参考にしっかり溶かして使いましょう。

予防剤には、「アビオンE」というパラフィン系の展着剤を加えて散布すれば、バラに薬が付きやすく落ちにくくなり、長く効きます。

成育期に、一〇日に一回くらいの間隔で予防消毒の日を決め、カレンダーに記入しておきます。その日に雨が降りそうなときは前日にずらすと、黒星病から守れます。梅雨時期は雨で農薬が流れ落ちやすいので、散布間隔を短くします。

散布の前日から、株全体を念入りに観察します。元気だったら予防薬を散布。病害虫の被害があったら、その病害虫に適用のある治療薬を散布します。

害虫は慣れてきたら先手を打つ

害虫は、毎日の観察と手で取ることが第一の予防策です。ただ、人間の目と手だけではなかなか防ぎきれません。また、忙しい日常ではちょっと楽をしたいときもあります。

発生しはじめの時期に早めに農薬を使うと、被害を初期の段階で確実に抑えることができます。自分の庭を一年よく観察し、この時期になるとこの害虫が出るな、という感覚をまず身につけます。

発生前に予防的に使える農薬もあ

人と環境と天敵に優しいバラづくりを求めて

私たちの心を癒してくれるバラの庭だからこそ、お隣さんにも配慮して、人や環境に優しい栽培をしたい…。私の長年の願いです。無農薬は現段階では難しいですが、より安全で安心してできる消毒方法を模索しています。

空気中にはさまざまな菌が飛びまわり、土の中にも無数の微生物が生息しています。この中にはうどんこ病や黒点病の病原菌も含まれています。でもある菌だけ極端に繁殖することなくバランスを保ってさえいれば、バラは本来の抵抗力を発揮して元気に育ってくれるはず。こんな考えを元に病気予防の研究をしています。現在パラフィン系の展着剤アビオンEにイオウ剤または銅剤を薄く加えた安全性の高い液の定期散布を試しており、病気予防にある程度の手ごたえを得ています。

虫たちも食物連鎖の中にあって互いに影響し合いバランスを保っていますが、バラをたくさん栽培するとバラを好む虫が増えてきます。そこで使っているのが、バラに害を与える虫だけに効き、人やペットはもちろん天敵への影響も少ない優れた殺虫剤（114ページ）。近頃では種類も増え、入手しやすくなりました。

これらの農薬を組み合わせた技術を公開できるレベルまで体系付けるには、もう少し時間が必要です。できるだけ早く、皆さんにお伝えできるようにしたいと思っています。

ります。「浸透移行性」という機能のある農薬です（ベストガードなど）。水に溶かして散布するタイプ、土にまいて根から吸収させるタイプがあります。植物の体内に吸収され、一定期間体内をめぐっている間、害虫が食べたり汁を吸ったりすると殺虫できます。バラの害虫だけを狙え、天敵には害を与えません。

減農薬・無農薬は、いい土になりバラが成木になってから

新苗の一年目は、とりわけ病害虫からしっかりと守ってほしいです。一年目は、光合成をいっぱいさせて充実した主幹に育て上げる時期。ところが新苗はやわらかくて病害虫の被害を受けやすく、少しの被害が大きなダメージとなります。

一～二年目にしっかり病害虫の被害を防いであげれば、三年目以降は減農薬、無農薬でも耐えられる、手のかからない木になってくれます。

新苗を育てる自信のない方、どうしても農薬を使いたくない方は、すでに成木となった三年目以上の鉢苗を買うのも一つの方法です。

やってみました、農薬、減農薬、無農薬実験！

ハイブリッド ティー種のジュリアの新苗を使って、3つのコースを設定し、7月～11月まで各方法を実践しました。

8月上旬の姿

A 消毒しっかりコース

農薬による週1回の予防消毒と、治療消毒

葉がほとんど傷つくことなく、いちばん伸びている

B 折衷コース

自然農薬で週1回予防消毒※と、農薬による治療消毒

黒点病を防ぎきれずに、葉の中ほどが落ちているが、持ちこたえている

※Bには①と②を混合したものを使用
①アセビニンニク液（殺虫）
アセビの葉ひと握りとニンニク2かけを1ℓの水を入れた鍋に入れて煮る。粉せっけん5gを溶かして完成。原液で使う
②ストチュウ（殺菌など）
酢・焼酎・黒砂糖を同じ割合で混ぜる。300～500倍で使う

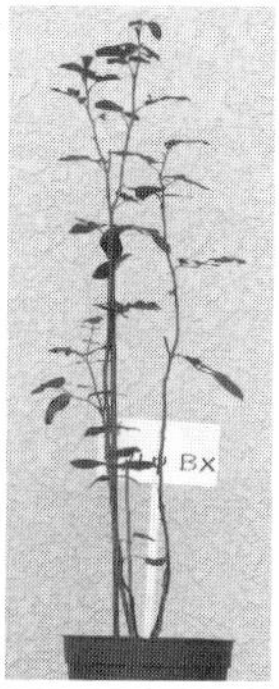

C ほったらかしコース

なにもやらない

まだ葉はあるが梅雨の黒点病と夏のハダニの被害がひどい

冬のせん定時の姿

順調な成育で、シュートも長く伸び、充実している

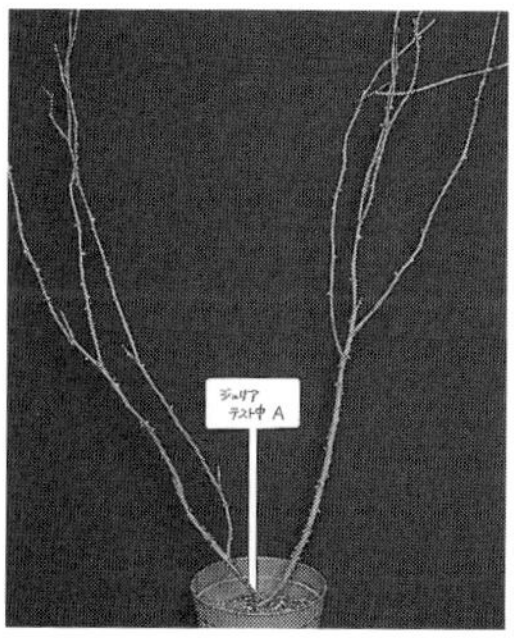

一時期葉を落としたので成育が遅れたが、まあまあの結果

葉がほとんど落ちてしまったので、回復できず丈が伸びなかった

新苗を早く充実した木に成長させたいなら、迷わずAでいくべきでしょう。でも、自然農薬と治療消毒の折衷コースも意外と健闘。成長がゆっくりでもいいならこちらでもいいですね。Cは夏の時点ですでに致命的なダメージを受けてしまいました。翌年は枝が伸びが弱く、シュートも出ない、枝が異様に短いのに蕾がつく、黒点病に極端に弱いなど手間のかかる木になってしまいました。1～2年は養生が必要です。とにかく、何もしないことだけは避けてください。若苗のときはとくに消毒をしっかり、というのがよくわかる実験でした。

農薬は効果と安全性のバランスで選ぶ

農薬というと、ちょっとかかっただけでも体に悪い、恐ろしい薬物だというイメージを持っている人も多いようです。たしかに昔の農薬の中には、人体に被害を与える毒性の強いものもありました。でも、現在販売されている農薬は安全性を追求しているものが増えています。

たとえば、脱皮阻害剤「IGR」(カスケードなど)。幼虫の脱皮や卵のふ化を阻止する農薬で、人体毒性は低く抑えられています。幼虫や卵に効くので即効性はありませんが、一週間後くらいから大きな効果が現れます。脱皮しない虫には影響を与えません。

生物農薬「BT剤」(トアローCTなど)もあります。アルカリ性の胃袋を持つ蝶や蛾の幼虫にだけ毒性がある農薬で、選択性が高く人体毒性のない薬です。速効性はありませんが、散布一週間後くらいから大きな効果が現れます。

その他にもJAS法に基づく有機農産物にも使える農薬がいろいろあります(下の表)。こうしたものを中心に農薬を選ぶと、安全性はかなり高くなります。

以下に、私が使ってみてバラに効果の高いと感じた農薬を紹介します。選ぶときの参考にしてみてください。治療剤、殺虫剤のなかには天敵に害が及ぶもの、耐性菌、抵抗性のつきやすいものもあるので、そういったものは部分的に使い、最低限の回数に抑えたほうがいいでしょう。

バラに使われる化学合成農薬

分類	名前	効果
予防殺菌剤	オーソサイド80 ダコニール	黒点病、うどんこ病ほか幅広い病気の、最も一般的な予防剤。耐性菌は出にくいが環境ホルモンへの影響が疑われている
予防殺菌剤	サンヨール	黒点病、うどんこ病・灰色カビ病の予防とアブラムシ・コナジラミなどの殺虫効果。安全性は比較的高い
治療殺菌剤	サプロール ラリー	黒点病の治療剤。よく効くが耐性菌が出やすいので、治療効果が認められたら予防薬に戻す
治療殺菌剤	トリフミン トップジンM	うどんこ病の治療剤。よく効くが耐性菌が出やすいので、治療効果が認められたら予防薬に戻す
殺虫剤	ベストガード	アブラムシ、バラゾウムシ、スリップスなど。土にまくタイプの粒剤はバラを食べる害虫にだけ効くので、人や天敵に優しい。残効期間約4週間
殺虫剤	カスケード	ハダニ、スリップス、ヨトウムシなど。人畜に対する毒性は低いが、脱皮阻害剤なので脱皮しない害虫には効かない
殺虫剤	スミチオン、オルトラン、マラソンなど有機リン系剤	即効的に効くが、天敵も含めて皆殺しにしてしまう。抵抗性害虫が発生しやすく、使い続けると農薬が効かなくなりやすい。散布後、アブラムシが増えることも
殺虫剤	テルスター、ベニカX、アデオンなど合成ピレストロイド系剤	速効性があり、残効も長く、忌避効果まである優れた薬だが、抵抗性害虫が発生しやすく、使い続けると農薬が効かなくなりやすい。天敵がいなくなってダニが増えやすくなる
展着剤	ダイン	界面活性剤で、水に混ざりにくい水和剤を均一に混ぜるのに有効。ただ、植物の表面を傷つけやすい、農薬が落ちやすくなるなどの副作用もあるので、水和剤を水に乳濁させるときに、希釈液をごく少量使うだけに留める

天然物由来の安全性の高い農薬

分類	名前	効果
予防殺菌剤	イオウフロアブル	黒点病、うどんこ病ほか幅広い病気の予防とハダニの忌避効果。安全性が高く耐性菌は出にくいので繰り返し使えるが、バラへの適用はまだない
治療殺菌剤	カリグリーン	うどんこ病に。重曹と同じような成分。発病初期なら治療できる。カリ分補給にもなる
殺虫剤	パイベニカ	アブラムシ、チュウレンジハバチに。天敵にも効いてしまうので部分的、一時的に使う。除虫菊という植物由来の成分
殺虫剤	粘着くん オレート	アブラムシ、ハダニに。粘着くんの成分はデンプン、オレートは石けん由来。害虫の気門を塞いで殺虫
殺虫剤	トアローCT	ヨトウムシなどガやチョウの幼虫にだけ効き、人体や他の虫には無害の薬。効果が表れるまで1週間ほどかかる
展着剤	アビオンE	膜をつくって葉の保護膜を強化し、農薬を植物にしっかり付け、落ちにくくする。予防薬と一緒に使う。原料はパラフィンで人畜や環境に優しい

芽が出てきたら

芽かき、摘蕾《てきらい》、ブラインドの処理

春先から伸び始めた芽は、桜が咲くころになると勢いよく成長します。早いうちから不要な芽を取っておきます（芽かき）。バラの芽は一ヵ所に三つついています。大きな芽（主《しゅ》芽《が》）が一つ、小さな芽（副芽《ふくが》）が二つです。ふつうは主芽だけ伸びますが、主芽がだめになると、副芽が二本同時に出てくることもあります。一ヵ所から芽が二本出てきている場合、どちらかを根元から取ります。

芽が伸びてくると、蕾がつかずに成長が止まるものが出てきます（ブラインド）。放っておくと下の芽が動き出しますが、他の枝にかなり遅れを取ります。ブラインドに早く気付いてすぐ切り戻せば、わき芽が伸びて、周りに遅れずに開花します。

大輪系のハイブリッド ティー種は、一枝の蕾を一つにしぼることで、より大きく形も色も美しい花を咲かせることができます（摘蕾）。小さくても房咲きにさせたい人はそのままで。

摘蕾の方法

ハイブリッド ティーは大きな蕾だけでなく、小さな蕾がいくつも出てくることが多い。一番大きく形のよい蕾を残し、そのほかの蕾は取る

ブラインドの処理

①芽の伸びが止まったと思われるブラインドの状態の枝。このままではいつまで待っても花は咲かない。早めに気づいて切り戻せば遅れずに咲く

②成長が止まったところから少し下の、まだ膨らんでいない芽の上で切り戻し、新しい芽（枝）を出す

③切った後の様子

成育期の水やりとお礼肥《ごえ》

乾いたら、朝にたっぷりとあげよう

成育期のバラは、葉が多くて光合成をさかんに行なっています。また、気温が上がるにつれて、葉裏の気孔から蒸散を活発に行なって体温が上がり過ぎないように調節しています。このどちらの作用にも水が不可欠。けれども、土が乾いてもいないのに水やりすると、根が甘えて地表面にばかり張ってしまい、乾燥に弱い木になります。水やりは土の表面がしっかり乾いてからたっぷりと地中深くまで与える、これが基本です。

「水やりは朝夕どちらがいいですか」という質問をよく受けますが、日中は避けて早朝に与えるのが原則です。夕方は病気になりやすくなったり、徒長したりと欠点が少なくないので、仕方ないときだけにしましょう。

地植えは一回あたりバケツ一杯分

苗を植え付けた年や移植した年の一年間は、根が少なく水の吸収力が弱いので、水やりに気を配ります。二年目以降は、特にしおれがない場合は与える必要がありません。ただし、早く成長させたい場合や、水溶性肥料を与えたときには、週に一度くらい水かけすると効果的です。

真夏は日照りが続き、ひどく乾燥してしまうことがあります。一週間以上日照りが続いたらしっかりと水かけしてください。

量は一回当たりバケツ一杯分くらい。ホースで勢いよく水を出して三〇秒から一分くらいです。きめの細かいシャワーの水を株元全体にかけて、水と一緒に酸素もたっぷり与えます。ホースの水そのままでは、土にぶつかって表面が硬くなり、通気性の悪い土になりやすいのです。

鉢植えは乾燥しないよう毎日チェック

鉢植えは地植えと違い、定期的な水やりが欠かせません。毎日観察して、表面が乾いてきたら与えるようにします。春先は週一回くらいでいいですが、夏場は毎日必要です。与えるときは、シャワーでたっぷり散水し、風通しのいいところで乾かすようにします。

お礼肥は四季咲き種のみ

成育期のバラの肥料は、四季咲き種のみ与えます。これをお礼肥といい、花が咲き終わった頃に与えることによって、次の花数が多くなり、立派な花が咲きます。四季咲きのバラは、咲き終わっては切られ、また新しい枝を伸ばして新たな花を咲かすことを繰り返すため、一季咲きにくらべて養分の消耗が激しいのです。また、春から夏にかけての肥料は、シュートなど新しい枝や葉を伸ばすための養分としても使われます。

一季咲き種はお礼肥は必要ありません。一季咲きが多いつるバラは、もともと伸長力があり、あまり肥料を必要としません。冬の元肥を忘れずにしっかり入れておけば十分です。

返り咲き種は、しっかり二番花を咲かせたいときには与えます。バラ専用の肥料を、規定の分量株元に与えますが、あまり根元に近すぎると、濃い成分が根に当たって、根がしおれてしまうことがあるので、少し離した位置に与えます。

鉢植えのお礼肥。株元を避けて表土に埋め込むのが基本だが、バイオゴールドの「セレクション薔薇」なら、肥料やけしないので、株元近くに埋めてもいい

地植えのお礼肥。肥料と一緒に腐葉土や堆肥を株まわりに薄くまき、浅く耕す。表土をやわらかくして通気性をよくする効果があるが、成育期なので根をあまり切らないように

毎日のお手入れの基本
——枝抜き・花がら切り

毎日の作業の基本は枝抜き

よく「毎日庭に出て何をしたらいいのかわからないのですが」という質問を受けます。私はバラの手入れの基本は「枝抜き」にあると思います。

成育期のバラは成長力旺盛です。いつもどこかから新しい芽が伸びていて、放っておくと風通し、通光が悪くなってしまいます。そこで、毎日株の下側、内側を見て、日陰でヒョロっと貧弱に伸びている枝、株の内向きに伸びて日陰をつくっている枝、途中で成長が止まっている枝を取り除きます。込み合っている場所は、葉を数枚取るだけでもだいぶさっぱりします。

枝抜きのための見回りを毎日の習慣にしてみてください。地面に落ちている枯れ葉や花びらを拾うのも忘れないで。病気のもとになるし、庭が見苦しく見えてしまいます。最初は一回では不要な枝を取り残してしまい、毎日見ても必ず切るべき枝が見つかります。慣れてくると、一回で、しかも短時間でできるようになります。

枝抜きのために株を見てまわると、いろいろなことに気づきます。葉裏《はうら》にいる虫、病気の初期症状、ブラインドの枝、シュートの発生、葉色が薄くて肥料不足かな…などなど。バラにしてあげるべきことは自然に見つかるようになります。バラとの対話ができるようになると、バラはあなたの愛情にちゃんと応えて素晴らしい花を見せてくれるようになります。

成木は株元《かぶもと》から三〇cmくらいの下葉を摘み取って風通しよく

順調なら植えて二~三年目には枝もしっかりし、花数や花の形も一人前の成木になってきます。成木は成長力が強くて株元が込みがち。思い切って株元から三〇~五〇cmまでの

株元の枝抜きの方法

①枝抜き前。株元が葉で隠れている

②株元をよく見て細い枝、枯れた枝から切っていく

③枝の下部の葉も取る

④込んだ枝をすべて取った写真。株元がすっきりし、風が通るようになり光も当たるようになった

切り戻しのコツ

◉なぜ5枚葉を1~2枚つけて切る？
花が咲き終わったときには、その下の2枚くらいの葉の付け根の芽は、次に成長すべくもう伸びだしています。花の後そういう場所で切り戻すと、ひょろっとしてあまり伸びがよくありません。まだ動いていない芽（5枚葉1~2枚分下）まで切り戻すと、少し時間はかかるものの、しっかりと伸びて花が咲きやすくなるのです。

◉芽を切る場所で伸びる早さが違う
二番花の開花時期はばらつきやすいものです。太い枝、細い枝、日当たりや枝の高さなどよって芽の伸びる早さは違います。また一般的に、浅めに切り戻すと早く伸びやすく、深く切り戻すと伸びが少し遅くなります。そんなことも考えながら、切る場所を工夫してみましょう。

下葉を全部取ってしまいましょう。株元は土の泥ハネで病気が伝染しやすく、株元に光が当たらないとシュートも出にくいのでさっぱりさせたい場所です。

ただ、新苗一〜二年目でまだ葉の数が少ない若木ではやりません。まだそんなに込み合うことはないはず。枝が交差するところを軽く切ってあげるくらいで大丈夫。少しでも葉を残して光合成させてあげましょう。

開花後は花がら切りも日課に

枝抜きに加えて、開花後は花がら切りを日課に加えます。房咲きは、一房のなかでも中心の大きな蕾と周りの小さな蕾で開花がずれます。咲き終わった花から切ると、その周りの蕾が早くきれいに咲いてくれます。

房全部の花が咲き終わったら、その下の葉を五枚葉一〜二枚分つけて切り戻します。四季咲きの品種なら、そこから伸びた枝の先にまた花が咲いてくれます（二番花）。一季咲きの場合は切り戻したところから新しい枝が伸びていきます。

二番花は、一番花に比べると花数が少なく花も少し小さめ。一番花のあと、全体的に枝を少し抜いてさっぱりさせてあげ、枝一本一本によく日を当ててあげると、早くいい花が咲きます。

花がら切りと切り戻し

①房咲きになったとき、最初に咲いた花を早めに取ると、これから咲く蕾が早く咲く。灰色かび病の防止にもなる

②房がすべて咲き終わったら、少し長めに切り戻す。この時、花がらと五枚葉を一〜二枚つけて切る（その下の5枚葉のすぐ上で）。切った後、全体を見て高さのバランスを調整したり、込み合った枝を整理して株全体に光が当たるようにする

花がら切りと枝整理（フェンス）

①混み合ってフェンスの向こう側も見えないところを何ヵ所か、枝を抜いたり、葉を取ったりして風通しをよくする

②咲きおわった花がこれから咲いている花を隠しているので、花のみ切る

③四季咲性のつるバラは2番花を咲かすため、芽に光が当たるところで切り戻す（ハサミの先が切ったところ）

シュートを伸ばす、シュートを切る

シュートは樹形をつくる主幹、出てくる向きに注意

三六ページで説明したとおり、バラは五～十月にシュートが発生します。これを今後の主幹としてしっかり育てるのが、成育期のいちばん大切な作業のひとつです。

株元から発生するものもあれば、枝の途中から発生するものもありますが、出てきているのをみつけたら、日が当たるように、周りの葉を取ってあげたり、じゃまになる不要な枝を抜いてあげます。鉢植えなら向きを変えてもいいでしょう。

株元に日がよく当たっていると、ベーサルシュートが出やすくなります。枝が込み合いだす五月からはいっそう枝抜き（一一七ページ）を気をつけて行ない、株元は日当たり風通しをよくしておきます。

新しいシュートが出たら、向きを確認します。株の内側に向いて伸びているときは樹形が美しくなくなり、主幹には向きません。シュートが出やすい品種なら、そういう使いにくいシュートは元から切ります。シュートが多く出ない品種の場合、内向きのシュートが出てきたら、早いうちに外側を向いている芽の上まで切り戻すと方向が修正されます。

新しいシュートがある程度伸びたら、三年以上たって花が咲きにくくなった古いシュートを切ります。養分が新しいシュートにいき、シュートがより勢いよく成長します。ただし、古い枝を抜くときは、樹形の変化に気をつけてください。その枝を切ると、間の抜けたバランスの悪い樹形になってしまいませんか？　あくまでも、樹形としても代替できるシュートが出た場合、古い枝を切るのが、ガーデンで美しくバラを楽しむコツです。

木立性はピンチで枝を充実させる

木立性（木バラ）の品種で四季咲

シュートのピンチの方法

①木立性品種の新苗1年目の成育。右端に蕾のついたシュートがある

②やわらかく手で折れるところをつまみ、5枚葉の上でポキッと折り取る

③切り口のアップ。先端の葉の付け根から新たな芽が出て成長する

きの場合、放っておくと先端に房咲きの花が咲き、枝の成長が止まります。そのまま花を見てもいいのですが、しっかりと枝をつくるためには、蕾がついた時点で一度先端を手で折り取ってあげるといいでしょう。これをピンチといいます。ピンチすると、その下の芽が伸びだしてきます。花を咲かせないことによって枝が伸びて葉が増え、光合成をしっかりして硬く充実します。ハイブリッドティーは夏の間二～三回ピンチして、初秋に最初にピンチした場所の近くまで切り戻すと、秋に立派な花が咲きます。フロリバンダは一回でもいいですし、ピンチをしなくても大丈夫です。

つるバラは上へ伸ばして高くさせる

つるバラは大体一季咲きか返り咲きで、先端に花を咲かせずに、長く長く伸びていきます。先端が曲がってしまうと樹勢が弱くなって成長をやめてしまうので、アーチや壁に這わせたいなど、枝を長くしたいときは、途中でなにかに縛るなど固定して、枝先をまっすぐ上に向けてやります。目的の高さまで伸びたら、あとは曲がっても大丈夫です。必要以上に伸ばすのも考えもの。

長く伸ばしたいのに途中で止まったり枝分かれしてしまった場合は、少し切り戻して先端を曲げてやると、またしっかりとした枝が出てくるので、それを伸ばしてやります。

樹形を変えたくないときは、シュートを切る

現在の樹形が気に入っていて更新する必要のないときや、シュートが出てきても細くて主幹にならないときなどは、シュートが出ても思い切って元から取ってしまっても構いません。新しいシュートが出て成長すると、養分は新しいシュートのほうに重点的に送られ、古いシュートは弱ってきてしまいます。新しいシュートを早めに切ると、その分の養分が古い枝に分散されて、枝が長持ちします。早めに気づいて処理するのがポイントです。シュートはピンチするものなんて型にとらわれず、柔軟に、自分好みの木をつくっていいんですよ。

不要なシュートは切る

①古い枝から細めの枝（シュート）が出ているが、樹形をつくれるような枝ではない。早めに元から切ってすっきりとさせる

▼

②切り終わった姿。株元のまわりが明るくなった。もっといいシュートが出てくるまで、今の枝を生かす

シュートの処理の原則

◉1～2年目の若い木

シュートは来年以降の花を咲かせる主幹にするため大事に育てる。消毒をきっちりし、日によく当て、木立性はピンチを1回はする。つるバラは支柱や周りのものに固定して上へまっすぐ伸ばす。

◉3年目以降

樹形づくりに必要であれば生かし、同じ方向に出ている古い枝があったら切って主幹を更新する。不要ならシュートを抜いてもいい。

◉シュートがかなり多い品種の場合

オールドローズのチャイナ系やイングリッシュローズに多い。古い枝は早めに抜くが、それでも株が込み合っている場合は、同じ方向を向いているシュートのうち1本を切る。外向きで美しい樹形をつくりそうな枝のみを残す。

真夏の高温・乾燥対策、台風対策

夏は苦手だけど、乾燥を防げば持ちこたえる

温暖化が進んだせいか、最近の暖地では夏場の気温が三五℃を超える猛暑日が続くことも多いですね。

春の一番花が終わると間もなく梅雨入り。曇り日が続いて光合成が思うようにできないこの時期は、開花で大量のエネルギーを消耗しているバラにとってつらいもの。しかも梅雨明けと同時にじりじりと照りつける太陽と暑さ……これでは付いてゆくのがやっとで、すくすく育てというのには無理があります。

せめて手をかけてやれるのは、下葉の余分な枝を抜いたり、葉をとって株元に風を入れるようなこと。また、西日除けにすだれをたてかけてあげたり、鉢植えの底にポットフィート（鉢のせ台）を置いて地面の焼けた温度から根を守ってあげたり、鉢にカバーをかけて直接日があたらないようにしたり、半日陰の場所に移動してあげると、バラのダメージを少なくできます。

水もちが悪くなって、朝水かけしてもお昼頃にしおれてきてしまう場合は、一回り大きい鉢に、根鉢をくずさないようにそっと植え替えます。先端の枝先を軽くせん定するのもよいでしょう。土の上を腐葉土などでマルチングすると乾きにくくなり雑草防止にもなりますが、土の乾き具合が見にくくなって水やりのタイミングが難しいかもしれません。

いずれにせよバラは暑さにも強いので、水かけさえ忘れなければ枯れる心配は無用です。ただし、ひどく乾燥させてしまうとバラへのダメージは大きく、回復までにかなり時間がかかってしまいます。鉢植えの場合はとくに乾燥にはくれぐれも注意してください。

病害虫もひと休み、でもダニに注意

この時期は、黒点病やうどんこ病、アブラムシ、ヨトウムシなどの害虫も暑さで活動を休止しています。でも暑さと乾燥を好むダニは最盛期になります。殺虫剤は発生初期で使います。

ダニは乾燥しがちな鉢植えで被害が多いです。広がるとあっという間にものすごく繁殖し、葉色が黄色になるまで汁を吸われ、ひどいときには葉が全部落ちてしまうこともあります。ただし水に弱いので、ひどくなる前に、ホースの水を勢いよく葉にたたきつけてやります（シリンジ）。こうするとダニはかんたんにバラから離れます。農薬を使いたくない人は定期的にシリンジを行なうと予防になります。

台風の前には支柱で枝を補強

台風での被害は枝が折れることなので、地植えの場合、支柱を地面に深く挿して、枝にしっかり結わえておくことです。棚の上の鉢はおろし、風の吹く方向を判断してはじめから寝かせておけばよいでしょう。

海辺に近い地域では塩害で葉が焼けたようになってしまうおそれがあるので、台風が去ってすぐ真水で株全体を洗い流してください。

長雨は黒点病を広げますから、台風が去ってすぐに殺菌剤で消毒したほうがよいでしょう。

台風よけの支柱。背の高い木や長い枝の上部に設置する。3〜4本の支柱を地中深く挿して1点を支え、シュロヒモなどでしっかりと縛る

夏のせん定で秋花を楽しむ

秋のバラこそ美しい

夏の猛暑をバラとともに乗り越えたら、秋バラのシーズンがやってきます。秋は、四季咲きのバラを育てている人にとって、もしかしたら春以上に楽しみな季節かもしれません。

秋は、春の開花ほど花数は多くなく、大きさもやや小さめですが、深い色合いがあり、形もきりっとして味わい深いものがあります。香りも秋のほうがいいように思います。温度が低くて香りの発散がゆっくりだからなのかもしれません。

何よりうれしいのは、寒くなっていくときに開花させるので、とても花持ちがいいこと。春に比べて二倍も三倍も長持ちします。長いときには一つの花が一ヵ月も咲き続けるときもあるほどです。

秋は低温でバラの開花がゆっくりと進みます。また、日差しも夏に比べて穏やかになるので、花色はむしろ秋のほうがヨーロッパで見るような品種本来の色になるとも言われています。とくに、黒バラや赤バラなど、強い光で色が飛びやすい品種は、春と秋とでは全然花色が違います。

春はバラの花景色全体を楽しみ、秋は今年のバラの最後の名残を惜しむように一輪一輪を愛でる、そんな楽しみ方がふさわしいのかもしれません。

咲かせたい時期から日数を逆算して夏せん定の日を決める

秋のバラは、梅雨のじめじめのときも、夏の猛暑のときもバラのお手入れを欠かさなかった人に与えられる、バラからのプレゼントです。四季咲き、返り咲きの品種を育てているときはとくに、病害虫対策と、夏の乾燥防止に力を入れて、秋までバラを健康な状態に維持しましょう。

もうひとつ、秋バラの魅力を存分に楽しむには、ちょうど涼しくなってきたころに開花するように、タイミ

(上:マイダス タッチ/下:グレイス アバンディング)

秋のバラたち。決して大きくはないし数も少ないけれど、ひとつひとつの存在感に、思わず足をとめて見つめてしまう(グルース アン アーヘン)

ングよくせん定を行なうことが大事なポイントです。

関東地方以西の暖地なら、十月半ばごろから咲かせるところが多いです。秋は、せん定をしてから開花まで、およそ二ヵ月弱の時間がかかります。ですから、十月半ばに咲かせたいときには、八月下旬ごろが夏せん定の適期です。ただ、開花までの期間は、温度が高いほど早まります。最近は温暖化傾向ですから、もっと短い期間で咲く地域もあるでしょうし、せん定の適期も少し遅くしたほうがいい地域もあるかもしれません。品種によっても、また同じ株でも枝の太さなどでもばらつきがあります。

自分の地域のせん定時期を知りたい場合は、近所でバラを長年栽培している人や、住んでいるところからいちばん近いバラ園に聞いてみるといいでしょう。あとは、経験です。

冬のせん定よりも浅く切る

夏のせん定のやり方は、冬のせん定のときと同じように、株全体に行ないます。よい芽のあるところまで切り戻して、いっせいに各枝から花を咲かせます。ただ、休眠期に行なう冬せん定と違って、活発に活動している成育期に行なうので、少し配慮してあげましょう。

この時期は、まさに光合成をさかんに行なって来年のための貯蔵養分を蓄えている真っ最中ですから、できるだけ葉を無駄に落とさないようにします。つまり、切る枝の長さは必要最小限にしてあげたほうがいいのです。

あとは、自分の庭のスタイルによります。周りの植物とのバランスで、これくらいの高さに花を咲かせたいな、というイメージがあると思います。それに合わせて切ればいいのです。そのとき、品種によって芽が伸びて花になるまでの花枝の長さに違いがありますから、花枝の長い品種は低めに切り、花枝の短い品種は高めに切るなどと工夫してみましょう。

日常の手入れとしてやっている枝透かしも、このときは徹底的に行なって、風通しよく、どの葉にも光が当たるようにしてあげると、より元気になっていい花を咲かせてくれます。

秋の実でローズヒップティーをつくろう

原種系の実がなる品種なら、春の花がらをそのままにしておくと、赤い実がたわわに実ります。かんたんにローズヒップティーにすることができるので、ぜひ試してみてください。ビタミンCやカルシウムがたっぷりで、疲れたときやイライラするときに、ほっと癒してくれます。酸味があるので、お好みで蜂蜜や砂糖を加えると飲みやすくなります。

[つくり方]

❶バラの実を一粒ずつ収穫し、軽く洗ってホコリを落とし、乾燥させる

❷実を割って中の果肉とタネを取り去り、表皮だけを残す

❸表皮を風通しのいいところでよく乾燥させる

❹密閉容器に入れて保管する

[淹れ方]

温めた急須にティースプーン1〜2杯のローズヒップを目の細かい袋に入れ、熱湯を注ぎ入れる。2〜3分置いてからカップに注ぐ。濃いめに淹れて、氷で割ってアイスティーにしてもおいしい

フランシス E. レスター

夏のせん定の例

ここではコンパクトな鉢苗を使ってせん定しました。大きな木でも基本は同じですが、切るのは多くても全体の半分程度にします

フロリバンダ種の夏のせん定

◆まず花が咲いているところや枝足を軽く切ると、全体のバランスが見やすくなる

①せん定前の姿。夏の花がまだ咲いているが、咲き終わりを待っていると秋の開花が遅れて霜が降ってしまうので切る

②まず全体の枝ぶりをよく見る。株の下の内向きの枝、日陰で貧弱な枝などいらない枝を取り除く

③軽く上部全体を切る。こうして少しさっぱりさせると、全体の高さや幅のバランス、それぞれの枝の向きなどが見やすくなる

④秋にどのくらいの高さで咲かせたいか考え、そこから花枝の長さを引いた高さで一枝ひと枝切っていく。硬く充実している今年出た枝の、外向きの芽の場所で切る

⑤枝が多すぎるときは細い枝から間引きながら、枝と枝の間隔を見て調整する。せん定した芽どうしが伸びたときにぶつかりそうな枝はどちらか切る

⑥ここでは全体を2/3くらいの高さに切った。全体に風も通り光も一枚一枚によく当たるようにせん定できた

⑦上から見た姿。円形にまんべんなく枝が配置されている

ハイブリッド ティー種の夏のせん定

◆ハイブリッド ティーは花枝が長い品種が多いので、少し低めに切る

①せん定前の姿

②まず花を切って、枝の広がり方向を見る。どこから芽が出てきて伸びたら全体がきれいになるか考える

③不要な下枝を整理していくとともに、一本の主幹（冬にせん定した枝）から今年新しい枝が何本くらい出てきているか見る。新しい枝のなかに使えそうな芽があるか見て、そこで切ったらどんな風に伸びて花が咲くか想像してみる

④高さをおおよそ揃えたいので、基準になりそうな枝を一本、咲かせたい高さから、花枝の長さを引いたところまで切ってみる。芽の向きに気をつけて

⑤全体を④の枝に合わせて切り、込み合っているところは葉を取って透かせる

⑥全体が1/2くらいになりかなりすっきりしているのが分かる

ミニバラの夏のせん定

◆ミニバラは全体がコンパクトにこんもり仕上がるイメージを持って切る

①せん定前の姿。かなり横に広がっている

②株元は枝がごちゃごちゃしていて見づらいが、よく見ると枯れている枝があるので切っておく

③先端の花が終わったところから3分の1ほど全体をおおざっぱに切る。中の枝が見やすくなるので、内側の細い枝を元から切っていく

④少し太めの枝を中心に、全体がこんもりなるくらい枝を残す。高さが平均的になり、芽の向きがバランスよくなるように1本1本切り詰める(ハサミの先が切り詰めた枝の先端)

⑤全体が2分の1くらいになった。葉全体に日が当たるか、中で交差する枝があまりないか、もういちどチェック

⑥上から見たイメージ。こんもりと仕立てるといい

四季咲きのチャイナローズのせん定

◆チャイナは枝が込み合うので枝透かしをしっかり！◆花枝が長いので、少し短めに切る

①せん定前の姿

②株元をきれいに整理する。枯れ込んだ枝や、細い枝を元から切る

③チャイナは枝が細くて密度があってせん定しづらい。花がらを全部切って枝をスッキリさせると見やすくなる

④中を透かすように、込んだ枝を間引いていく。硬めで若い枝を残す

⑤枝の方向を見て、向きが平行している枝はどちらかを切る

⑥全体が2分の1になり、ボリュームもおさえられた

⑦上から見た写真。四方へ広がり中心もかなり低くなった。チャイナは枝が長めに出て花が咲くタイプが多いので、少し短めに切ったほうが開花したとき美しい

Part4 もっと知りたいバラのこと

後藤みどり流 自然風せん定・誘引テクニック

どんな風にバラを咲かせたいか、どんな庭をつくりたいかという、その人の目的によって、せん定や誘引はいくらでもやり方があっていいと思います。本に書いてあることにとらわれないで、まずはバラをじっくり見てあげてください。ここでは、なるべくバラの持つナチュラルな美しさを引き出したいと思って、私がいつも気をつけているポイントを紹介します。

つる性品種六つのポイント

①枝は揃えずにカーブを生かす

つるバラを何かに誘引するときは、水平に曲げて枝を平行に揃えて配置すると指導する本をよく見かけます。確かにそうすれば均一に花が咲きますが、私にはちょっと人工的で堅苦しい感じがします。少しくらい余白が出てもいいから、枝のもともと持つ自然なカーブを生かしてゆるく誘引するほうが、つるバラらしいナチュラル感が出ます。

②癖をつける枝は夏から仕込む

つるバラの誘引といえば冬ですが、冬はすでに枝が硬くなっていて、不自然な曲がり方になるものもあります。夏に新しい枝が伸びてきたときに、来年向けたい方向へ少しでも誘引しておくと、自然な曲がり癖がつきます。

③細枝をわざと残す

枝を短く切ると、いかにも切りました、と四角張った印象を与えがち。花の咲くぎりぎりの細枝まで残したほうがやわらかい印象になります。ときには花の咲かないような細枝も残して遊ばせておくと、自然感を演出できます。

④枝と枝を結ぶ

これは支柱を使わずにすますためのテクニック。シュートを伸ばすときには支柱などで固定しますが、私は支柱は見苦しくて庭にふさわしくないと思います。こういうときは、古い枝に新しい枝をくくりつけておくと支柱代わりになります。

⑤強い枝は極力抜く

太くて直線的な枝は主張が強くて浮いてしまいがち。こんな枝があったら抜くか短く切って、細くやわらかい枝を出させます。

⑥枝先の流れを意識する

枝先は人の目がいきやすく、雰囲気の決め手となるところ。どんな風に誘引したらその品種らしく自然に見えるか、全体のバランスのなかで工夫してみてください。

木立性品種五つのポイント

①型を無視して周りに溶け込ませる

木立性のバラといったら、花束のように円形でこんもりまとまった感じに咲かせるものとたいていの人が思っていますが、もっと自由に使っていいと思います。どこかが飛びぬけたりしてもおもしろい。つるバラのように何かに沿わせてもいい。周りの植物とのバランスを第一に考えて自由に使ってみてほしいですね。

②手前が低いとは限らない。奥行を出す

これは庭での配置の問題です。たとえば普通は手前に低い小ぶりな品種を持ってきますが、あえて大きな花を手前に持ってきて視線が行くようにし、小さな花をその後ろに配置すると、遠近法でより奥行が広がるように見えます。

③整枝は極力樹形を生かす

庭を観賞するときにどこから見るか考え、そこからみていちばんきれいに見える伸び方をしている枝を残すのが、庭でのせん定のコツ。決めたら、それをより引き立たせる枝は残し、いらない枝、じゃまになる枝は切ります。

④枝は残しすぎない

ついついもったいなくて枝をたくさん残してしまう人が多いですが、冬は少しさびしいくらい枝を少なくしたほうが、少ない枝からたくさんの芽が出て素晴らしい花が咲きます。ごちゃっとしているより、すっきりきれいな樹形をつくったほうが品があります。

⑤中心より少し外してポイントをつくる

普通はボリュームを持たせるところは中心部の先端です。でもあえて中心から外すことによって、いかにも自然に伸びてきた感じを演出します。

壁に沿わせた原種系のキフツゲート。中心部の枝を少し壁に固定しただけ。自然の枝の伸びを生かした

低い壁の窓から顔を出しているのはシュラブのムーンライト。こんもり自立樹形で咲かせるのが一般的だが、思い切って枝を曲げてつるバラ風に使った

ゲートに這わせたフランソワ ジュランビル。自然風に見えるよう、花の咲かない細枝を誘引せずに遊ばせた

スタンダードローズのせん定

形はコンパクトに、全方向に枝が伸びるように切る

スタンダードローズは空中に浮いた丸い球形の花玉を楽しむものですから、コンパクトにこんもりとまとまった樹形をつくります。

まずは、全方向に芽が伸びるよう枝をつくること。芽接ぎの株の場合は、違う方向に向かって均等に二〜三芽接いであるので枝をつくりやすいです。切り接ぎの株は、片側にしか接ぎ木をしてないので、接ぎ木した側と逆の方向にも枝をつくらなければなりません。なのに、なぜか接ぎ木したほうに枝が強く伸びる傾向があります。枝を出したい場所に日をよく当て、反対側の伸びている枝をいつも切り詰めて勢力を弱めておき、新しいシュートが出てくるのを待ちます。

各枝はできるだけ短く平均的に詰めたほうが、丸いまとまった樹形になりやすいです。

切り接ぎ株の場合

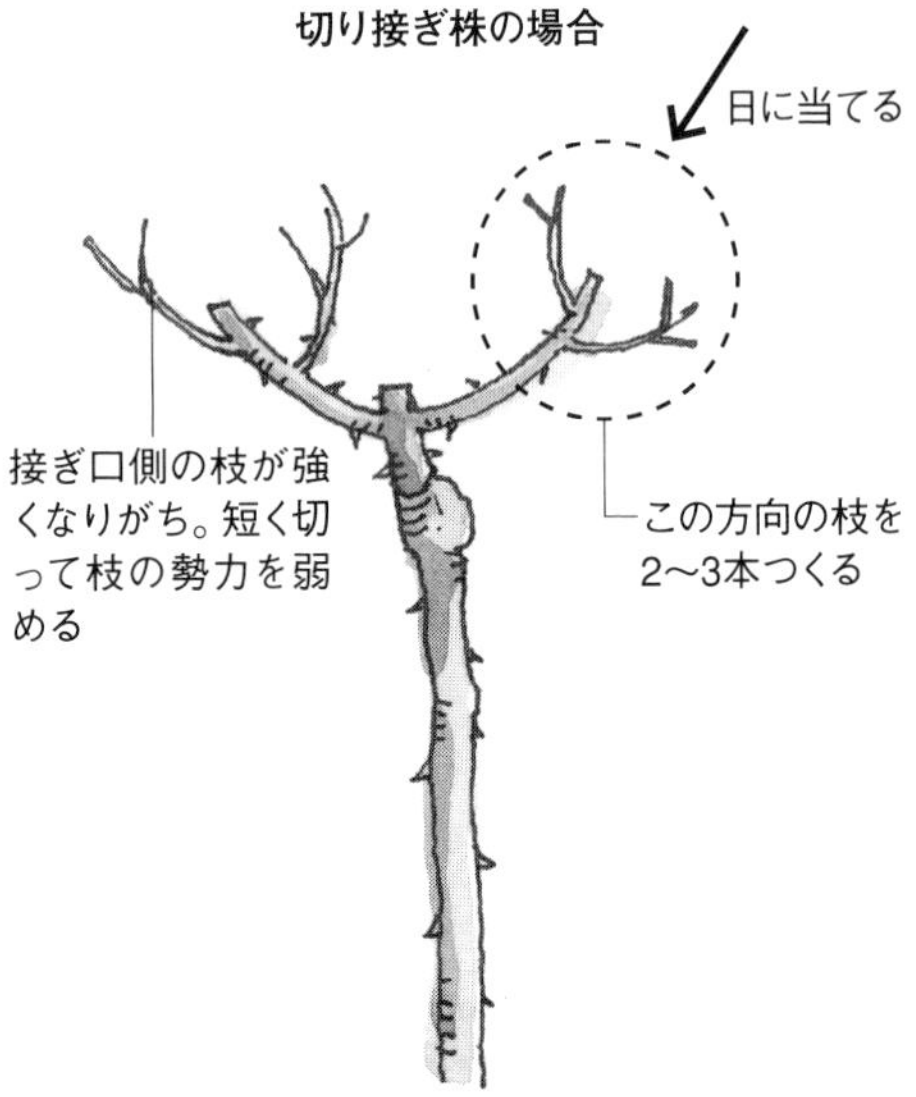
日に当てる
接ぎ口側の枝が強くなりがち。短く切って枝の勢力を弱める
この方向の枝を2〜3本つくる

片側に接いだ芽から全方向に枝が広がるよう、芽のほしい場所の枝（主幹）に日を当てる

芽接ぎ株の場合

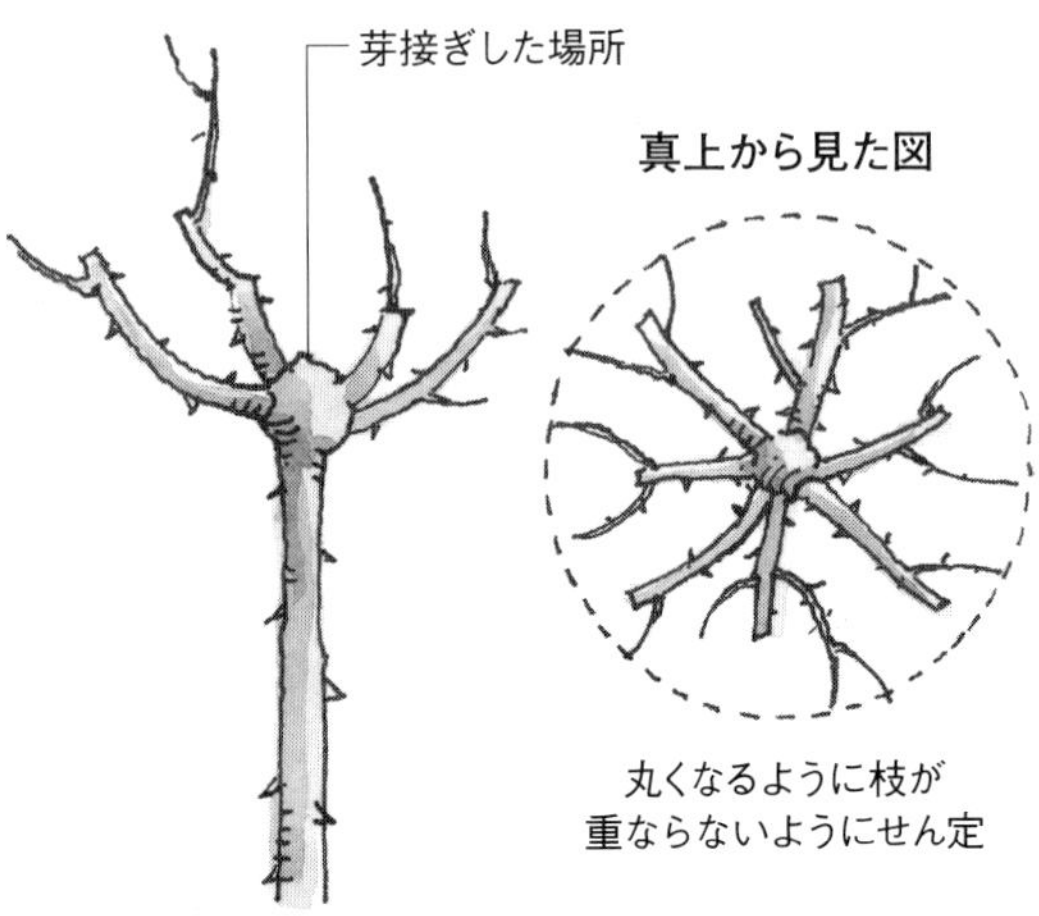
芽接ぎした場所
真上から見た図
丸くなるように枝が重ならないようにせん定

2〜3カ所に接いであるのでひとつの芽から出た枝が2分の1から3分の1の空間をカバーするように切る

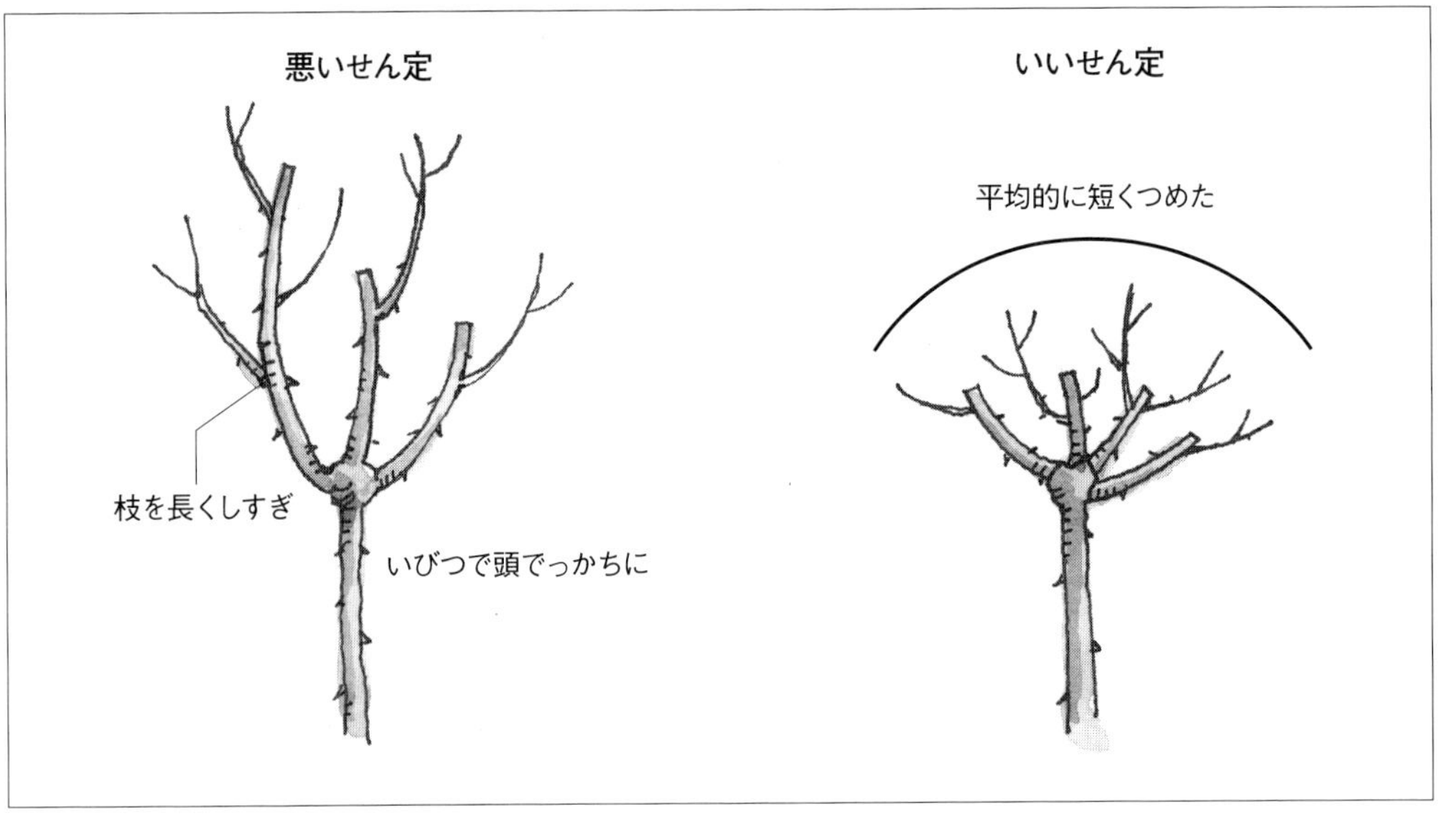
悪いせん定
枝を長くしすぎ
いびつで頭でっかちに
いいせん定
平均的に短くつめた

ウィーピングスタンダードのせん定

上に伸びたシュートは切り、やわらかい枝を誘引

ウィーピングスタンダードは、長く伸ばした台木《だいぎ》につる性品種の枝や芽（穂《ほ》木《ぎ》）を接ぎ木し、高いところからやわらかく細い枝が下垂している姿を楽しむ株です。

この樹形を維持して毎年楽しむには、新しい枝の処理がポイントです。真上に伸びてくる力強い枝があったら、早めに元から切り取ります。放っておくと見苦しいだけでなく、頂芽優勢のはたらきで上を向いた枝に養分がいってしまい、下垂した枝の老化が早まってしまいます。下垂した枝が古くなって更新したい場合には、強いシュート二〜三芽残して短めに切って、細い枝を数本出し、ワイヤーなどで下向きに誘引して枝を癖付けます。

きれいに全面に花を咲かせるには、鉢を回してまんべんなく全方向の枝に光を当てます。

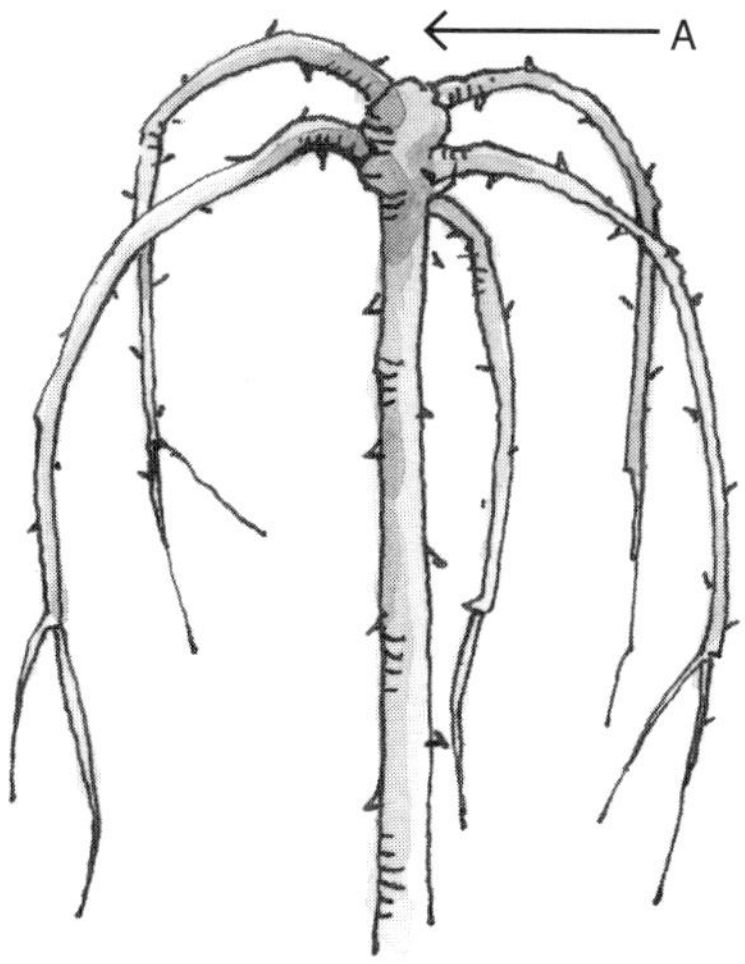
A

❶Aポイントはいつもすっきりと曲線になっていると美しい

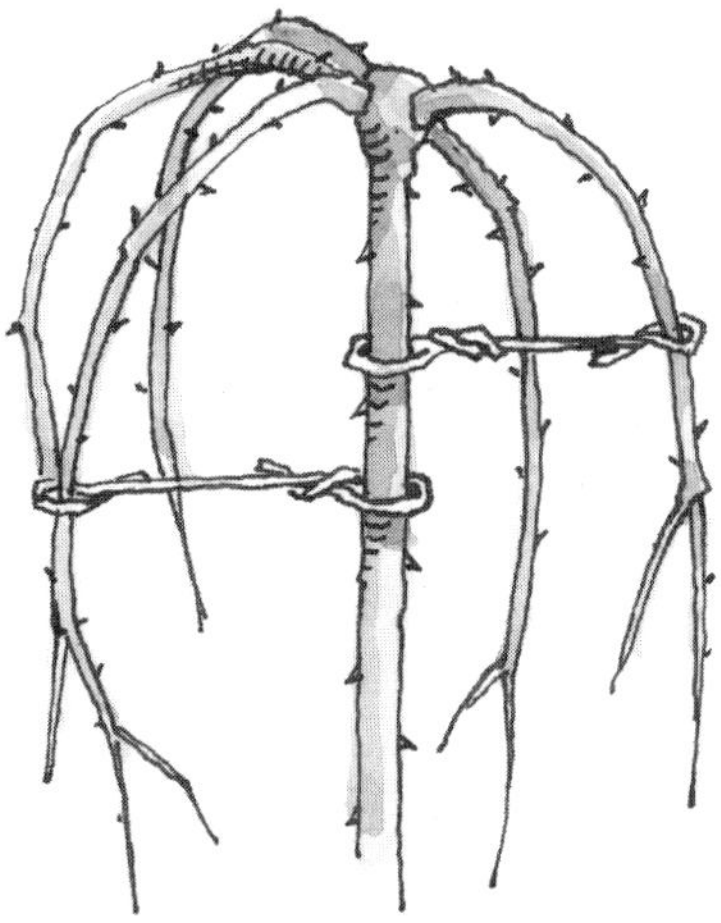

❷伸びた枝が細くやわらかければ、ウィーピング仕立て用の支柱に固定するか、細いワイヤーで台木と結び、真下に伸びるように枝を癖付ける

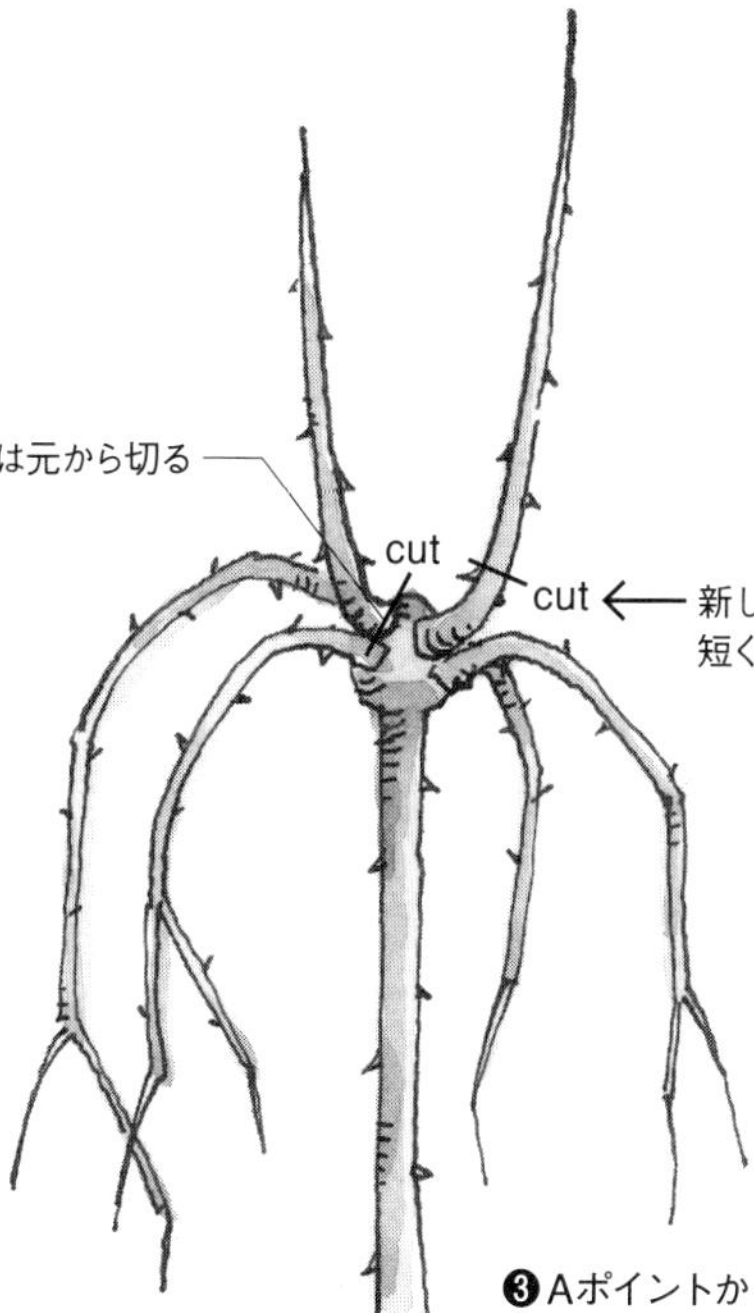
いらないところは元から切る
cut
cut
新しい枝が欲しいところは短く切って細枝を出す

❸Aポイントから強く上に伸びたシュートは誘引できないので、早めに元から切るか、短く切って細枝を出す

バラの花と香りを家の中で楽しむ

せっかく咲いたバラの花、最後まで楽しみたいですよね。

花がらを早めに摘んで、水を張った平たいガラスの器に花のみ浮かべて玄関に飾ると、
自然ないい香りが戸を開けるたびに漂い、さわやかな気分になります。

もちろん花びらを乾燥させてつくったローズポプリをサシェ（布の袋）に入れて壁につるしてもよいでしょう。

リビングにはグリーンと一緒にアレンジメントしたバラを飾ってナチュラルな花姿を楽しみましょう。

キッチンの出窓にも一輪差しに飾ったバラを飾って、家事の合間に眺めつつ、ホッと一息してみましょう。

ベッドルームには、お気に入りのバラを日替わりでチョイスして楽しみましょう。

バラの本でも見ながら、ローズペタルのローズ水を使って癒され、一日を終わりましょう。

庭のバラの花を使って手軽に手づくりできるものを紹介します。

レシピにとらわれず、身の回りにあるものを使って自由に楽しんでみてください。

バラにはじまり、バラで終わる素敵な日々を……

スイートローズ ポプリ(ドライポプリ)

ポプリは、何種類かの香りのある材料をブレンドしてつくると、
クセがなく魅力的な香りになります。
バラの香りをメインにした基本のポプリのレシピです。
ほかにも材料を変えていろいろ試してみてください。

【道具】
◆浅い紙の箱や平たいザル(材料を乾かす)
◆広口の密閉ビン(乾かした材料の保存用)
◆大き目の密閉ビン(ポプリの保存、全部の材料を入れても上3分の1のスペースが残るくらいの大きさがおすすめ)
◆小さめのホウロウ製かガラス製のボール、または小皿
◆計量カップ、計量スプーン
◆乳鉢(スパイスなどを砕く)
◆スポイト、または楊枝(エッセンシャルオイルを落とす)
◆柄の長い木杓子、または割りばし
◆白熱灯ランプ、オーブン、オーブントースターなど(材料の乾燥)
◆ラベル
◆スパイスミルかコーヒーミル
◆ハサミ、ナイフ

【材料】
[主材料] 色がきれいで香りのする花、見た目と香りの主役
・バラの花……ボウル1杯分くらい
・ドライラベンダー(粒)……2分の1カップ

[副材料] 香りのいい葉、主役を引き立てる脇役
・ニオイヒバ……3分の1カップ

[ハーブとスパイス] 香りに深みを出す
・クローブ……3粒
・オールスパイス……3粒
・シナモンスティック……4分の1本

[エッセンシャルオイル] 香りをしっかりさせるためにごく少量添加する
・ダマスクローズオイル……3滴
・ベルガモットオイル……2滴

[保留剤] 香りを保たせる
・乾燥オレンジピール(柑橘類の皮)……大さじ3
・オリスルート(なければ鉛筆の削りカス)……小さじ2

*ポプリの道具や材料は、ハーブ専門店で販売されています

【バラの花びらの乾燥】
❶バラの花を収穫する。朝10時ごろまでの香りのいい時間帯に、7分咲きくらいのきれいな花を摘み取る。香りがない品種も、オイルで香りを補えるので使って大丈夫

❷花びらを1枚ずつ丁寧にガクから外し、紙箱やザルにあまり重ならないように広げる。直射日光の当たらない風通しのいい場所に、数日〜1週間くらい置く

❸だいたい乾いたら、オーブントースターの余熱や白熱球ランプで、完全にぱりぱりになるまで乾かし、カビを防ぐ(50℃くらいで30分程度)。乾燥状態で2カップくらいの量が必要。あまったら、広口の密閉ビンで保存

【つくり方】
❶バラの花びら、ラベンダー、ニオイヒバ、オレンジピールを大きめの密閉ビンに入れる

❷クローブ、オールスパイス、シナモンスティックを乳鉢で細かく砕き、❶に加えて軽く混ぜる

❸小皿にオリスルートを入れ、ローズオイルとベルガモットオイルを落とし、よく混ぜ合わせて❷に加える

❹密閉ビンのフタをして、全体がよく混ざるように軽く何度も振る

❺つくった日、ブレンドした材料をラベルに書いて密閉ビンに貼り、1ヵ月くらい寝かせる。ときどきビンを振って香りを混ぜる

❻布袋に入れて引き出し、バッグ、車、シューズに入れたり、器に入れて玄関、リビング、サニタリーなどに置いて楽しむ

ローズローション（バラの化粧水）

昔からバラは、薬効があることから薬として栽培、利用されてきました。
花びらに含まれる成分は美肌効果が高く、
いろいろな化粧品に使われています。
ローズローションは乾燥肌、オイリーな肌どちらにも使え、
肌をおだやかに整えてくれます。

【道具】
- ◆計量カップ
- ◆計量スプーン
- ◆かくはん棒（ガラス棒など）
- ◆茶漉し
- ◆密閉できるガラスビン（熱湯などで消毒してから使う）
- ◆ティーポット
- ◆ラベル

【材料】
- ・バラの花びら（生）……10g（ドライなら5g）
（※バラは、薬効の高く香りのいい品種をえらぶといい。
オールドローズのダマスク系、ガリカ系、アルバ系など）
- ・ハチミツ……小さじ1
- ・グリセリン……大さじ1
- ・バラのエッセンシャルオイル……1滴
- ・精製水……80cc

＊グリセリン、精製水は薬局やハーブ専門店などで販売しています

【つくり方】

❶ティーポットにバラの花びらを入れ、沸騰させた精製水80ccを注ぐ
フタをして30〜40分待ち、茶漉しで漉す

❷グリセリンを計量カップに取り、バラのエッセンシャルオイルを1滴落としてかくはん棒でよく混ぜる

❸消毒したガラスビンに①②とハチミツを入れ、フタをしてよく振って混ぜ合わせる

❹つくった日付とレシピを記したラベルを貼り、冷蔵庫に保存し1〜2週間で使い切る

＊必ずパッチテストをしてから使ってください

ローズせっけん

シンプルな材料でつくるバラのせっけん。
見た目は素朴ですが、バラの香り、
薬効、ハチミツの保湿効果で
しっとりすべすべのお肌になります。

【道具】
- ◆ティーポット
- ◆ボール
- ◆ゴムベラ
- ◆茶漉し（木綿の袋などでも）
- ◆計量カップ
- ◆厚手のビニール袋　2枚

【材料】
- ・バラの花びら（ドライ）……10g
- ・せっけん素地……250g
- ・ハチミツ……25g
- ・熱湯……100cc
- ・バラのエッセンシャルオイル……2滴

＊せっけん素地はハーブ専門店などで販売しています

【つくり方】

❶ティーポットにバラの花びらを入れ、熱湯を注ぎフタをして、そのまま冷めるまで置く。冷めたら茶漉しで漉して計量カップに50cc入れる

❷ハチミツにエッセンシャルオイルを落としてよくかき混ぜ、❶の中に混ぜ入れる

❸ボールにせっけん素地と❷を入れ、ゴムベラで混ぜ合わせ、均一になったら二重にしたビニール袋に移し、全体がなめらかになるまでよくこねる

❹❶であまったエキスを手に取り、❹を好みの大きさや形にまとめる

❺直射日光の当たらない風通しのいいところでときどき上下を返しながら4〜5週間乾燥させる

ローズペタルジャム

バラの花びらでつくるジャム。
いろいろな色や香りのバラを試してみてください。
赤系を使うと、きれいな色がでますよ。
パンにのせてもいいし、紅茶に混ぜてもいい香りです。

【材料】
・バラの花びら……100g
・グラニュー糖……100g
・クエン酸……5g
・水……500cc
・ペクチン……5g
・レモン汁……少々

【つくり方】
❶バラの花びらを1枚ずつはがし、さっと水洗いする
❷花びらを鍋に入れ、分量の半分の水を入れて弱火で静かに煮る
❸ペクチンを60ccのお湯でよく溶く
❹❷に、❸と残りの材料をすべて入れ、15分くらい煮詰めてレモン汁を入れてできあがり

バラのお酒

バラの咲き乱れるお庭で乾杯!
水割り、ソーダ割りがおすすめ。
至福のひと時を……

【材料】
・赤またはピンクのバラの花びら……150g
・ホワイトリカー……1.8ℓ
・氷砂糖……50〜100g
・広口ビン

【つくり方】
❶バラの花びらを1枚ずつガクから外し、よく洗い、水を切る
❷広口ビンに花びらを入れ、氷砂糖、ホワイトリカーを加える
❸密封し、冷暗所で1ヵ月ほど寝かせてできあがり

バラの切り花を長持ちさせる工夫

❶お庭で切ってきたバラの茎を、よく切れるナイフかハサミで水中で斜めに切り落とす
❷冷たくてきれいな水に切り口から花首までを1時間ほど浸す
❸花びんや器をよく洗い、バラを飾る。飾るとき、水に浸かる部分の葉はすべて取り去る

*庭のバラがもっとも強く香るのは、庭が朝の光で満たされる時間。早起きして、バラにあいさつしながら切るのがおすすめです
*飾るとき、水に延命剤を入れておくとさらに長持ちします
*茎を長く切れないときは、花首だけ切って、サラダボウルやガラスの深皿に水を張って浮かべるのもおすすめ

国産苗ができるまで

皆さんの手に届くまでに、バラの苗はどのように生きてきたのでしょう。それぞれの生産家が、独自の工夫を凝らして良質な苗を生産する努力をしています。ここでは、コマツガーデンの苗づくりを紹介します。

苗の生産は、山梨県北杜市白州町で行なっています。全国でもいちばん日照時間が長く、水が清らかでバラを育てるのにふさわしい場所です。

バラの苗は、田んぼの水を切って良質の堆肥を入れて畑にした場所で育てます。春に台木の苗を植え掘り上げると、また水を入れて一年田んぼに戻します。こうすると、バラの連作障害の原因となる物質が水で流され、次の年再び畑にしたときに、連作障害を起こさず苗を健康に育てることができます。

春には、一〇〇〇種近くのバラの花が色とりどりに咲き誇り、遠くからでもさわやかな香りが感じられるほどです。

種まきから新苗、大苗をつくる

①ノイバラの実の収穫

秋、台木となるノイバラの実を収穫。乾燥させて来年の種まきに備えます

②種まき

2月中旬、赤い実から種を取り出し、ビニールハウスのなかにつくった苗床にタネをバラまき。発芽が揃うよう約1cmに均一に覆土します。防寒にモミガラやワラをかけることも

③発芽と成長

暖かくなったらビニールを外して風通しよく育てます。5月、いっせいに苗が伸びはじめます。蒸れやすいので消毒も欠かせません

④定植

4〜5月、苗を掘り上げ、束にして畑に移動します。このとき、接ぎ口となる根ぎわが長いものを選抜していきます。時期をずらして定植します

⑤台木の成長

6月ごろの様子。この頃から急成長して、ウネ間が見えなくなるくらい大きくなっていきます

⑥接ぎ木（芽接ぎ）

8月下旬～10月上旬、台木を写真のようにおさえて根元の部分をむき出しにし、1本1本各品種の芽（穂木）を接いでいきます。真夏の炎天下の作業はたいへんです

⑦新苗出荷

12月に掘り上げ、1月に接ぎ口の上部の台木を切り、穂木の芽を出させます。品種により芽吹く時期は違いますが、4月下旬には出荷できるようになります

⑧新苗の畑への植え付け（大苗づくり）

新苗の一部を5月から畑にもう一度定植し、大苗とするべく大事に育てていきます

⑨2年目の夏

シュートはピンチを繰り返し、枝葉を出して光合成をさせ、充実した苗に育て上げます。長く伸びた枝が倒れないように支柱を立てています

⑩大苗の掘り上げ

秋～冬、苗を掘り上げて枝を切り、ポットに植え替えて大苗として出荷します

バラの歴史、多彩な品種の魅力

紀元前から愛されてきたバラ

バラ科の植物には日本でなじみのあるサクラ、ウメ、モモ、リンゴ、イチゴなどがあります。バラはその中の一部で、バラ科バラ属として位置づけられています。

バラ属植物の野生種（原種《げんしゅ》）は、南はエチオピア、北はシベリアにまで広く分布しています。おもに北半球の亜熱帯から寒帯、西アジア〜小アジア、中国南西部の地域が多く、日本にも一三種の野生種がありました。世界に一〇〇種以上ある野生種が、今もなお世代交代しながら植物園や育種家、育苗家の間で大切に保存されています。

バラは紀元前からあったといわれていますが、時の流れとともに自然交雑《こうざつ》や突然変異を繰り返し、人の手による人工交配が進むとさらに多くの品種が生まれました。人がバラを栽培しはじめた頃は薬や香油の採取が目的だったようです。ローマ時代、クレオパトラがバラを愛し、部屋中にバラの花びらを敷き詰めた話は有名です。

美しい花姿を持つバラは、七世紀以後ヨーロッパに渡りました。貴族社会におけるバラは権力と富の象徴となり、ますますその栽培は盛んになっていきます。ハーブとしてもこの頃から盛んに扱うようになったのです。

バラの品種の発展に大きく貢献したのが、ナポレオン后妃ジョセフィーヌです（一七六三〜一八一四）。彼女はバラを心から愛し、自らの住むマルメゾン宮殿に膨大な種類のバラを集め、交配させ、コレクションしていました。これが元になり、その後フランスでバラの育種が大きく発展していったのです。

ほとんどのバラは、もともと春しか咲かない一季咲きでした。中国の原種でローズピンク色のロサ キネンシス（コウシンバラ）が唯一四季咲き性を持っていたのですが、このバラが一九世紀初めにヨーロッパに広がるとさらに交配が進み、四季咲き性を持つ品種が増えていきました。今、私たちが目にするオールドローズにこんな長い歴史があったと知ると、人とバラとの深い関係に驚くばかりです。

園芸史からみると一八六七年、フランスのギョー氏により作出されたモダンローズ第一号「ラ フランス」の誕生で、ハイブリッドティー（大輪四季咲き木バラ、略号HT種）が確立したことは、大きな進歩でした。そこから春夏秋と咲き続ける（四季咲き性）さまざまな花色や型をしたバラが生まれ、HTの誕生は園芸という文化に大きな貢献をすることになったのです。

日本のバラ

日本の原種は一三種。沖縄から北海道まで分布しています。その中でとくに現在の品種に貢献しているバラは「ロサ ルゴサ（ハマナス）」、「ロサ ウクライアナ（テリハノイバラ）」、「ロサ ムルティフローラ（ノイバラ）」です。

北海道でおなじみのロサ ルゴサは耐寒性にすぐれ、四季咲き種なのでヨーロッパの方でも交配親としてよく使われています。ロサ ウクライアナは一九世紀末ヨーロッパに入り改良され、つるバラの基礎となり、伸長性があるランブラーの基となりました。ロサ ムルティフローラは、一九世紀はじめにヨーロッパにわたり、現在の房咲き種の親となりました。

このように、現在のバラ品種の多くに日本で自生しているバラの血が受け継がれています。しかし日本でのバラを楽しむ文化が一般的になったのは戦後になってからのことです。切り花栽培も大正時代にアメリカから技術を学び生産されていましたが、本格的になされたのは昭和二〇年代以後です。

高度経済成長時代、洋式が人々の憧れとなり、日本庭園から花を楽しむガーデンに関心が移っていったことにより、昭和三〇年代〜四〇年にはバラブームがおこり、ガーデンローズとしてバラを楽しむ人が増えました。

　そして現在、海外旅行がごく日常的になったように、バラを身近なものとして楽しむことができる時代になってきました。さまざまなガーデン様式を目にし、そこに植えられているバラを知り育てたいと思ったらすぐ実行できるほど、日本市場は種類も資材も豊富です。

　ただ、ガーデンローズの日本での栽培技術はまだ発達途上です。ヨーロッパに比べて雨が多く、高温多湿な日本では、黒星病をはじめ、あらゆる病害虫の被害を受けます。私も試行錯誤を繰り返していますが、未だ無農薬でもバラが健全に育つ方法は見出せていません。

　それでも、工夫できることはたくさんあります。強健な品種を選ぶ、日当たり、風通しをよくして細やかにバラを観察する、天然の材料を使った自然農薬を活用する、安全性と効果の高い農薬を厳選する…このなかのいくつかの工夫は、この本でも紹介しました。バラを愛する人の熱意と努力によって、まだまだ日本のバラ栽培は発展していくことでしょう。

増え続ける品種、特徴を知って生かそう

　毎年、新花（Newrose）として一〇〇種以上の品種が発表され栽培されています。年々増え続け、今では三万種以上あるようです。品種名を覚えるだけでも大変ですね。それだけバラの歩んできた道は長いのです。交配親になった品種をたどると、その奥深さを感じずにはいられません。

　大きく分けると原種（ワイルドローズ）、オールドローズ、モダンローズの三つに分けられます。

原種は自然の枝振りを生かして

　原種は世界中に自生する野生種のことです。学名の頭にRosaとついているものです（一部ついていないものもある）。原種は、シンプルだけどそのままで美しい、自然界がつくりあげた芸術です。庭で楽しむにはできるだけせん定をせずに自然の枝振りをいかした控えめの誘引をするか、部分的に枝を整理し、見せ場をつくってあげるといいでしょう。

ロゼット咲き
アブラハム ダービー
カップ咲き
ロサ ケンティフォーリア
一重平《ひとえひら》咲き
ロサ レヴィガータ
バラのおもな花形《はながた》
ポンポン咲き
ポールズ ヒマラヤン ムスク
半八重《はんやえ》（セミダブル）咲き
ペネロペ
剣弁高芯《けんべんこうしん》咲き
パパ メイアン
クォーターロゼット咲き
コント ドゥ シャンボード

オールドローズは大胆な樹形とナチュラルで気品のある花が魅力

オールドローズ、モダンローズは原種を掛け合わせて改良された園芸種のことですが、その区切りの目安は、一八六七年、モダンローズ第一号のラ フランスが生まれた年です。これより前に作出された品種はオールドローズ、これより後に作出された品種はモダンローズと基本的に呼んでいます。

オールドローズの美しさは、自然と溶け込む木の姿にあります。ワイルドで大胆な迫力ある樹形になるタイプが多いです。

ところが、鉢植えにしてみると、意外におとなしい枝ぶりに変化し、地植えの姿を部分的に縮小したような美しさになります。スペースが広くない日本の庭でのひとつの楽しみ方といえます。ナチュラルでありながら、奥深い気品があり、多様な香りを持つものも多いです。

オールドローズというくくりのなかには、多様な伸び方をする品種があります。せん定方法は、それぞれの系統ごとに、ときには品種ごとに違います。だからか、オールドローズは難しいと思う人も多いようです。ですが、一定の原則はあります。九四ページからの代表的なオールドローズのせん定方法を参考に、いろいろと試しながら、自分だけの美を追求してみてくださいね。

モダンローズは新時代へ

「ラ フランス」以降、数え切れないモダンローズの品種が開発されました。その中心はハイブリッド ティー種という大輪花でした。

二十一世紀という現代の品種の主流は、イングリッシュローズに代表されるような、クラシカルなオールドローズの雰囲気をもったモダンローズです。二十世紀のバラと二十一世紀のバラは、同じモダンローズとしては考えにくいかもしれません。時代の流れとともにバラも変化し続けているからです。

モダンローズのよさは、花形、花色においてバリエーションがあり、圧倒的に四季咲きが多いことです。日本のように四季を庭で楽しむ国には欠かせません。

オールドローズの系統

系統	解説	おもな品種
原種 [Sp]	人間の交配が加わっていない自然種	モッコウバラ、ナニワイバラ、ロサ カニナ
アルバ [A]	白花、淡桃色の花、白みを帯びた灰緑色の花が多い。直立ぎみの半つる性。一季咲き。香りもいい	アルバ マキシマ、アルバ セミプレナ
ブルボン [B]	コウシンバラ×オータム・ダマスクの系統。返り咲き性。香りがいい。樹高はさまざま	クロンプリンセシン ヴィクトリア、ブルボン クイーン、レーヌ ヴィクトリア
ケンティフォーリア [C]	“百枚の花弁”の由来の通り、花弁が多い。一季咲き。香りがいい。枝がカーブを描くので支柱が必要	ロサ ケンティフォーリア、ファンタン ラトゥール
チャイナ(キネンシス)[Ch]	コウシンバラから改良された系統。コンパクトでほとんどが四季咲き性	ロサ キネンシス アルバ
ダマスク [D]	細枝でトゲが多く、ほとんどが一季咲き。ダマスク香という独特の香りをもつ	ロサ ダマスケナ、マダム ハーディ
ガリカ [G]	ほとんどが紅色。香りがいい。一季咲き	紫玉、カーディナル ドゥ リシュリュー
ハイブリッド パーペチュアル [HP]	四季咲き性が強くモダンに近い。枝は放射状に伸び、つるバラとして使える	スーヴニール ドュ ドクトール ジャマン フラウ カール ドルシュキ
ハイブリッド ルゴサ [HRg]	ロサ ルゴサ (ハマナス) の交雑種。四季咲きのものが多く、寒さに強い	ファンブリアータ、ホワイト グルーテンドルスト
モス [M]	ガクや花首に苔のような腺毛(せんもう)が密につく。ミニ、つるなど樹高はさまざま	シャポード ナポレオン、アルフレッド デ ダルマス
ノアゼット [N]	四季咲きのものが多い。ロサ モスカータ (夏咲き) ×チャイナ系の系統で、遅咲き。	アリスター ステラ グレイ、マダム アルフレッド キャリエール
ポートランド [P]	オータムダマスク×チャイナ系の系統。四季咲きのものが多い。香りもよい	コント ドゥ シャンボード、ジャック カルチェ
ティー [T]	四季咲き。ティー系の香り。樹形が暴れる。コンテナにも向く	フランシス デュブリュイ、レディ ヒリンドン

あとがき

バラと暮らして25年。今ではバラは私にとって心のお薬のようなものです。
時に優しく心の中に溶け込み、癒し励ましてくれる。
時に激しく強く感動を与え、奮い立たせてくれる。
もうなくてはならないものになってしまいました。

父の園芸店コマツガーデンを引き継ぎ、二代目として何を伸ばしていこうか悩んだ末、
バラの専門店としてやっていこうと決心したのは、かれこれ20年以上も前のこと。
心に響くような美しいバラを育て咲かせたい、誰もが丈夫に育てられるバラをつくりたい。
ふつふつと沸き出る思いを持ち続け、夢中で駆け抜けてきた歳月は、
あっという間のできごとだったようにも思えます。
果たして、バラの美しさ、内に秘めた強さをどこまで伝えられたでしょうか。

これから先も、日本の四季折々に見せるバラの美しさを多くの人に感じてほしいから、
立ち止まらずに走り続けていきたいと思います。
私がバラに教えられたメッセージ「育む気持ちを持ち続ける大切さ、
育む楽しさ、愛し育てて気づく自然への思い」を、
これからも伝えていけるようなバラを生産し、発信しつづけます。

最後に陰で私を支えてくれたコマツガーデンのスタッフ、
バラが好きで私の人生の目標となってくれた両親、
そっと見守ってくれた主人と3人の娘たち、
バラを通して出会えたたくさんの方々の励ましに感謝いたします。

この本を制作するにあたり協力してくださった農文協の編集部の方々、
イラストレーターの福永由美子さん、熊谷真弓さんに心より御礼申し上げます。

本書で紹介した各種資材の問合せ先

p32／「バイオゴールドの剪定はさみ」 「バイオゴールドクラシック元肥」 「セレクション薔薇」 「バイオゴールド バイタル」	株式会社 タクト TEL 0276-40-1112　http://www.biogold.co.jp/ 有限会社 コマツガーデン TEL 055-262-7429　http://www.komatsugarden.co.jp
p33／交流式、電池式噴霧機	松下電器産業株式会社 TEL 0120-878-365／FAX 0120-878-236
p60／アーチ	株式会社 タカショー TEL 073-482-4128／FAX 073-486-2560　http://www.takasho.jp/ 株式会社 ディノス TEL 0120-343-774　http://www.dinos.co.jp/ 三洋発條株式会社 TEL 0284-70-5371／FAX 0284-70-3305　http://www.bellsmore.jp/garden/

＊品種名50音順
＊太字は詳しい解説のあるページです

品種さくいん

[著者略歴]
後藤みどり（ごとう・みどり）

バラ苗専門店コマツガーデン代表、山梨県笛吹市在住。フラワーデザインを学びそれを活かした感性で、バラの生産とセレクトショップ、通信販売、バラ栽培教室等を経営。バラの普及のため、『趣味の園芸』（日本放送出版協会）、『花ぐらし』（家の光協会）、『マイガーデン』（マルモ出版）などに執筆。各地でバラづくりの講演会を行なう。著書に『大地に薫るバラ』『オールドローズ ギャラリー』『薔薇大図鑑』（いずれも草土出版）監修。

コマツガーデンについて

1968年創業。バラ苗を中心に総合園芸店として営業。1989年、バラ苗専門店として生産販売を手がけるようになる。丈夫で健康な苗づくりにこだわり、水の清らかな山梨県北杜市白州町を拠点に苗生産を行なう。品種選考やスタイルについても枠にとらわれず、生産者として培った目で見極めて、日本の気候に合った新しいバラづくりを提案している。笛吹市の直営店での販売、カタログ通販、インターネット通販を行なう。バラの栽培教室（ローズクラブ）も定期開催。

コマツガーデンでは、本書で紹介した品種をはじめ数多くの品種を扱い、新苗、大苗、ロング苗、3年生以上の鉢苗、スタンダード苗など多種類の苗やバラ盆栽などを揃えています。春から秋には色とりどりのバラたちが咲き誇っています。ぜひ一度、バラに会いに来てください。

TEL 055-262-7429／FAX 055-262-7414
〒406-0036 山梨県笛吹市石和町窪中島587
http://www.komatsugarden.co.jp/

小さい家で楽しむ
わたしのバラ庭づくり
わが家にあった品種 わが家にあわせるせん定

2008年10月30日　第1刷発行
2009年 1月31日　第2刷発行
著者　後藤みどり

発行所　社団法人 農山漁村文化協会
〒107-8668 東京都港区赤坂7丁目6-1
電話　03（3585）1141（代表）　03-3585-1147（編集）
FAX　03（3589）1387
振替　00120-3-144478
URL　http://www.ruralnet.or.jp

ブックデザイン　安田真奈己 吉川信子
印刷・製本　凸版印刷（株）
ISBN978-4-540-07143-0